工业和信息化部"十二五"规划教材
"十二五"国家重点图书出版规划项目

交通流理论
Traffic Flow Theory

● 张亚平　杨龙海　刘丽华　张绪宏　编著

哈尔滨工业大学出版社
HARBIN INSTITUTE OF TECHNOLOGY PRESS

内容提要

本书为工业和信息化部"十二五"规划研究生教材。书中系统地介绍了交通流理论的诞生、发展及主要研究内容和有关基本概念、原理与方法,内容涉及交通流基本特性、交通参与者特性、交通流检测技术与方法、车辆跟驰理论、车道变换模型、交通排队理论、连续流模型、交通流宏观模型、交叉口交通模型、交通流仿真及其应用等。

本书可作为交通运输工程学科及相关专业的研究生教材,也可供交通规划、设计和管理等领域的技术人员参考。

图书在版编目(CIP)数据

交通流理论/张亚平等编著. —哈尔滨:
哈尔滨工业大学出版社,2016.9
ISBN 978-7-5603-5659-4

Ⅰ.①交… Ⅱ.①张… Ⅲ.①交通流-
高等学校-教材 Ⅳ.①U491.1
中国版本图书馆 CIP 数据核字(2015)第 253937 号

策划编辑　王桂芝
责任编辑　李长波
出版发行　哈尔滨工业大学出版社
社　　址　哈尔滨市南岗区复华四道街10号　邮编150006
传　　真　0451-86414749
网　　址　http://hitpress.hit.edu.cn
印　　刷　哈尔滨市工大节能印刷厂
开　　本　787mm×960mm　1/16　印张15　字数360千字
版　　次　2016年9月第1版　2016年9月第1次印刷
书　　号　ISBN 978-7-5603-5659-4
定　　价　38.00元

(如因印装质量问题影响阅读,我社负责调换)

前　言

交通流作为一门新兴的交叉性边缘学科,广泛应用于交通规划、交通管理、交通控制及交通工程设施设计等诸多领域。交通流理论研究旨在通过建立能够描述实际交通特性的交通流模型,揭示交通流随时间和空间变化的基本规律,加深人们对交通运输这一复杂巨系统确定性和不确定性辩证统一及多体系统远离平衡态时演化规律的认识,促进统计物理、流体力学、非线性动力学、应用数学、交通工程学等多学科的交叉融合与发展,更好地指导交通部门规划、设计和完善交通网络与交通控制系统。

本书全面系统地介绍了交通流理论的诞生、发展及其研究内容和基本概念、原理与方法,内容涉及交通流基本特性、交通参与者特性、交通流检测技术与方法、车辆跟驰理论、车道变换模型、交通排队理论、连续流模型、交通流宏观模型、交叉口交通模型、交通流仿真及其应用等,可作为交通运输工程学科及相关专业研究生教材,也可作为交通工程、交通运输、城市规划等专业领域技术人员的参考书。

作为工业和信息化部"十二五"规划教材,本书在申报和出版过程中,得到了有关部门领导和同仁的大力支持。全书共 12 章,由张亚平(哈尔滨工业大学)、杨龙海(哈尔滨工业大学)、刘丽华(河南城建学院)、张绪宏(黑龙江省公路工程造价管理总站)共同撰写。其中,张亚平撰写第 1 章、第 5 章、第 7 章和第 8 章,刘丽华撰写第 2~4 和第 6 章,杨龙海撰写第 9~12 章,刘延晨、刘建荣、李斌、汪卓、崔跃鹏、郝斯琪、范琪等参与了部分章节的录入和校对工作。全书由张亚平统稿,张绪宏审校。哈尔滨工业大学陈洪仁教授、福州大学郑柯教授对本书进行了审定,在此一并表示感谢。

本书参阅了国内外大量有关文献,引用和理解上难免存在偏颇,敬请原著者见谅。

鉴于交通流理论研究尚在不断发展和完善之中,且撰写人员水平和手中资料有限,疏漏与不当之处恳请读者批评斧正。

作　者
2016 年 1 月

目 录

第1章 绪论 ·· 1
 1.1 交通流理论的诞生及发展 ··· 1
 1.2 交通流理论的研究内容 ·· 2
 1.3 交通流理论体系及研究方法 ·· 4
 1.4 交通流理论的发展方向 ·· 5

第2章 交通流基本特性 ··· 8
 2.1 交通流参数及指标 ·· 8
 2.2 交通流参数的统计分布 ··· 15
 2.3 交通流特性参数关系 ·· 23

第3章 交通参与者特性 ··· 27
 3.1 驾驶员的交通特性 ··· 27
 3.2 骑车人交通特性 ·· 40
 3.3 行人交通特性 ··· 43

第4章 交通流检测 ·· 47
 4.1 车辆检测器 ·· 47
 4.2 交通流调查方法 ·· 64
 4.3 交通流检测发展趋势 ·· 68

第5章 车辆跟驰理论 ·· 71
 5.1 车辆跟驰特性 ··· 71
 5.2 线性跟驰模型 ··· 72
 5.3 稳态流分析 ·· 78
 5.4 跟驰模型研究综述 ··· 81

第6章 车道变换模型 ·· 92
 6.1 车道变换行为 ··· 92
 6.2 车道变换模型 ··· 102
 6.3 车道变换行为对交通流的影响 ······································ 108
 6.4 车道变换模型研究综述 ··· 111

第7章 交通排队理论 ... 115
7.1 排队系统 ... 115
7.2 排队模型 ... 117
7.3 排队理论的应用 ... 126

第8章 连续流模型 ... 129
8.1 连续流一般模型 ... 129
8.2 连续流高阶模型 ... 134
8.3 交通波模型 ... 137

第9章 交通流宏观模型 ... 147
9.1 交通流宏观模型综述 ... 147
9.2 一般网络模型 ... 150
9.3 双流理论 ... 155
9.4 双流模型与网络交通模型 ... 158

第10章 无信号交叉口交通模型 ... 161
10.1 无信号交叉口交通流特性 ... 161
10.2 无信号交叉口交通流分析理论基础 ... 162
10.3 两路停车控制交叉口 ... 169
10.4 四路停车控制交叉口 ... 184
10.5 无信号交叉口通行能力估计的经验模型 ... 185

第11章 信号交叉口交通模型 ... 188
11.1 信号交叉口的交通特性 ... 188
11.2 信号交叉口延误 ... 192
11.3 稳态延误模型 ... 193
11.4 时间依赖延误模型 ... 197
11.5 上游信号的影响 ... 202
11.6 感应控制和自适应信号控制 ... 205

第12章 交通流仿真及其应用 ... 214
12.1 交通流仿真概述 ... 214
12.2 交通仿真软件简介 ... 219
12.3 交通流仿真的应用 ... 223

参考文献 ... 228

第1章 绪 论

1.1 交通流理论的诞生及发展

20世纪初,随着工业革命的加速,汽车工业的诞生和发展,车辆保有量不断增加,道路交通拥挤、交通阻塞现象日趋严重,因此交通工程学者开始重视对交通流理论的研究。交通流理论研究经历了初期阶段、快速发展阶段和稳步发展阶段。

20世纪30年代到第二次世界大战结束是交通流理论发展的初期阶段。1933年,金蔡首次论述了泊松(Poisson)分布应用于交通流分析的可能性,随后亚当斯于1936年发表了数值例题,标志着交通流理论的诞生。其后,格林希尔治(Greenshields)用概率论和数理统计的方法建立数学模型,用以描述交通流量和速度的线性关系。这一时期的交通流理论基本上是以概率论方法为主导。

交通流理论的快速发展阶段是第二次世界大战结束到20世纪50年代。这个时期随着发达国家公路里程的迅猛增长,道路交通流剧增,交通流中车辆的独立性越来越小,交通现象的随机性随之降低,各种新的交通模型纷纷涌现,车辆跟驰理论、交通排队理论、交通流体理论等经典的交通流理论应运而生。

1959年在美国密歇根州沃伦市举行了首届交通流理论国际研讨会(International Symposium on Transporation and Traffic Theory,ISTTT),标志着交通流理论研究开始了一个全新的时期。自1959年起,ISTTT会议大约每隔3年召开一次,2005年以来每隔2年举行一次,目前已举办了21届,第21届ISTTT会议于2015年8月在日本神户举行。历届ISTTT会议召开时间、地点见表1.1。

表1.1 历届ISTTT会议召开时间、地点

1959, 1st	1962, 2nd	1965, 3rd	1968, 4th	1971, 5th	1974, 6th
Warren 美国 沃伦	London 英国 伦敦	New York 美国 纽约	Karlsruhe 德国 卡尔斯鲁厄	Berkeley 美国 伯克利	Sydney 澳大利亚 悉尼
1977, 7th	1981, 8th	1984, 9th	1987, 10th	1990, 11th	1993, 12th
Kyoto 日本 京都	Toronto 加拿大 多伦多	Delft 荷兰 代尔夫特	Cambridge 美国 坎布里奇	Yokohama 日本 横滨	Berkeley 美国 伯克利

续表1.1

1996, 13th	1999, 14th	2002, 15th	2005, 16th	2007, 17th	2009, 18th
Lyon 法国 里昂	Jerusalem 巴勒斯坦 耶路撒冷	Adelaide 澳大利亚 阿德莱德	College Park 美国 帕克	London 英国 伦敦	Hong Kong 中国 香港
2011, 19th	2013, 20th	2015, 21th			
Berkeley 美国 伯克利	Noordwijk 荷兰 诺德	Kobe 日本 神户			

20世纪50年代末期以后,交通流理论研究进入稳步发展阶段。1975年,美国学者丹尼尔和马休发表了第一部交通流理论研究领域专著 Traffic Flow Theory: A Monograph,该书较全面系统地阐述了交通流理论的内容及其发展。1990年,美国加州大学学者阿道夫·梅(Adolf D. May)出版了《交通流基础》(Traffic Flow Fundamentals),阐述了交通流基础理论与方法。1998年,美国运输研究委员会出版了 Traffic Flow Theory,该书是 Traffic Flow Theory: A Monograph 的修订版。随着传统交通流理论的日益成熟和科学技术的不断发展,交通流理论研究内容也在逐步扩充和不断完善,并赋予现代交通流理论的内涵。其中国际影响力较大的是1996~2002年德国学者 Dirk Helbing 和 Boris S Kerner 提出的三相交通流理论,其理论核心是有别于经典的基于基本图的交通流理论将交通流划分为自由流和拥堵流两相的做法,借鉴物理学中相变的思想,提出"畅行相""同步相""堵塞相"三相概念来描述交通流状态,诠释高速公路上交通拥堵转捩的物理原理以及拥堵交通流的性质,其理论成果于2009年出版专著 Introduction to Modern Traffic Flow Theory and Control: the Long Road to Three-phase Traffic Theory。最新的交通流理论研究成果是2014年出版的 An Introduction to Traffic Flow Theory,该书全面介绍了交通流理论近些年的研究进展及其应用,列举了大量的应用实例,具有很高的实践参考价值。

1.2 交通流理论的研究内容

交通流理论研究内容可以划分成两大类:一是交通流的生成规律,即科学地预测并描述从城市土地利用到居民分布,从居民分布到出行需求,从而产生交通流这一过程;二是交通流的运行机理,即通过运用模型和模拟的方法揭示路网点、线、面的交通流特性及其相互联系。本书重点介绍交通流的运行机理,交通流的生成规律是交通规划理论的基础,该方面知识读者可参阅有关交通规划图书。

交通流理论涉及的范围非常广泛,其研究内容主要包括交通流特性、交通参与者特性、交通流检测技术与方法、车辆跟驰理论、车道变换模型、交通排队论、连续流模型、宏观交通流模型、交叉口交通模型、交通流仿真及其应用等。

1. 交通流特性(Traffic Stream Characteristics)

交通流特性是交通流理论的基础内容,包括交通流参数及其评价指标、交通流的概率统计分布特性及交通流三参数之间的关系模型。

2. 交通参与者特性(Traffic Participant Characteristics)

交通参与者主要指驾驶员、乘客和行人。交通参与者特性是指交通参与者在道路交通系统中的心理、生理和行为特征。

3. 交通流检测(Traffic Detection)

交通流检测主要包括各种常用车辆感应器的安装和检测、定点调查、小距离调查、沿路段长度调查、浮动车调查和ITS区域调查等各项交通调查方法和技术。

4. 车辆跟驰理论(Car Following Theory)

车辆跟驰理论是运用动力学方法研究车辆在无法超车的单一车道上行驶时,后车跟随前车的行驶状态,用数学模型表达且加以阐明的一种理论。其考察的对象是单一车辆在行驶过程中的相互关系,因此是一种微观分析方法。

5. 车道变换模型(Driveway Transformation Models)

车道变换模型研究不同类型的车辆换道行为特性及其换道模型。车道变换模型和车辆跟驰模型是微观交通仿真两个最基本的动态模型,二者共同构成交通行为模型,用于描述人车单元的行为特性。

6. 交通排队论(Traffic Queuing Theory)

交通排队论研究车辆等待时间、排队长度的概率分布,以便合理协调排队车辆与服务系统之间的关系,使之既能满足服务对象的要求,又能最大限度地节省服务系统的成本。

7. 连续流模型(Continuous Flow Models)

连续流模型利用流体力学理论研究交通流三参数之间的定量关系,并根据流量守恒原理重点研究交通波理论。

8. 宏观交通流模型(Macroscopic Flow Models)

宏观交通流模型在网络尺度上研究流量、速度和密度的关系,重点研究路网不同位置的交通流特性。

9. 交叉口理论(Intersections Theory)

交叉口理论包括无信号和信号交叉口理论两部分。无信号交叉口理论主要利用数理统计、排队论和间隙接受理论研究无信号交叉口车流的可插车间隙和竞争车流之间的相互作用。信号交叉口理论主要研究信号交叉口对车流的阻滞理论,包括交通状态分析、稳态理论、定数理论和过渡函数曲线等。

10. 交通流仿真(Traffic Simulation)

交通流仿真研究仿真技术在交通流特性分析中的应用,介绍交通仿真模型的种类和建模步骤及有关仿真软件。

上述内容是交通流理论的经典部分。广义来讲,交通流理论还包括交通影响模型、道路通行能力、交通流预测和交通分配等,感兴趣的读者可参阅该方面相关著作及有关参考文献。

1.3 交通流理论体系及研究方法

1.3.1 理论体系

交通流理论主要从时间和空间两个角度来认识交通流的量测尺度问题。交通流从时间和空间上均可以划分为宏观、中观和微观三种。

从时间角度,研究较短时间范围内的交通流规律定义为微观交通流理论;研究较长时间范围内的交通流规律定义为中观交通流理论;研究长时间范围内的交通流规律定义为宏观交通流理论。

从空间角度,研究某一点或断面的交通流特性定义为微观交通流理论;研究某一路段的交通流特性定义为中观交通流理论;研究某一路网的交通流特性定义为宏观交通流理论。

交通流理论体系见表1.2。

表1.2 交通流理论体系

空间＼时间	点	路段	路网
短	微观	中观	宏观
较长	中观	中观	宏观
长	宏观	宏观	宏观

1.3.2 研究方法

按照对交通流细节描述的不同,一般把交通流模型分为三大类:基于自驱动理论的微观模型、基于空气动力学的中观模型和基于流体力学的宏观模型,其中宏观模型和微观模型较为常用。微观模型研究单个车辆在相互作用下的个体行为,主要包含跟驰模型和元胞自动机模型。宏观模型可以分为运动学模型、动力学模型和动力论模型。有学者认为,在宏观和微观方法之间,还存在一个能够把两者联系起来的中观方法,这就是基于概率描述的气体动力论模型。很多学者也将此法划归到微观方法。该方法有较好的理论基础,但所建立的方程包括很多待定参量和复杂关系式,相对连续模型、跟驰模型和元胞自动机模型而言,应用受到限制,发展较为迟缓。

交通流理论是一门实践性很强的学科,同时也是一门交叉性很强的学科。建立交通流模型的目的是为了解释交通现象和解决交通问题,因此交通流模型的建立不能脱离实际需要而追求形式上的完整和数学上的完善,应该充分注重模型结构设计和模型参数标定。不论是模型结构的建立还是模型参数的标定,简单和适用是第一原则。交通工程领域所应用的交通流模型,绝大多数都比较简单而且能解决实际问题。即便是推导过程比较复杂的模型,其应用模型形式也比较简单,这样的形式有利于模型的推广。如著名的交通控制系统 TRANSYT、SCATS 和 SCOOT 中所应用的交通模型和参数优化模型都不是很复杂,但是适用,这些模型表现出了很强的生命力。

当然,推崇简单和适用并不等于拒绝复杂的交通流模型,实际上在研究复杂交通流现象时简单模型有时确实无能为力。例如,用于城市交通流诱导的实时动态交通分配模型,用于描述城市路网点、线、面交通流相互关系的模型等,很难用简单模型表述。随着计算机技术的发展,复杂交通流模型推广和应用的可能性越来越大。

此外,作为交通诱导和控制协同的基础,交通流量预测仍将是交通流理论研究的重点。早期的交通流量预测主要为交通控制系统服务。第一代城市交通控制系统(Urban Traffic Control Systems,UTCS)采用历史数据对交通流量进行离线预测;第二代 UTCS 应用实测数据对历史平均数据进行修正后再对交通流量进行预测;第三代 UTCS 只利用实测数据便可预测交通流量。从 20 世纪 60 年代开始,人们就开始把其他领域应用成熟的预测模型用于短时交通流预测领域,并开发了多种预测模型和方法。较早期的预测方法主要有自回归模型(AR)、滑动平均模型(MA)、自回归滑动平均模型(ARMA)、历史平均模型(HA)和 Box – Cox 法等。随着该领域研究的逐渐深入,又出现了一批更复杂、精度更高的预测方法。大体来说,这些模型可分成五类:基于统计理论的模型(历史平均模型、时间序列模型、非参数回归、卡尔曼滤波等)、基于智能理论的模型(神经网络、支持向量机等)、基于非线性预测理论的模型(小波分析、分形理论、突变理论、混沌理论等)、基于微观交通仿真的模型(动态分配理论、元胞自动机等)和混合模型方法(传统统计与智能方法相结合、非线性与智能方法结合、智能方法组合等)。

1.4 交通流理论的发展方向

交通流理论的研究就是要构建能描述实际交通一般特性的交通流模型,以揭示控制交通流动的基本规律,从而为交通部门规划、设计和完善其交通网络与交通控制系统提供服务。

随着科学的进步,特别是计算机技术的发展,交通流理论的内容也在不断更新和充实。在传统交通流理论的基础上,出现了现代交通流理论。所谓现代交通流理论,就是利用计算机等现代化科学技术、理论和方法(如人工智能、模糊控制等)对交通流特性进行更深入的研究。与现代交通流理论相比,传统交通流理论已经基本趋于成熟,而现代交通流理论正在逐步发展。就目前的应用来看,传统的交通流理论仍居主导地位,其方法相对较容易实现。值得说明的是,现代交通流理论与传统交通流理论并不是彼此独立的,现代交通流理论以传统交通流理论为基础,只是其所应用的研究工具和手段与以前相比得到了很大改善,因而可以从更广阔的领域对交通流理论进行研究。总之,现代交通流理论方法与经典交通流理论方法相结合,将使交通流理论研究焕发勃勃生机。

近些年来,国际上交通流理论又有了新突破,一些新观念、新概念的提出,催生了交通管理和监控系统的开发与应用,其在交通流预测、交通流仿真等方面的突破,大大推动了交通流理论成果的应用发展。然而,尽管交通流理论在不断发展完善,但现有的交通流理论体系还远未达到成熟,交通流理论研究仍有很长的路要走。

从研究内容看,宏观交通流理论是未来的研究重点。首先,目前我国的城市化水平还很低,随着城镇化建设步伐的加快,未来几十年内城市的急剧外延发展和内涵改造已成必然,这就需要对未来的城市进行科学的规划,需要探索新的城市交通规划理论,而宏观交通流理论是交通规划的基础理论,必须对其进行重点研究,尤其要研究城市土地利用对交通的生成、流量、流向的影响。其次,现代城市交通管理与控制的重点已经从微观管理(单个交叉口和路段的管理)转移到宏观管理(整个城市交通系统协调管理),需要开展路网可靠性、鲁棒性和脆弱性等交通流理论研究,揭示路网点、线、面交通流特性的相互联系及交通流状态的演化规律。

从研究手段来看,交通流理论研究正朝着智能化、数字化方向发展,尤其是随着大数据时代的到来,如何在交通流理论中开展大数据技术应用研究,是当前和未来交通流理论研究新的发展趋势。目前,我国不少城市建设已进入转型期,实施和谐、可持续的综合交通系统战略,建成与城市发展、土地开发、资源利用、经济增长及环境保护相协调,各种交通方式相衔接,各类交通设施发展相均衡,各种交通运输服务相配合,各个交通职能部门管理相统一的综合交通系统十分迫切。实施基于"互联网+"的交通运营智能化战略,站在"互联网+"风口上,把握大数据时代机遇,按照数据共享、服务共建原则,发挥政府数据、互联网企业技术、科研院所科研优势,依托百度交通云、阿里云平台,整合居民出行、交通运营及管理数据,完善城市道路交通监管、出行信息服务、应急救援、公交调度、物流监控等系统,进而驱动智能型综合交通运输体系建设,是当前城市发展的迫切需求。新的发展形势给交通流理论发展带来了新的机遇和挑战。交通流理论研究亟须现代理论方法与技术的支撑和引领,未来计算机网络技术、人工智能、神经网络、模糊控制、元胞自动机等理论和方法在交通流理论研究中的应用将越来越广泛。

此外,交通流理论近些年有关研究进展表明,未来的交通流理论将由普适性的基础理论向更加实用的交通流模型研究发展。

(1)不同交通状态下交通流参数动态关系。对于传统的交通流模型,目前的研究大都集中于宏观模型、微观模型和其他交通流模型。然而,大多数研究只是通过数据散点来观察参数的变化趋势,难以解释速度-密度关系的变化趋势。

(2)针对潮汐交通流的信号控制策略优化。目前研究主要是结合单点交叉口配时方法以及考虑受车辆排队影响的相位差算法,采用分段绿波控制方式,实现干线绿波协调控制系统。未来研究将结合ITS技术对道路运行状态进行分时段实时有效控制,形成特有的针对潮汐交通流的ITS-干线绿波控制系统。

(3)考虑极端天气情况下的交通流模型。越来越多的研究将气候因素考虑到传统交通流模型中,包括冰雪天气、强降雨天气等,结合极端天气情况下的交通流数据,对传统交通流模型进行修正,多采用增加模型参数或引入修正系数的方式,但对极端天气条件下交通流的动态影响缺乏深入研究。

(4)考虑超车需求的交通流中观模型。目前主要是利用期望速度对Prigogine-Herman模型的超车概率公式进行改进,提出新的非线性超车概率公式,并建立相应的交通流中观模型,使得交通流中观模型更加符合实际,但对Prigogine-Herman模型中的瞬间加减速假设还有待改进。

(5) 离散交通流模型的反馈线性化与拥堵控制。目前的研究主要通过离散交通流模型进行精确线性化,使原本难处理的非线性系统转化为线性系统,但在控制算法上仍有一定局限性。

事实证明,解决交通难题的根本出路在于发展交通科学技术及其基础理论。反之,若缺少正确的理论指导,则会造成有限资源的极大浪费。例如,在国内某些大城市,一些高标准的大型交通工程纷纷上马,交通拥挤问题不但没有解决,反而引起结构性的负效应。如北京市,近几年花了很大力气修建了多个快速环路和立交桥,但交通拥挤问题并没有多大改善。上海市政府近年来投入大量资金修建的高架道路,一定程度上缓解了交通压力,可是"大动脉畅通,微血管堵塞"现象仍然存在,许多交通瓶颈依然如故,高架路匝道"肠梗阻"的现象时有发生,交通事故发生率未见实质性下降,并且出现整体交通状况的改善导致局部交通状况恶化的问题。

与发达国家相比,我国大中城市的交通由于行人、非机动车和机动车混行所造成的交通复杂性,远比国外复杂得多。国外应用成熟的交通模型,往往不一定适合我国的交通实情。因此,结合国情深入研究我国城市交通现象和交通问题,是摆在我们面前亟待解决的重要课题,如何充分有效地利用有限的交通资源,挖掘现有交通设施潜力,如何以科学的理论来指导交通规划、控制和管理,以缓解失衡的交通供求关系,将成为未来很长一段时间交通流理论需要解决的问题。

第 2 章 交通流基本特性

2.1 交通流参数及指标

交通流参数分为宏观参数和微观参数。宏观参数用来描述交通流作为一个整体表现出来的特性,具体参数有交通量、速度和交通流密度等;微观参数用来描述交通流中彼此相关的车辆之间的运行特性,具体参数有车头间距和车头时距等。

2.1.1 交通量

1. 交通量的定义

交通量又称流量,是指一定时间段内,通过道路某一地点、某一断面或某一车道的交通实体数。

流量是一个随机数,不同时间、不同地点的交通量都不同,交通量随时间和空间而变化的现象称为交通量的时空分布特性。研究或观察交通量的变化规律,对于交通规划、交通管理、交通设施的规划、设计方案比较和经济分析及交通控制与安全均具有重要意义。

交通量时刻在变化,在表达方式上通常取某一时间段内的平均值作为该时间段的代表交通量。

(1) 日交通量。

如果以"辆每日"为单位,日平均交通量表达式为

$$ADT = \frac{1}{n}\sum_{i=1}^{n} Q_i \tag{2.1}$$

式中 Q_i——各规定时间段内的日交通量,辆每日;

n——各规定时间段的时间,日。

按平均值所取的时间段的长度计,常用的有:

①年平均日交通量(Annual Average Daily Traffic,AADT)

$$AADT = \frac{1}{365}\sum_{i=1}^{365} Q_i \tag{2.2}$$

②月平均日交通量(Monthly Average Daily Traffic,MADT)

$$MADT = \frac{一个月的日交通量总和}{本月的天数} \tag{2.3}$$

③周平均日交通量(Weekly Average Daily Traffic,WADT)

$$WADT = \frac{1}{7}\sum_{i=1}^{7} Q_i \tag{2.4}$$

其中,年平均日交通量在城市道路规划与设计中是一项极其重要的控制性指标,用作道路交通设施的规划、设计、管理等的依据,其他平均交通量是供交通量统计分析、求各时段交通量变化系数,以便将各时段平均交通量进行相互换算之用。

(2)小时交通量。

① 高峰小时交通量(Peak Hour)。交通量时变图一般呈马鞍形,上下午各有一个高峰。在交通量呈现高峰的那个小时,称为高峰小时,高峰小时内的交通量称为高峰小时交通量。

② 设计小时交通量(DDHV)。为保证道路规划期内满足绝大多数车流顺利通过,不造成严重阻塞,同时避免建成后车流量低,投资效益不高,造成资源浪费,选择适当的小时交通量作为道路规划设计的依据十分必要,这就是设计小时交通量。

一般选用第 30 位高峰小时交通量作为设计小时交通量是最合适的。所谓第 30 位小时交通量就是将一年中实测的 8 760 个小时交通量,从大到小按序排列,排在第 30 位的那个小时交通量。

设计小时交通量与年平均日交通量的关系为

$$DDHV = AADT \times K \times D \tag{2.5}$$

式中　$DDHV$——设计小时交通量,辆每小时;

$AADT$——年平均日交通量,辆每日;

K——高峰小时交通量占日交通量的比例,%;

D——高峰小时内,交通量大的方向交通量占高峰小时交通量的比例,%。

(3)交通流率。

交通流率(Traffic Flow Rate)是指通过道路某一断面,在不足 1 h 时间段内测得的车辆数换算成的 1 h 交通量。交通流率在研究短期交通流波动特性方面有重要意义。

高峰小时交通量与全天交通量之比称为高峰小时流率,它反映高峰小时交通量的集中程度,并可供高峰小时交通量与日交通量之间做相互换算之用。

在进行交通分析时,常将高峰小时划分为若干短时段以显示各个时段交通流的变化特征。一般在路段交通量特性分析时采用 5 min 作为观测时段,在交叉口交通量分析时采用 15 min 作为观测时段。高峰小时系数(PHF)指高峰小时交通量与扩大的最大高峰小时流率之比,其一般表达式为

$$PHF_t = \frac{高峰小时交通量}{[t\,时段内统计所得最高交通量] \cdot \dfrac{60}{t}} \tag{2.6}$$

2. 交通量的时间分布特性

(1)月变化。

由于社会经济活动对交通的需求以及当地季节与气候的影响,同一道路一年中各月的交通量并不相同,呈现逐月变化的规律,通常用月变系数(或称月不均系数)M 表示为

$$M = \frac{AADT}{MADT} \tag{2.7}$$

图 2.1 是以月份为横坐标,以月变系数的倒数 $1/M$ 为纵坐标,绘制的一年内路段观测断面上的交通量变化曲线,这种曲线称为月交通量变化图。

(2)周变化。

交通量的周变化是指一周内各天的交通量变化,因此也称日变化。对于一定的城市或某个路段,交通量的日变化存在一定规律。我国城市道路,一般各工作日的交通量变化不大,而在节假日(或休息日)则变化显著,交通量一般都要少一些,但在公路上一周内交通量变化比城市要小。交通量在每周的日变化以周变系数 D 表示:

$$D = \frac{AADT}{WDT} \tag{2.8}$$

式中 WDT——全年某周内各天的平均日交通量。

图 2.2 是以每周的各日为横坐标,以周变系数的倒数 $1/D$ 为纵坐标,绘制的一周内路段观测断面上的交通量变化曲线,这种曲线称为周交通量变化图。

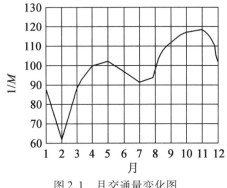

图 2.1 月交通量变化图

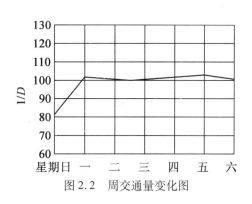

图 2.2 周交通量变化图

(3)时变化。

一天 24 小时中,每个小时的交通量也在不断变化。表示各小时交通量变化的曲线,称为小时交通量变化图,如图 2.3 所示。

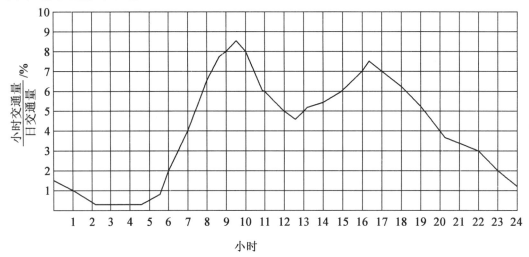

图 2.3 小时交通量变化图

3. 交通量的空间分布

交通量的大小与社会经济发展速度、人民文化生活水平、人口分布、气候、物产等多方面因素有关,它除了随时间而变化外还随空间的不同而变化。这种随空间位置而变化的特性称为空间分布特性,一般是指同一时间或相似条件下,随城乡、地域、方向、车道等的差别而变化的情况。

(1)城乡分布。

由于城乡之间经济发展、生产活动、生产水平不平衡,造成城乡间交通量的差别,一般说来,城市道路的交通量大于农村的交通量,国省道干线交通量大于县乡道道路交通量。

(2)区域分布。

由于路网上各路段的等级、功能、所处的区位不同,在同一时间内,路网上各路段的交通量有很大不同。一般用路网交通量分布图来表示交通量在各路段上的分布(图2.4),从图上可以很明显地分辨出交通量区域分布的不均匀性。

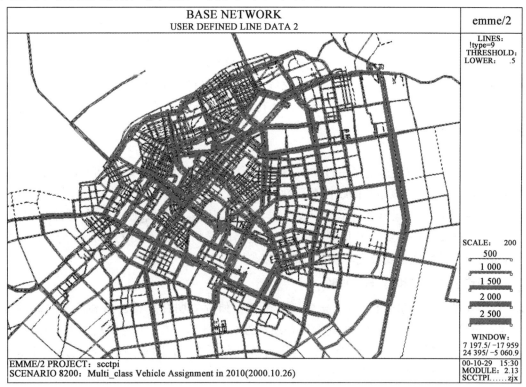

图 2.4　路网交通量分布

(3)方向分布。

道路往返两个方向上的交通量,在很长时间内可能是平衡的,但在某一时段内如一天中某几个小时,两个方向交通量会有较大不同。这种方向不平衡性常用方向分布系数 K_D 表示:

$$K_D = \frac{主要行车方向交通量}{双向交通量} \times 100\% \tag{2.9}$$

根据国外的数据,上下班路线 $K_D = 70\%$,主要干道 $K_D = 60\%$,市中心干道 $K_D = 50\%$。国内上下班路线也在 70% 左右,城市出入口道路高峰小时进、出城方向交通量占 60% ~ 70%,晚高峰时正好相反。

(4)车道分布。

单向多车道道路上,因非机动车数量、车辆横向出入口数量等的不同,各条车道上交通量的分布也是不等的。在交通量不高的情况下,一般右侧车道的交通量比较大,随着交通量增大,左侧的比例也增大。

图 2.4 为国内某城市路网交通量分布情况。

2.1.2 速度

1. 基本定义

(1)点速度。

车辆通过道路特定地点的瞬时速度,多指点速度。点速度在道路规划设计、交通管理和交通工程设施设计的过程中均有应用。

① 设计速度。设计速度是指在道路交通与气候条件良好的情况下仅受道路物理条件限制时所能保持的最大安全车速,用作道路线形几何设计的标准。

② 临界速度。临界速度是指道路理论通行能力达到最大时的车速,对于选择道路等级具有重要的作用。

(2)区间速度。

① 行驶速度。行驶速度是由行驶某一区间所需时间(不包括停车时间)及其区间距离求得的车速,用于评价该路段的线性顺适性和分析通行能力。

② 行程速度。行程速度是车辆行驶路程与通过该路程所需的总时间(包括停车时间)之比。行程速度是一项综合性指标,用以评价道路的通畅程度,估计行车延误情况。要提高运输效率归根结底是要提高车辆的行程速度。

2. 地点速度分布和百分位车速

行车速度与交通量一样,也是一个随机变量。研究表明在乡村公路和高速公路路段上,地点车速一般呈正态分布,在城市道路或高速公路匝道口处,车速相差不大,一般呈偏态分布,如皮尔逊Ⅲ型分布。对行车速度进行统计分析,一般借助车速分布直方图和车速频率、累计频率分布曲线,如图 2.5(a),(b),(c)所示。

常用于表征车速统计分布特性的特征车速有以下几种:

(1)中位车速。

中位车速也称 50% 位车速,是指在该路段上在该速度以下行驶的车辆数与在该速度以上行驶的车辆数相等。在正态分布的情况下,50% 位车速等于平均车速,但一般情况下,两者不等。

(2)85% 位车速。

在该路段行驶的所有车辆中,有 85% 的车辆行驶速度在此速度以下,只有 15% 的车辆行驶速度高于此值,交通管理部门常以此速度作为某些路段的最高限速。

(3)15% 位车速。

意义同前。在高速公路和快速道路上,为了行车安全,减少阻塞排队现象,要规定低速限制,因此 15% 位车速测定是非常重要的。

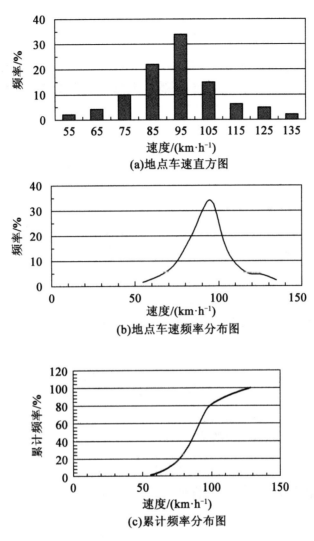

图 2.5 车速统计分布

85%位车速与15%位车速之差反映了该路段上的车速波动幅度,同时车速分布的标准偏差 S 与85%位车速和15%位车速之差存在着下列近似关系:

$$S \approx (85\%位值 - 15\%位值)/2.07$$

3. 时间平均车速和空间平均车速

(1) 时间平均车速。

在单位时间内测得通过道路某断面各车辆的地点车速,这些地点车速的算术平均值,即为该断面的时间平均车速,即

$$\bar{v}_t = \frac{1}{n}\sum_{i=1}^{n} v_i \tag{2.10}$$

式中 $\bar{v}_t$——时间平均车速,km/h;

v_i——第 i 辆车的地点车速,km/h;

n——单位时间内观测到的车辆总数,veh。

(2) 空间平均车速。

在某一特定瞬间,行驶于道路某一特定长度内全部车辆的地点车速分布的平均值,称为空间平均车速。当观测长度为一定时,其数值为地点车速观测值的调和平均值,计算公式为

$$\bar{v}_s = \frac{1}{\frac{1}{n}\sum_{i=1}^{n}\frac{1}{v_i}} = \frac{nl}{\sum_{i=1}^{n}t_i} \tag{2.11}$$

式中 l——路段长度,m;

t_i——第 i 辆车的行驶时间,s;

n——车辆行驶于路段长度 s 的次数;

v_i——第 i 辆车的地点车速,m/s;

$\bar{v}_s$——空间平均车速,m/s。

(3) 时间与空间平均车速之间的关系。

时间平均车速和空间平均车速之间存在着如下关系:

$$\bar{v}_s = \bar{v}_t - \frac{\sigma_t^2}{\bar{v}_t} \tag{2.12}$$

$$\bar{v}_t = \bar{v}_s + \frac{\sigma_s^2}{\bar{v}_s} \tag{2.13}$$

式中 σ_t——时间平均车速观测值的均方差。

σ_s——空间平均车速观测值的均方差。

2.1.3 交通流密度和车道占有率

1. 交通流密度

交通流密度是在某一瞬时,单位长度路段上的车辆数。单位一般为 km。

$$K = N/L \tag{2.14}$$

式中 K——某瞬间的交通流密度;

N——车辆数;

L——观测路段长度。

由概念可知密度是个瞬时值,随观测的时刻和观测的路段长度而变化,通常用观测的总时间内的平均值表示。

2. 车道占有率

由于密度是瞬时值,随观测的时间或区间长度而变化,而且反映不出与车辆长度和速度的关系,尤其当车辆混合行驶时,密度的高低不能明确地表示交通流状态,所以在交通工程中又引用了车道占有率的概念来表示车流密度,车道占有率包括空间占有率和时间占有率。

(1) 空间占有率。

在道路的一定路段上,车辆总长度与路段总长度之比称为空间占有率,通常以百分数

表示,表达式如下:

$$o_s = \frac{1}{L} \sum_{i=1}^{n} l_i \quad (2.15)$$

式中 o_s——空间占有率;
L——观测路段总长度;
l_i——第 i 辆车的长度;
n——通过该路段的车辆数。

(2)时间占有率。

在道路的任一路段上,车辆通过时间的累计值与观测总时间的比值称为时间占有率,通常以百分数表示,表达式如下:

$$o_t = \frac{1}{T} \sum_{i=1}^{n} t_i \quad (2.16)$$

式中 o_t——时间占有率;
T——观测总时间;
t_i——第 i 辆车通过观测路段所用的时间;
n——观测时间内通过该路段的车辆数。

2.1.4 车头间距和车头时距

流量、速度和密度都是交通流宏观参数,它们是对给定的时间和区间内的交通流在整体上予以描述。车头间距和车头时距则是交通流的微观参数,因为二者用于交通流中的每对车辆。

车头间距是指一条车道上前后相邻车辆之间的距离,车头时距是前后两辆车通过车行道上某一点的时间差。对观测路段上所有车辆的车头时距和车头间距取平均值称为平均车头时距和平均车头间距。平均车头时距和平均车头间距与宏观参数的关系如下:

$$K = \frac{1\,000}{\bar{h}_s} \quad (2.17)$$

$$Q = \frac{3\,600}{\bar{h}_t} \quad (2.18)$$

式中 $\bar{h}_s$——平均车头间距,m;
$\bar{h}_t$——平均车头时距,s。

2.2 交通流参数的统计分布

车辆的到达在某种程度上具有随机性,描述这种随机性分布规律的方法有两种:一种是以概率论中描述可数事件统计特性的离散型分布为工具,考察在一段固定长度的时间或距离内到达某场所的交通数量的波动性;另一种是以连续型分布为工具,研究车辆间隔时间、车速、可穿越空档等交通流参数的统计分布特性。

在设计新的交通设施或管制方案时,需要预测某些具体的交通特性,并希望能使用现有的数据或假设的数据进行预测。统计分布模型可以使交通技术人员用少量的资料得出确切的预测结果,本节将对它们进行详细讨论。

2.2.1 最小样本量

地点车速调查所需最小样本量按统计原理可由下式确定:

$$n = (\sigma K/E)^2 \tag{2.19}$$

式中 n——最小样本量;

σ——估计样本的标准偏差,可按表2.2取用,或采用8 km/h作为标准差近似估计值;

K——置信水平系数,见表2.1;

E——观测值的允许误差。

对不同车速、不同类型车辆都要抽样观测,以防止抽样不均,当车辆呈连续流以相近速度行驶时,应选头车观测。

表2.1 置信水平系数 K 值表

置信水平/%	68.3	86.6	90.0	95.0	95.5	98.8	99.7
K	1	1.5	1.64	1.96	2.0	2.5	3

表2.2 样本标准差 σ 值表　　　　　　km/h

行驶区域	双车道标准差	四车道标准差	行驶区域	双车道标准差	四车道标准差
乡村	8.5	6.8	城市	7.7	7.9
郊区	8.5	8.5	平均值	8.0	8.0

2.2.2 离散型分布

以一定的时间间隔清点车辆的到达数,所得到的数列可以用离散型分布描述。常用的离散型分布有如下三种。

1. 泊松分布

泊松分布可用下式表示为

$$P(k) = \frac{(\lambda t)^k e^{-\lambda t}}{k!} \quad (k = 1,2,3,\cdots) \tag{2.20}$$

式中 $P(k)$——在计数期间到达 k 辆车的概率;

λ——单位时间的平均到达率,veh/s(辆每秒);

t——每个计数周期的持续时间,s;

e——自然对数的底,取值为2.71828。

若令 $m = \lambda t$ 为计数周期 t 内平均到达的车辆数,则式(2.20)可写为

$$P(k) = \frac{m^k e^{-m}}{k!} \tag{2.21}$$

当 m 为已知时,应用式(2.21)可以求出在计数周期 t 内恰好有 k 辆车到达的概率。此外,还可计算:

小于 k 辆车到达的概率

$$P(<k) = \sum_{i=0}^{k-1} \frac{m^i e^{-m}}{i!} \tag{2.22}$$

小于或等于 k 的情况

$$P(\leq k) = \sum_{i=0}^{k} \frac{m^i e^{-m}}{i!} \tag{2.23}$$

大于 k 的情况

$$P(>k) = 1 - \sum_{i=0}^{k} \frac{m^i e^{-m}}{i!} \tag{2.24}$$

大于或等于 k 的情况

$$P(\geq k) = 1 - \sum_{i=0}^{k-1} \frac{m^i e^{-m}}{i!} \tag{2.25}$$

至少是 k 但不超过 y 的情况

$$P(k \leq i < y) = \sum_{i=k}^{y} \frac{m^i e^{-m}}{i!} \tag{2.26}$$

用泊松分布拟合观测数据时,参数 m 按下式计算:

$$m = \frac{\text{观测的总车辆数}}{\text{总计间隔数}} = \frac{\sum_{i=1}^{g} k_i f_i}{\sum_{i=1}^{g} f_i} = \frac{\sum_{i=1}^{g} k_i f_i}{N} \tag{2.27}$$

式中 g——观测数据分组数;

　　f_i——计数周期 t 内到达 k_i 辆车这一事件发生的次(频)数;

　　N——观测的总周期数。

常用下列递推公式:

$$P(0) = e^{-m} \tag{2.28}$$

$$P(k+1) = \frac{m}{k+1} P(k) \tag{2.29}$$

当交通量较小且没有交通信号这类因素干扰时,交通状况会出现随机性,即每个计数周期 t 内到达的车辆数不存在任何规律,此时应用泊松分布能较好地拟合观测数据。不过当交通拥挤或车辆到达受到周期性干扰,如受交通信号的影响时,需用其他分布描述交通状况。

泊松分布的平均数与方差相等,m 和 S^2 为无偏估计。当观测数据表明 S^2/m 显著不等于 1 时,表明泊松分布不适用。

2. 二项分布

在拥挤的交通流中,由于车辆自由行驶的机会减少,观测数据的方差较小。此时,$S^2/m < 1$,车辆到达数的分布符合二项分布,即

$$P(k) = C_n^k p^k (1-p)^{n-k} \quad (k=0,1,2,\cdots,n) \tag{2.30}$$

式中 $C_n^k = \dfrac{n!}{k!(n-k)!}$；

p, n——二项分布参数。

由概率论可知,对于二项分布,其均值 $E(k) = np$,方差 $D(k) = np(1-p)$。因此,当用二项分布拟合观测数据时,如果 $\hat{p}$ 是拟合中使用的二项分布参数 p 的估计值,$\hat{n}$ 是拟合中使用的二项分布参数 n 的估计值,则 $\hat{p}$ 和 $\hat{n}$ 可用下列关系式估算:

$$\begin{cases} \hat{p} = \dfrac{m - S^2}{m} \\ \hat{n} = \dfrac{m}{p} = \dfrac{m^2}{m - S^2}(\text{取整数}) \end{cases} \quad (2.31)$$

用式(2.30)可计算在计数周期 t 内到达 k 辆车的概率。此外,少于 k 辆车到达的概率为

$$P(<k) = \sum_{i=0}^{k-1} C_n^i p^i (1-p)^{n-i} \quad (2.32)$$

大于 k 辆车到达的概率为

$$P(>k) = 1 - \sum_{i=0}^{k} C_n^i p^i (1-p)^{n-i} \quad (2.33)$$

其余类推,常用递推公式:

$$P(0) = (1-p)^n \quad (2.34)$$

$$P(k) = \dfrac{n-k+1}{k} \cdot \dfrac{p}{1-p} \cdot P(k-1) \quad (2.35)$$

3. 负二项分布

当以一定的周期观测到达的车辆数一直延续到高峰期间与非高峰期间两个时段时,所得数据可能具有较大的方差。例如,选择信号灯的下游观测,信号循环的前一部分时间交通流量大,常在饱和程度,而信号循环的后一部分时间通常交通流量很小。但是,当计数周期相应于信号周期的绿灯部分或相应于整个信号周期时,这种影响不太明显。若计数周期较短,则会出现大流量时段与小流量时段,甚至可能有居中流量时段,观测数据将出现较大的方差,即 S^2/m 大于 1 时应使用负二项分布拟合观测数据。

负二项分布可写为

$$P(k) = C_{k+\beta-1}^{\beta-1} p^\beta (1-p)^k \quad (k = 0, 1, 2, \cdots) \quad (2.36)$$

式中 p, k——负二项分布参数。

由概率论已知,对于负二项分布,其均值 $E(k) = \dfrac{\beta(1-p)}{p}$,方差 $D(k) = \dfrac{\beta(1-p)}{p^2}$。因此,当用负二项分布拟合观测数据时,如果 $\hat{p}$ 是拟合中使用的负二项分布参数 p 的估计值,$\hat{k}$ 是拟合中使用的负二项分布参数 k 的估计值,则 $\hat{p}, \hat{k}$ 可由下面关系式估算:

$$\begin{cases} \hat{p} = \dfrac{m}{S^2} \\ \hat{k} = \dfrac{m^2}{S^2 - m}(\text{取整数}) \end{cases} \quad (2.37)$$

同样,在计数周期 t 内,大于 k 辆车到达的概率可由下式计算:

$$P(>k) = 1 - \sum_{i=0}^{k} C_{i+\beta-1}^{\beta-1} p^{\beta}(1-p)^i \tag{2.38}$$

递推公式如下:

$$P(0) = p^n \tag{2.39}$$

$$P(k) = \frac{k+\beta-1}{k} \cdot (1-p) \cdot P(k-1) \quad (k \geq 1) \tag{2.40}$$

2.2.3 连续型分布

为了描述前后车辆到达之间的车头时距的分布,常用下列连续型分布函数。

1. 负指数分布

若车辆到达符合泊松分布,则车头时距就是负指数分布。

由式(2.28)知,在计数周期 t 内没车到达($k=0$)的概率为

$$P(0) = e^{-\lambda t} \tag{2.41}$$

该式表明,在具体的时间间隔 t 内,如无车辆到达,则上一次车到达和下一次车到达之间车头时距至少有 t s,换句话说,$P(0)$ 也是车头时距等于或大于 t s 的概率。于是得到

$$P(h \geq t) = e^{-\lambda t} \tag{2.42}$$

而车头时距小于 t 的概率则为

$$P(h < t) = 1 - e^{-\lambda t} \tag{2.43}$$

用 Q 表示小时交通量,令 $\lambda = \dfrac{Q}{3\,600}$(辆每秒),则式(2.43)可以写为

$$P(h \geq t) = e^{-\frac{Qt}{3\,600}} \tag{2.44}$$

式中 $\dfrac{Qt}{3\,600}$ ——到达车辆数的概率分布的平均值。

若令 T 为车头时距概率分布的平均值,则应有

$$T = \frac{3\,600}{Q} = \frac{1}{\lambda} \tag{2.45}$$

于是,式(2.42)、式(2.43)又可写为

$$P(h \geq t) = e^{-\frac{t}{T}} \tag{2.46}$$

$$P(h < t) = 1 - e^{-\frac{t}{T}} \tag{2.47}$$

此外,也可用概率密度函数计算,概率密度函数为

$$F(t) = \frac{\mathrm{d}P}{\mathrm{d}t} = \lambda e^{-\lambda t} \tag{2.48}$$

于是

$$\begin{cases} P(h \geq t) = \int_0^{\infty} \lambda e^{-\lambda t} \mathrm{d}t = e^{-\lambda t} \\ P(h < t) = \int_0^{t} \lambda e^{-\lambda t} \mathrm{d}t = 1 - e^{-\lambda t} \end{cases} \tag{2.49}$$

负指数分布在描述车头时距的各种分布中,使用最为广泛。它适用于车流密度不大,

车辆到达是随机的情况。当每小时每车道的不间断车流量等于或小于 500 辆时,用负指数分布描述车头时距通常是符合实际的。

2. 移位负指数分布

当负指数分布用于单车道交通流的车头时距分布时,理论上会得出大量的 0~1 s 的车头时距,但在实际中这种情况不可能出现,因为车辆的车头至车头的间距至少为一个车长加上前车尾部至后车头部的一定间隔。为了改正这种不合理,可将负指数分布曲线从原点 0 沿 t 轴向右移一个最小间隔长度(根据调查数据确定,一般在 1.0~1.5 之间),得到移位负指数分布曲线,它能更好地拟合观测数据。

移位负指数的分布函数为

$$\begin{cases} P(h \geq t) = e^{-\lambda(-\tau)} & (t \geq \tau) \\ P(h < t) = 1 - e^{-\lambda(-\tau)} & (t \geq \tau) \end{cases} \tag{2.50}$$

概率密度函数为

$$F(t) = \begin{cases} \lambda e^{-\lambda(1-\tau)} & (t \geq \tau) \\ 0 & (t < \tau) \end{cases} \tag{2.51}$$

3. 爱尔朗分布

爱尔朗分布是较为通用的车头时距的分布模型。根据分布函数中参数 k 的改变而有不同的分布函数,累积的爱尔朗分布可以写成

$$P(h > t) = \sum_{i=0}^{l-1} (\lambda l t)^i \frac{e^{-\lambda l t}}{i!} \tag{2.52}$$

当 $l = 1$ 时,简化成负指数分布;当 $l = \infty$ 时,结果将产生均一的车头时距。实际应用时,l 值可由观测数据的平均数 m 及方差 S^2 用下式估算,且四舍五入取整数:

$$l = m^2 / S^2$$

爱尔朗分布的概率密度函数为

$$F(t) = \lambda e^{-\lambda t} \frac{(\lambda t)^{l-1}}{(l-1)!} \quad (l = 1, 2, 3, \cdots) \tag{2.53}$$

图 2.6 为 $l = 1, 2, 4$ 时的概率密度曲线。

4. 韦布尔分布

基本公式

$$P(h \geq t) = \exp\left[-\left(\frac{t-\gamma}{\beta-\gamma}\right)^\alpha\right] \quad (\gamma \leq t < \infty) \tag{2.54}$$

式中 β, γ, α ——参数,取正值,且 $\beta > \gamma$。

韦布尔分布的概率密度函数为

$$F(t) = \frac{d[1 - P(h \geq t)]}{dt} = \frac{1}{\beta - \gamma} \left(\frac{t-\gamma}{\beta-\gamma}\right)^{\alpha-1} \exp\left[-\left(\frac{t-\gamma}{\beta-\gamma}\right)^\alpha\right] \tag{2.55}$$

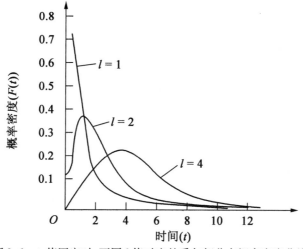

图 2.6 λ 值固定时,不同 l 值对应的爱尔朗分布概率密度曲线

图 2.7 为 σ 的韦布尔分布概率密度曲线,曲线的形状随着参数 α 的改变而变化,可见韦布尔分布的适用范围是比较广泛的。当 $\alpha=1$ 时为负指数分布,当 $\alpha=3$ 或 2 时,与正态分布十分近似。使用韦布尔分布拟合数据时,可根据观测数据查阅相关的韦布尔分布拟合用表,确定所要使用的韦布尔分布的具体形式。

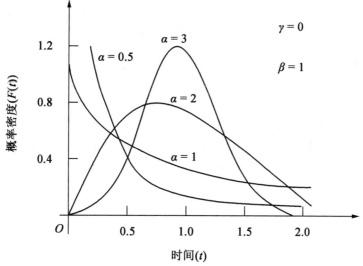

图 2.7 韦布尔分布概率密度曲线

韦布尔分布适用范围较广,交通流中的车头时距分布、速度分布等一般都可用韦布尔分布来描述。实践表明,对具有连续型分布的交通流参数进行拟合,韦布尔分布常常具有与皮尔逊Ⅲ型分布、复合指数分布、对数正态分布和正态分布同样的效力。韦布尔分布的拟合步骤并不复杂,其分布函数也比较简单,这是皮尔逊Ⅲ型分布等分布所不具备的优点,这个优点给概率计算带来了很多便利。此外,韦布尔分布随机数的产生也很简便。因此,当使用最简单的负指数分布或移位负指数分布不能拟合实测的数据时,选用韦布尔分布来拟合是最好的出路之一。

2.2.4 分布拟合检验

将理论分布与观测数据之间的拟合进行比较时,要求有一些评价拟合质量的参数。在交通工程中,目前常用的是 χ^2 检验。χ^2 检验主要解决下面两类问题:

① 某随机变量 X 是否服从某完全给定的概率分布。即不仅知道概率分布的函数式,而且还知道该分布所有各参数的值。

② 某随机变量 X 是否服从某形式的概率分布。即只知道呈什么形式分布,但并不知道该分布的参数。在这种情况下,只好从样本资料去估计该分布的参数。

现在从上述第一类问题出发,建立 χ^2 检验的思路。

问题是随机变量 X 是否服从某完全给定的概率分布,根据数理统计理论,任何假设检验都应有下列步骤:

(1) 建立原假设 H_0。

问题中的假设是——H_0:随机变量 X 是服从该完全给定的概率分布。

(2) 选择适宜的统计量。

由数理统计理论,样本频率分布在一定条件下可作为概率分布的估计。如果 H_0 成立,那么假设的概率分布与频率分布应相差不太远。反之,如果相差甚远,就有理由否定 H_0。

假如样本的频率分布已知,且第 i 组的频数为 f_i,由于 H_0 假设分布是已经给出的,可以求出这个概率分布在频率分布各组区间上相应的概率 $P_i = P(x_i)$。若 N 是样本容量,则 NP_i 相当于概率分布在第 i 组的频数,记为 F_i,称它为理论频数。如果 H_0 确实成立,那么 f_i 与 F_i 应该相差不大。这样可以建立统计量 X^2:

$$X^2 = \sum_{i=1}^{n} \frac{(f_i - F_i)^2}{F_i} = \left(\sum_{i=1}^{n} \frac{f_i^2}{F_i} \right) - N \tag{2.56}$$

(3) 确定统计量的临界值。

为了完成假设检验,必须求出 χ^2 的分布,进而求得 χ^2 值,以作为取舍 H_0 的临界值。

在实际应用中,取 $N \to \infty$ 时 χ^2 的渐近分布。可以证明在 $N \to \infty$,$g \to \infty$ 时,$X^2 \to \chi^2$,自由度 $DF = g - 1$。当选定了显著性水平 α 后,根据 DF 值,可以查表得到 X^2 的临界值 χ_α^2。

(4) 下统计检验结论。

比较 X^2 的计算值与临界值 χ_α^2,若 $\chi_\alpha^2 \geq X^2$,则假设被接受,即认为随机变量 X 服从该完全给定的概率分布;若 $\chi_\alpha^2 < X^2$,则拒绝接受原假设。

前面指出,χ^2 分布是 X^2 的渐近分布,从而在使用 χ^2 统计量时应注意:

① 总频数 N 应较大,即样本容量应较大。

② 分组应连续。各组的 P_i 值应较小,意味着分组数 g 应较大,通常要求 g 不小于 5。

③ 各组的理论频数 F_i 不得少于 5。如果某组的理论频数 $F_i < 5$,则应将相邻若干组合并,直至合并后的理论频数大于 5 为止。但此时应以合并后实有组数作为 $DF = g - 1$ 中的 g 值。

④ χ^2 统计量参数 DF 的确定。当 χ^2 检验是用来解决第一类问题,即"某随机变量 x 是否服从某完全给定的概率分布"时,$DF = g - 1$;若用来解决第二类问题即"某随机变量 X 是否服从某形式的概率分布"时,由于只给出呈什么分布,但没给出该分布的参数取什么值,

这时 $DF = g - \alpha - 1$,其中 α 是约束数。

概率分布参数值没有给出,计算 P_i 值时只好由样本资料先对参数做点估计,在所设分布中填入参数的点估计后计算 F_i 值。约束数 α 是在概率分布中需由样本估计的参数个数。

⑤α 的取值。显著性水平 α 实际上是"弃真"的概率。$\alpha = 0.05$ 的含义是指在假设确实成立的前提下,每 100 次判别(检验)中,平均有 5 次本应是接受假设的,但却被拒绝了,即犯了统计学中所讲的统计检验的第一类错误。当 DF 固定时,α 取值越大,意味着假设被拒绝的可能性越大;α 取值越小,假设被接受的可能性越大。在交通工程中,根据判别失误的影响大小,通常取 $\alpha = 0.05$。

2.3 交通流特性参数关系

本节主要介绍交通流三个基本参数,即三要素之间的关系模型,包括速度-密度、流量-密度、速度-流量模型,其中一些是基于数学模型建立的,另一些是根据实践经验建立的。

2.3.1 交通流三参数关系

流量、密度、速度三者之间的关系式可以用三维空间中的图像来表示,如图 2.8 所示。尽管如此,为了便于理解,通常将这个三维空间曲线投影到二维空间中,如图 2.9 所示。

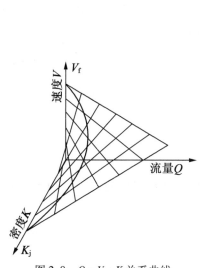

图 2.8 $Q = V \cdot K$ 关系曲线

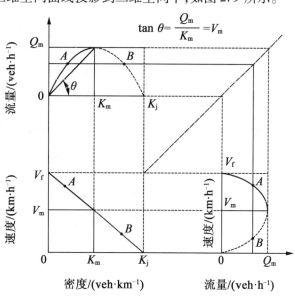

图 2.9 $Q-K, V-Q, V-K$ 关系曲线

由图 2.9 可以找出反映交通流特性的一些特征变量:

(1)极大流量 Q_m:$Q-V$ 曲线上的峰值。

(2)临界速度 V_m:流量达到极大时的速度。

(3)最佳密度 K_m:流量达到极大时的密度。

(4)阻塞密度 K_j:车流密集到所有车辆无法移动($V = 0$)时的密度。

(5)畅行速度 V_f:车流密度趋于零,车辆可以畅行无阻时的平均速度。

2.3.2 速度-密度模型

1933年,格林希尔茨(Greenshields)提出了速度-密度线性关系模型:

$$V = V_f\left(1 - \frac{K}{K_j}\right) \tag{2.57}$$

该模型简单直观(图2.10),研究表明式(2.57)表示的模型与实测数据拟合良好。

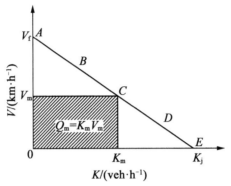

图2.10 速度-密度关系图

由图2.10可见,当$K=0$时,$V=V_f$,即在交通量很小的情况下,车辆可以畅行速度行驶。当$K=K_j$时,$V=0$,即在交通密度很大时,车辆速度趋向于零。流量变化也可以在速度-密度图上说明,例如:已知C点的速度和密度分别为V_m,K_m,因为$Q=KV$,故流量等于矩形面积(阴影部分:$Q_m = K_m V_m$。式中Q_m为最大流量;K_m为临界密度;V_m为临界速度)。

当交通密度很大时,可以采用格林伯(Greenberg)对数模型:

$$V = V_m \ln\left(\frac{K_j}{K}\right) \tag{2.58}$$

当密度很小时,可采用安德伍德(Underwood)指数模型:

$$V = V_f e^{-\frac{K}{K_m}} \tag{2.59}$$

2.3.3 流量-密度模型

交通流的流量-密度关系是交通流的基本关系。根据格林希尔茨公式(2.57)及基本关系式,得

$$Q = KV_f\left(1 - \frac{K}{K_j}\right) \tag{2.60}$$

式(2.60)表示一种二次函数关系,用图表示就是一条抛物线,如图2.11所示。图上C点代表通行能力或最大流量Q_m。从A点起流量随密度增加而减小,直至达到阻塞密度K_j,此时流量$Q=0$。以原点A,曲线上的B,C和D点的箭头为矢径,这些矢径的斜率表示速度。通过点A的矢径与曲线相切,其斜率为畅行速度V_f。在流量-密度曲线上,对于密度比K_m小的点表示不拥挤情况,而密度比K_m大的点表示拥挤的情况。

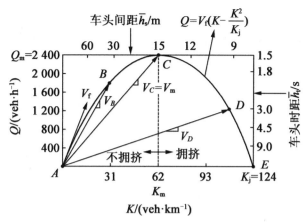

图 2.11 流量-密度关系图

从基本定义出发,可证明平均车头时距及平均车头间距分别为流量及密度的函数。假定车辆平均长度为 6.1 m,堵塞密度时单车道车辆间的平均距离为 1.95 m,因为 $h_s = \frac{10\,000}{K}$,曲线上点 E 的堵塞密度值 $k_j = \frac{1\,000}{h_s} = \frac{1\,000}{8.05} = 124(\text{veh/km})$。然后假定 $\overline{h_t} = 1.5$ s,因为 $\overline{h_t} = \frac{3\,600}{Q}$,曲线上 C 点表示最大流量值 $Q_m = \frac{3\,600}{\overline{h_t}} = \frac{3\,600}{1.5} = 2\,400(\text{veh/h})$,点 C 的密度 K_m 可直接从图中看出,等于 62(veh/km)。

确定最大流量时的速度 V_m,只要计算出从原点 A 到点 C 的矢径斜率,即 $V_m = V_C$。

流量-密度曲线上的其他点的数值以同样的方式求出。点 B 是表示不拥挤情况的一个典型点,其流量为 1 800 veh/h,密度为 30 veh/km,速度(AD 矢径的斜率)为 58 km/h。点 D 是表示拥挤情况的一个典型点,从图中看出,点 D 的流量为 1 224 veh/h,密度为 105.6 veh/km,速度(AD 矢径的斜率)为 11.6 km/h。根据定义,原点 A 的流量、密度都等于零。

2.3.4 速度-流量模型

由式(2.57)得

$$K = K_j\left(1 - \frac{V}{V_f}\right) \quad (2.61)$$

代入 $Q = KV$ 得

$$Q = K_j\left(V - \frac{V^2}{V_f}\right) \quad (2.62)$$

式(2.62)同样表示一条抛物线(图 2.12),形状与流量-密度曲线相似。

通常速度随流量增加而降低,直至达到通行能力的流量 Q_m 为止。当曲线在拥挤的部分时,流量和速度则都降低。A,B,C,D 和 E 相当于流量-密度和速度-密度曲线上的同样点。从原点 E 到曲线上点的向量斜率表示那一点的密度的倒数 $\frac{1}{k}$。点 C 上面的速度-流量曲线部分表示不拥挤情况,而点 C 下面的曲线部分则表示拥挤的情况。

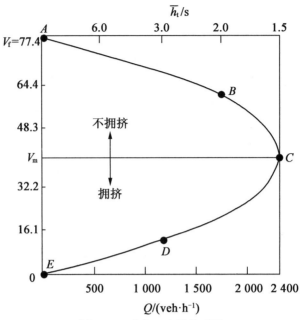

图 2.12 速度 - 流量关系图

综上,按格林希尔茨的速度 - 密度模型、流量 - 密度模型、速度 - 流量模型(图 2.10、图 2.11、图 2.12)可以看出,Q_m,K_m,V_m 是划分交通是否拥挤的重要特征值。当 $Q \leqslant Q_m, K > K_m, A < V_m$ 时,则交通属于拥挤;当 $Q \leqslant Q_m, K \leqslant K_m, V \geqslant V_m$ 时,则交通属于不拥挤。

第 3 章 交通参与者特性

3.1 驾驶员的交通特性

道路交通系统中的各要素都是围绕驾驶员这个特殊的要素进行设计和运作的,驾驶员特性研究是建立交通流模型和智能交通系统的一项基础内容。随着科技的发展,学科的交叉渗透,对交通系统中这一最复杂因素的深入研究,使交通工程改变了纯技术学科的性质。

3.1.1 驾驶员的任务

驾驶员是道路交通系统中"会思考"的部分,其主要任务是:
(1)沿着选定路线驾驶车辆,完成从起点到终点的运输过程,实现人和物的空间转移。
(2)遵守交通法规,正确理解信号、标志、标线含义,服从交通警察的指挥,自觉维护交通秩序以保证交通的安全和通畅。
(3)遇到不利情况及时调整车速或改变车辆的位置和方向,甚至停车,避免交通事故。
以上三项任务中,后两项任务决定着车辆运行的可靠性和安全程度。

3.1.2 驾驶员的信息处理过程

车辆在行驶过程中,驾驶员通过视、听、触觉器官从交通环境中获取信息,经过大脑进行处理,做出判断和反应,再支配手脚(运动器官)操纵汽车,使其按驾驶员的意志在道路上行进,这就是信息处理过程,如图 3.1 所示。

在这一过程中,驾驶员要受到自身一系列生理、心理因素的制约和外部条件的影响,如果在信息的采集、判断和处理的任何一个环节上发生差错,都会危及交通的安全和通畅。因此,有必要对信息处理的各个环节以及它们之间的联系做一下简要的介绍。

人的感觉器官可以接收到各种各样的刺激,如驾驶员的眼睛可以看见车内的仪表、车外的道路、车辆、行人、交通信号和标志,耳朵可以听见发动机和喇叭的声音,鼻子可以闻到异常气味,手脚可以感觉到振动等。所有这些可以被人直接或间接感知到的各种刺激,就是这里所说的信息。

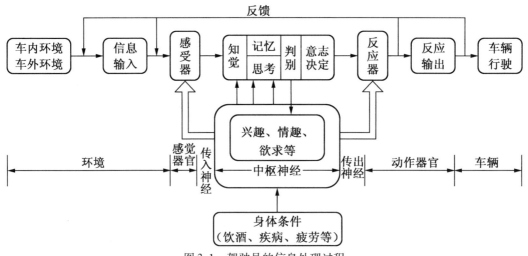

图 3.1 驾驶员的信息处理过程

1. 信息感知阶段

信息感知阶段也就是收集并理解信息的阶段。所谓感知就是感觉器官获取的信息在头脑中的反映。其具体过程是：信息先由感觉器官接收，再经传入神经传到大脑皮层，产生相应的映象。一般来说，这一过程的速度是极快的。如果因某种原因使得这一过程变慢，就会造成感知迟缓；如果在大脑中产生的映象出现错误，就会造成感知错误。由于感知方面的原因造成的事故约占驾驶员责任事故的一半以上。在信息感知阶段，最重要的是要敏捷而准确。

发生感知迟缓或感知错误的原因，除了刺激方面的原因（如有些信息过于突然、过于隐蔽、刺激强度过于微弱等）以外，主要是驾驶员心理和生理方面的原因。心理方面主要是注意力不集中、注意的范围过小、注意转移和分配能力差等。生理方面主要是感觉器官和大脑机能不健全或不正常，比如有视觉障碍（色盲、近视）、酒精中毒、驾驶疲劳等。这两方面的原因都会造成感官和大脑迟钝，使感知缓慢甚至错误。

2. 分析判断阶段

信息被感知以后，驾驶员把感知到的情况与自己的知识经验进行对照、分析，然后判断出道路的宽窄、软硬，前后车的速度、距离，行人的年龄、动向等，并根据自驾车辆的技术状况、本人的健康状况及心理机能等，决定采取相应的措施。这些判断项目中，任何一项判断不准，都容易导致行车事故。

在驾驶员的判断中，对距离的判断非常重要。在驾驶过程中，经常进行超车、会车。会车时要判断两车侧向间隙的大小，超车时要判断前车的车速、本车与前车的距离。当对面有来车时，还要判断与对面来车的距离及来车的车速等。如果低估了车速和距离，就会给行车安全带来危险。

3. 操作反应阶段

驾驶员处理信息的最后阶段，是肢体的操作反应阶段，即手脚按大脑决策后的指令进行具体操作，并产生效果。虽然由于操作错误造成的事故不多，但却常常是一些比较严重的事故。因此要求驾驶员的操作技能必须熟练，才能在紧急情况下不致出现失误。

以上介绍了驾驶员信息处理过程的各个阶段。在实际驾驶过程中,感知、判断、操作是有机地结合在一起的。感知是判断的前提,为判断提供材料,是分析判断的源泉。分析判断又为操作反应提供指令。操作是感知、判断的结果,同时操作的结果又反馈到感觉器官,对操作进行修正、调整。如果没有这一反馈,就不知道操作的结果。感知、判断、操作三位一体,构成驾驶员的信息处理过程,其中任何一项错误,都将导致整个信息处理过程的失败,这一信息处理过程通过反馈,进行循环往复。所以整个驾驶过程实质上就是不断地进行信息处理的循环过程。

3.1.3 驾驶员的视觉特性

在行车过程中,驾驶员需要及时感知各种交通信息,根据统计分析,各种感觉器官给驾驶员提供交通信息的比例如下:视觉80%,听觉14%,触觉2%,味觉2%,嗅觉2%。可见,视觉是驾驶员信息输入最重要的感觉器官。因此对视觉机能的考核和研究是驾驶员特性研究的重要内容。

人的眼睛注视目标时,由目标反射来的信息经过眼中晶状体投射于眼睛的黄斑凹,结成物像,再由视神经经过视路传至大脑视中枢,激起心理反应,形成视觉。也就是说,所谓视觉,就是外界光线经过刺激视觉器官在大脑中所引起的生理反应。视觉在辨别外界物体的明暗、颜色、形状等物理特性,以及区分物体的大小、远近等空间属性上都起着重要的作用。

1. 视力

视力就是眼睛分辨两物点之间最小距离的能力。根据眼睛所处的状态和时间不同,又有静视力、动视力和夜间视力之分。

(1)静视力。

静视力是站在视力表前 5 m 处,依次辨认视标测定的视力,视力共分 12 级。我国驾驶员的体检视力标准为:两眼的视力各应在 0.7 以上;或裸眼视力在 0.4 以上;矫正视力达到 0.7 以上;无红、绿色盲。

(2)动视力。

动视力是处在运动中观察物体的视力。动视力与汽车行驶的速度有关,随着车速的提高,视力明显下降。此外,动视力还因驾驶员年龄的不同而异,年龄越大,动视力下降的幅度越大。

(3)夜间视力。

夜间视力受光照度、背景亮度等诸多因素的影响。光照度增加则视力增加,光照度在 0.1~1 000 lx 范围内,光照度与视力之间近乎为直线关系。黄昏时间对驾驶员行车最为不利,因为在黄昏时刻,前灯的照度正与周围景物的光亮度相近,难以看清周围的车辆和行人,容易发生事故。

2. 视觉适应

视觉适应是视觉器官对于光亮程度突然变化而引起的感受性适应过程。由明亮处进入暗处,眼睛习惯后,视力恢复,称为暗适应;由暗处到明亮处,眼睛习惯后,视力恢复,称为明适应。暗适应时间较长，通常要 3~6 min 才能基本适应，30~40 min 才能完全适应，而明适应则可在 1 min 内达到完全适应。

一般，由隧道外进入没有照明条件的隧道内，大约发生 10 s 的视觉障碍；夜晚在城区和郊区交界处，由于照明条件的改变也会使驾驶员产生视觉障碍，从而影响行车安全。设置照明设施时应予考虑。

此外，黄昏时路面的明亮度急速降低（特别是秋天的黄昏），但天空还较明亮，视觉的暗适应较困难，而此时正值驾驶员和行人都感到疲劳的时候，事故发生率较高，应从多方面予以重视。再者，对于不同年龄的驾驶员来说，暗适应能力也有明显不同，研究结果表明，从 20 岁到 30 岁，暗适应能力不断提高，40 岁以后开始逐渐下降，而 60 岁时的暗适应能力则仅为 20 岁人的 1/8。了解驾驶员暗适应的变化特点，对预防交通事故的发生十分必要。

3. 眩目

若视野内有强光照射，颜色不均匀，使人的眼睛产生不舒适感，形成视觉障碍，这就是眩目。夜间行车，对向来车的前灯强光照射，最易使驾驶员产生眩目现象。这种现象有连续与间断之分，夜间行车多半是间断性的眩目。当受到对向车灯强烈照射时，不禁要闭目或移开视线，这种现象称之为生理性眩目。若由于路灯照明反射所产生的眩光使驾驶员有不愉快的感觉，这种现象为心理性眩目。眩目是由眩光产生的。眩光会使人的视力下降，下降的程度取决于光源的强度、视线与影响光之间的夹角、光源周围的亮度、眼的适应性等多种因素。汽车夜间行驶，多数遇见的是间断性眩目。

强光照射中断后，视力从眩光影响中恢复过来需要的时间，从亮处到暗处大约 6 s，从暗处到亮处约 3 s，视力恢复时间长短与刺激光的亮度、持续时间、受刺激人的年龄有关。

为了避免眩光影响，可采取交通工程措施，如改善道路照明，设道路中央分隔带并种植树木遮蔽迎面来车的灯光，前灯用偏振玻璃做灯罩，使用双光束前照灯，戴防眩眼镜，驾驶员内服药物等。

与眩光有关的另一种现象是消失现象，即当某一物体（例如行人）因同时受到对向车的车灯照射，而在某一相对距离内完全看不清该物，呈消失状态。一般站在路中心线的行人当双向车距行人约 50 m 时，呈现消失现象，将辨认不出行人。为此在夜间横过马路时，站在中心处是很危险的。

4. 立体视觉

立体视觉是人对三维空间各种物体远近、前后、高低、深浅和凸凹的一种感知能力。现代视差信息理论认为，双眼注视景物时，会在视网膜上产生视差，这是深度知觉的基础。当深度信息传到大脑枕区再经加工处理后，便产生了深度立体感知。这种把两眼视差所产生的二维物象融合为一个单一完整的具有三维立体感的三维物象的能力称为双眼视觉。立体视觉的生理基础是双眼视觉功能必须正常，立体盲患者在视差的传递或视中枢信息处理时会发生断路或紊乱，从而导致对深度距离的判断不准或反应迟钝。

立体视觉良好是安全行车的重要条件。美国等一些工业发达国家早已把立体视觉列入选择汽车驾驶员的必查项目。而我国选用汽车驾驶员时，不进行立体视觉的测试，以致造成了一些不应有的交通事故隐患。

立体盲是一种比夜盲、色盲更为有害的眼病。据统计,国外立体盲的发病率为2.6%,我国约有1 000多万人是立体盲,立体视觉异常者高达30%。研究表明,患立体盲的驾驶员的肇事率明显高于正常驾驶员,见表3.1。

表3.1 视功能异常与肇事之间的关系

视功能	调查人数	肇事人数	肇事率/%
正常	1 844	274	14.86
立体视觉异常	97	37	38.14

5. 视野

在静止状态下,头部不动两眼注视前方时,眼睛两侧可以看到的范围称为静视野。头部不动,但眼球可以转动时,眼睛所能看见的范围称为动视野。静视野和动视野可以用角度来衡量。通常,正常人双眼同时注视一个目标时,视野大约有120°左右是重叠的,双眼视野比单眼视野的范围大,如图3.2所示。正常人的视野每只眼睛上下(垂直初野)达135°~140°,左右(水平视野)达150°~160°;两眼视野约为180°。动视野比静视野大,左右约宽150°,上方约宽100°,下方无明显变化。人眼的视野可用视野计进行测定,如果驾驶员的双眼视野过小,则不利于行车安全。

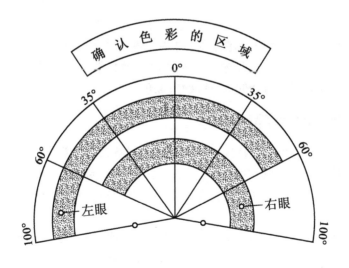

图3.2 人眼的视野图

车速与视野的关系为,车速在40 km/h时两眼视野约100°(其中能确认的范围为15°以下),75 km/h时约65°,100 km/h时约40°,视野急剧变窄。这种行驶中的视野称为动视野,随着车速的增加而明显变窄,因此在高速时要躲避突然闯出的人或物比较困难。

随着驾驶员年龄的增大,其周边视力减退,识别能力下降,视野变窄。戴眼镜的驾驶员的视野也略窄些。与视野有关的是视野独立性和视野依赖性。所谓视野独立性是指人们感知目标时,不受目标所处的环境影响,而视觉依赖性则受目标所处环境和位置的影响。有些驾驶员对物体的感知属视野独立型,有些则属视野依赖型。已有多项研究证明,视野依赖型驾驶员的肇事率明显高于视野独立型驾驶员。之所以发生较多的事故是因为开车时,他们易受无关信息的影响,而不能很快地发觉正在出现的危险情况,对隐现的交通标志(这些标志周围有许多其他信息)的辨认较慢。用眼动摄像仪测定表明,越是视野依赖型的驾驶员,他们注视目标的时间越长,说明他们需要更多时间来提取有用信息。

6. 色视觉

交通环境中的众多信号是靠色彩来表达和传递的,如交通信号、标志、标线及车辆内部的仪表、灯光等。根据对眼睛作用引起的感受不同可以把光刺激分为两大类,即非彩色(黑、白和各种灰色)和彩色(除黑、白和灰色外的一切颜色)。颜色具有色调、明度、饱和度三个基本属性。

色调——反映各种具体色彩面貌的属性。色调决定于物体反射光的波长,是物体颜色在"质"方面的特性。红、黄、蓝为彩色的基本色。

明度——彩色的明暗程度。就视觉反应而言,可将明度理解为反射光引起视觉刺激的程度,如浅红、深红、暗红、灰红等明度变化。

饱和度——指颜色的纯度。当一种颜色的色素含量达到极限时,正好发挥其色彩的固有特性,是该色相的标准色。

对非彩色,人们只能根据明度的差别辨别;对彩色,可以从色调、明度和饱和度三个特性辨别。有一小部分人不能辨别各种颜色或某两种颜色,对颜色的辨别形成障碍,从而影响行车安全。

我国交通标志使用六种颜色:红、黄、蓝、绿、黑、白。红色波长最长,传播最远,对人的视觉和心理有一种危险感和强烈刺激,多用于禁令标志。黄色具有明亮和警戒的感觉,用于注意危险的警告类标志。蓝色和绿色使人产生宁静平和与舒适的感觉,多用于指示、指路标志。夜间人眼的识别能力降低,白色最好,黑色最差。

3.1.4 驾驶员的反应特性

反应特性是驾驶员最重要的特性之一。反应是回答某种刺激所产生的动作,即从接受信息(感知)到反应产生效果的过程。反应过程包括刺激引起感觉器官的活动,信息经由神经传递给大脑,经过处理后,再由大脑传递给肌肉,肌肉收缩,作用于外界的某种客体,即包括反应、判断、措施三个阶段。

反应有简单反应和复杂反应之分。给予单一的某种刺激,要求做出反应,且只需要一种动作就可完成,这种反应称为简单反应。简单反应的特点是,除该刺激信号外,被刺激者的注意力不为另外的目标所占据。复杂反应是指对于两种以上刺激,需要根据不同情况,经分析判断后做出不同的反应。例如,驾驶员在超车过程中,既要知道自己车辆的行驶速度,又要估计被超越车辆的速度和让行超越路面的情况,在操作上有选择地准备超越时间。若由于超越时间长,至中途时,还要观察被超越车辆前面有无障碍,或骑车、走路的人和物是否占据有效路面,观察是否引起被超越车辆的驾驶员向道路中间回打转向盘靠拢道路中心线或驶过道路中心线避让,在操作上便有选择地做出几种反应。

反应时间分为简单反应时间和复杂反应时间(选择反应时间)。由于交通环境情况多、因素杂、变化大,驾驶员必须对行车中随机出现的紧急情况做出及时的判断、选择和反应,并采取正确的技术措施。所以驾驶员在行车途中的反应基本上都是选择反应。另据研究,交通事故只与选择反应时间有关,而与简单反应时间关系不大。所以研究选择反应时间才更有助于预防道路交通事故。

驾驶员的反应时间越长,则越可能错过采取措施的良机,从而造成事故的发生。日本关于肇事次数与反应时间关系的调查数据见表3.2。

表3.2 肇事次数与反应时间长短的关系

肇事次数	0~1	2~3	4~7	8~9	10~12	13~17
反应时间/s	0.57	0.7	0.72	0.86	0.86	0.89

从表3.2中可以看出,驾驶员的反应时间与事故率呈正比关系,即反应时间长的人,事故次数多。反应时间的长短取决于驾驶员自身的生理和心理素质、年龄、性别、对反应的准备程度、信息的强弱、刺激时间的长短、刺激次数的多寡等。

3.1.5 驾驶员的疲劳特性

1. 疲劳的原因和种类

驾驶员在连续驾驶车辆后,产生生理、心理机能下降和驾驶操作效能下降的现象即为驾驶疲劳。

驾驶员长时间坐在固定的座位上,要从复杂的环境中不断获取交通信息并迅速处理,这种紧张状况时刻都在增加驾驶员的心理负担。由于驾驶工作的连续性,在行车中还常常因遇到交通堵塞或红灯信号而停车,以致心情烦躁,加重心理负担,因而容易疲劳。在一些景物单调的道路上长距离行车,也易产生疲劳。

疲劳一般分为身体疲劳和精神疲劳两种。前者由于体力劳动所致,表现在身体方面;后者由于脑力劳动所致,表现在精神方面。因为汽车驾驶作业是脑力劳动与体力劳动的结合,所以,驾驶员的疲劳是这两种疲劳的综合体现。

从疲劳恢复的时间来看,可以把疲劳分为一次性疲劳、积蓄疲劳和慢性疲劳。一次性疲劳是经过短期的休息,比如睡一觉就可以恢复的疲劳。这是一种由于日常的劳动所引起的疲劳,正常驾驶疲劳就是属于这一种。积蓄疲劳不能用短时间的睡眠来恢复,睡一夜觉后,第二天还是疲劳,这是长时间积累起来的疲劳。要恢复这种疲劳必须长时间休养和保持十分充足的睡眠。否则,这种积蓄疲劳会发展成为慢性疲劳。慢性疲劳是一种病态疲劳,一般来说是由长时期处于疲劳状态引起的。这种疲劳使劳动质量下降,影响身心健康。积蓄疲劳严重者也和慢性疲劳者相似,都不宜驾驶车辆。

2. 疲劳对安全行车的影响

疲劳会使驾驶员的驾驶机能失调、下降,对安全行车带来不利的影响。

(1)反应时间显著增长。

据国外研究,工作一天以后,不同年龄的驾驶员,对红色信号的反应时间都增长了,见表3.3。驾驶员对复杂刺激的选择反应时间也增长,有的甚至增长至两倍。

表 3.3 不同年龄组驾驶员疲劳前后的简单反应时间

年龄组/岁	疲劳前的反应时间/ms	疲劳后的反应时间/ms
20~24	480~560	600~630
25~34	580~650	630~710
35~44	690~750	740~810
45~60	780~800	640~890

(2)操作能力下降。

疲劳之后,动作准确性下降,有时发生反常的反应(对于较强的刺激出现弱反应,对于较弱的刺激出现强反应)。动作的协调性也受到破坏,以致反应不及时,有的动作过分急促,有的动作又过分迟缓。有时,做出的动作并不错,但不合时机。这在制动、转向方面,表现得最为明显。

(3)判断失误增多。

疲劳以后,判断错误和驾驶错误都远比平时增多。驾驶员疲劳严重时,会出现行车中打瞌睡现象,极易引起重大交通事故。交通事故统计资料表明,疲劳驾驶是交通死亡事故的主要原因之一。从交通事故现场总结来看,凡是发生交通事故前,在事故现场均未留下所应采取任何措施的印痕或者道路路面上只有车辆轮胎的压痕印,而没有制动减速轮胎拖印的,很多都可认定为驾驶员疲劳过度打瞌睡而发生事故。

驾驶疲劳的原因,可以从驾驶员本身和驾驶的客观条件中去寻找,导致驾驶疲劳的因素可以大致归纳成表 3.4。

表 3.4 影响驾驶员疲劳的各种因素

生活情况	睡眠	睡眠时刻——几点开始睡眠 睡眠时间——几小时睡眠	睡眠环境——能否熟睡
	生活环境	居住环境——上班路程远近 家庭环境——婚否、家庭和睦情况	业余时间——下班后时间的利用
行车情况	车内环境	车内温度——温度是否合适 车内湿度——湿度是否合适 噪声及振动——是否太大	车内仪表——是否易于观察 座椅——乘坐是否舒适 与同乘者的关系——融洽或紧张
	行车条件	行车时间——白天、黄昏、夜间 气候——晴、雨、雪、雾	道路条件——道路线形、坡度以及位于市区、郊区、山区等 交通条件——通常或拥挤
	行驶条件	运行条件——长距离行车或短距离行车	时间限制——到达目的地的时间是否充裕

续表3.4

本人情况	身体条件——体力与健康状况 经验条件——技术是否熟练 年龄——青年、中年、老年	性别——男、女 性格——内向或外向

3.1.6 驾驶员的注意力

注意是心理活动对一定事物的指向和集中。由于这种指向和集中，人才能清晰地反映周围现实中的特定事物，而离开其他的事物，如驾驶员在行车过程中只盯着与行车安全有关的车辆、行人、信号及路面状况等。这些集中注意的对象便是注意的中心。注意是心理活动的一种积极状态，使心理活动具有一定的方向。该心理过程是感觉、知觉、记忆、思维等心理过程的综合，是比较复杂的，人在注意的时候，就在感知着、记忆着、思考着。如有的驾驶员对自己经常行驶的路线特别熟悉，在不同路段采取不同的驾驶操作已了然于心，保证了多年行车无事故，这就是长期注意的结果。

人的注意可分为无意注意和有意注意。一般情况下，人在注意某一事物的时候是随意的，既无自觉的注意也未加任何努力，这种注意是无意注意，如驾驶员在行车过程中，突然听到汽笛声所引起的注意，即属于此类。有意注意是自觉的，有预定目的的注意。如报考驾驶员的人，在考试前要注意阅读和记忆车辆结构及性能的有关知识。有意注意往往需要一定的努力，人要积极主动地去观察某种事物或完成某种任务。引起有意注意的事物并不一定是强烈而富于刺激性的，它是人所特有的一种心理现象，是由于所承担的任务而确定的对某些事物的指向和集中。

1. 驾驶员的注意广度

注意广度也称注意范围，它是指在同一时间内，人能够清楚地觉察或认识客体的数量。心理实验表明，在0.1 s的时间内，成人一般能认清8～9个黑色圆点，注意到4～6个没有联系的外文字母，3～4个几何图形。我国的心理工作者在汉字方面所做的实验表明，在0.1 s的时间内，对没有内在联系的单字只能看清3～4个，对内容有联系的词或句子，一般可看到5～6个字。这些结果表明人的注意范围是非常有限的。在驾驶过程中，周围的一切事物都与汽车做相对运动，它们在驾驶员视野中停留的时间十分短，驾驶员只能对其中注意到的一部分感知清楚，其余部分则因处于注意外周而感知得很模糊。因此，驾驶员只有保持广泛的注意广度，才能从中选择有效的信息。否则，注意范围狭小，就不能全面而清楚地感知交通信息，很易导致交通事故发生。

2. 驾驶员注意的稳定性

注意稳定性有广义和狭义之分，狭义的注意稳定性是指注意长时间地保持在某一注意对象上。广义的注意稳定性是指集中注意时，并不仅仅指向一个单一的对象，而是保持注意的总方向和总任务不变。驾驶员的注意稳定性多是指后者，即驾驶员在开车时可以时而注意车前，时而注意车内，不断变换有关注意对象，但必须保持注意的总方向是在驾驶活动上。在驾驶过程中，驾驶员需要在一定的时间内把注意集中在一定的交通信息上，注视非预测交通状态的发生。所以,驾驶员应有良好的注意稳定性。为此,驾驶员要善于从单调的交通环境中发现新内容,寻求新刺激,使注意始终保持在驾驶活动上。

3. 驾驶员的注意分配

注意分配是指在同时进行多种活动时,把注意指向不同的对象。车辆驾驶工作要求驾驶员要有很强的注意分配能力,这样才能同时把注意有效地分配在有关的交通信息上,及时地做出反应。否则,不能有效地分配注意,顾此失彼,非常容易发生事故。研究表明,驾驶员分配到各个目标上的注意量受外部环境需要和内部动机所影响,通常环境需要增加时,注意量也加大,环境需要减少时,注意量也将降低。有一项研究要求驾驶员在各种交通环境下尽可能长时间地闭上眼睛开车,结果表明在道路无阻碍的条件下,驾驶员比在交通繁忙条件下能更长时间地闭上眼睛驾驶。这一研究证明了驾驶员的注意量必须与交通环境的需要相适应。所以,驾驶员要根据交通环境信息的需要,合理分配注意。

4. 驾驶员的注意转移

注意转移就是根据工作任务的需要,主动地把注意从一个对象转移到另一个对象上。驾驶工作要求驾驶员要善于注意转移,如在窄路会车时,驾驶员首先要注意观察来车、周围环境和会车地点,然后迅速转移到鸣号、减速、打方向上,接着又要转移到观察右边道路情况、左边会车距离等。在这不到一分钟的时间内,驾驶员的注意至少要转移六次以上。如果注意不能顺利转移,就容易造成操作不当而出事故。

3.1.7 驾驶员的动态判断

动态条件下对距离和速度的知觉,随经验增加而逐渐提高。正确估计超车的距离、被超车的速度和对面来车速度,可提高超车效率。时间和距离知觉对驾驶汽车很重要。为了防止撞到前导车上,尾随车的驾驶员应当能正确估计两车之间的距离和前导车速度的变化。

判断距离的能力能使驾驶员正确估计道路宽度、超车距离、选择可插间隙等。空间知觉在很大程度上取决于驾驶员的经验。新驾驶员通过狭窄的通道或门,开始怀疑自己的汽车不能通过。一些有经验的驾驶员,当由小汽车换成驾驶公共汽车或大型货车时,开始也会遇到同样情况。经过一段时间之后,他们才能达到以前判断距离的能力。

大家知道,有经验的驾驶员不看速度表,能相当准确地判断汽车的速度。但是,持续高速度行车之后,对速度的适时降低会估计不足。在从城外干道驶入城市入口的道路上,很多驾驶员不能及时根据变化了的交通条件改变速度,因此,造成郊区道路上的事故次数反而比市中心区交通量很大的街道上的事故数还多。

此外,周围条件对判断速度也有影响。有经验的驾驶员在四车道的道路上行车,车速为 100~110 km/h 时,其感受却与在路边有树的双车道道路上行车时车速为 60~70 km/h 的感觉相同。

对运动速度和方向的知觉,是动态目测的基本功。动态目测可以帮助驾驶员正确估计驶向交叉口的其他汽车的行进速度、距交叉口的距离。基于这种估计,驾驶员或者让横向车通过,或者为自己优先安全地通过交叉口选择正确速度。

3.1.8 驾驶员的差异

在拟定道路设计标准、汽车结构尺寸时,在对事故进行分析并采取安全措施时,要考虑驾驶员的各种特点,如性别、年龄、气质、知识水平、驾驶技术熟练程度、精神状态等。设计取值一般根据满足85%驾驶员的需要为度,对其余15%驾驶员的变化只予以适当考虑。下面简单叙述驾驶员的几点差异。

1. 性别差异

就一般而言,男性为外倾型(心理活动表现为外向、开朗、活跃、善交际、积极、富有正义感和意志决定能力),女性为内倾型(心理活动表现为深沉、文静、反应迟缓、顺应困难、直观、情绪不定),具体表现为:

(1)男性驾驶员的个性多为主动攻击性,女性则表现为被动的受攻击性,驾驶车辆时,酒后开车、强行超车,多属于男性驾驶员的行为,女性驾驶员则少见。

(2)连续行车时间较短时女性的肇事率低,若时间较长则恰恰相反。

(3)年龄与驾龄相同的男、女性驾驶员,在干燥的沥青路面上驾驶小型汽车进行制动试验时,在车速相同的情况下,女性驾驶员的制动距离比男性平均长4 m。

(4)遇到紧急情况时,差别更大。例如在遇到正面冲撞之前的一刹那,多数男性想方设法摆脱,而女性驾驶员则陷入恐慌,手脚失措。

(5)从驾驶形态看,女性驾驶员在超速车道上常低速行驶,一旦发生事故,又以为对方可给予某种协助,表现有依赖性。

(6)男性驾驶员反应时间短,女性反应时间长。

(7)达到领驾驶证标准,女性驾驶员比男性时间长26%。

(8)女性驾驶员的身高、体重、坐高均不如男性驾驶员,左右手握力只有10~15 kg。

由于驾驶员在性别上的差异,在管理中就应注意男、女性驾驶员的心理、生理特点;培训驾驶员时,应适当延长女性学员训练时间;在安排任务时,让女性驾驶员操纵轻便车。这样,有利于搞好交通运输,保证交通安全。

2. 年龄差异

科研人员曾对326名驾驶员进行一般情况和紧急情况下的驾驶考试。结果表明:一般情况下驾驶随年龄增大(不超过45岁)得分多,事故少;在紧急情况下驾驶,年龄在20~25岁者得分高,事故少,年龄大者成绩差。22~25岁的驾驶员,反应时间最短。夜间眩光的恢复时间,年龄越小越快,青年驾驶员视力恢复时间需2~3 s,超过55岁,恢复时间大约需10 s。

违章、超速、冒险行车者青年居多,老年人对交通标志、弯道、障碍判断不清,反应迟钝、易肇事。对青年驾驶员应加强教育,对老年驾驶员应不安排夜间行车,中年驾驶员的驾驶效果比较好。

3. 气质差异

所谓气质,是指人的脾气、禀性,或称作性情。它是与人的身体素质、精神类型相联系的心理特征。驾驶员的气质,是指表现在驾驶员个体驾驶行为方面的气质特征。从常见的四种气质类型来看,驾驶员的气质特征如下:

(1) 多血质（血液占优势）。多血质的驾驶员，其驾驶行为表现为：判断交通情况和对情况的反应比较迅速，驾驶动作敏捷，操作反应迅速；好与乘客高谈阔论。但对长途驾驶单调的刺激缺乏耐心，注意力不集中，容易转移；交会车时不减速，交叉路口不瞭望；有时浮躁，不细心观察；对复杂情况可能轻率处理。

(2) 胆汁质（黄胆汁占优势）。胆汁质的驾驶员，其驾驶行为表现为：工作热情高，精力充沛，而且工作效率高。但对长途运输或细致的工作缺乏耐心和细心，有时急躁，爱开快车，爱超车；喜怒易形于色，不擅自制，爱开斗气车。

(3) 黏液质（黏液质占优势）。黏液质的驾驶员，其驾驶行为表现为：性情安静，严守交通规则；起步与刹车平稳，观察周到，紧跟前车不轻易超车，不爱开快车；很少单手掌握方向盘，脚不离制动踏板；善于克制情感，不与乘客交谈；对行人、乘客心平气和不发火、不冲动；自制力强，不易受环境干扰而分心。但可能判断迟钝，反应缓慢，错过当机立断的机会；应变能力较差，注意力不易转移。

(4) 抑郁质（黑胆汁占优势）。抑郁质的驾驶员，其驾驶行为表现为：自制力强，遇复杂交通情况比较镇静，不易违章驾驶；对外界刺激敏感；对行人、乘客态度温和；但处理紧急情况谨慎小心；害怕发生交通事故，一旦出事故惊慌失措。

了解人的气质对于安全教育、驾驶员培训、组织交通运输业务都有重要意义。例如针对多血质驾驶员的特点，着重进行踏实、专一、不开快车等方面的教育；对胆汁质驾驶员，注意进行耐力、细心方面的教育；对黏液质驾驶员，多给予指导，注意培养机动灵活的思维方式；对抑郁质驾驶员，要多鼓励，培养自信心。总之要针对不同的特点进行工作，才能有效地避免交通事故的发生。

4. 驾龄差异

从交通事故责任者的驾龄看，驾龄在1年以下的新驾驶员，由于技术尚不熟练，经验不足，发生事故概率明显高于其他驾龄的驾驶员。驾龄满三年后，驾驶员会自以为技术熟练，出现忽视安全问题的倾向，以致驾龄在3～10年的驾驶员发生交通事故的概率呈上升的趋势。而当驾龄满10年以后，发生交通事故的概率开始有明显下降。

试验人员将275名驾驶员按驾龄不同分为4个驾龄组，运用情绪状态量表进行情绪测试，各驾龄组驾驶员的不利于交通安全的消极情绪得分差异非常显著。4～9年驾龄组驾驶员比20～33年驾龄组驾驶员易怒、易疲劳，易处于紧张与慌乱状态中，4～9年驾龄组驾驶员比10～19年驾龄组驾驶员易紧张、易慌乱。4～9年与1～3年驾龄组驾驶员在消极情绪方面与其他两组驾驶员有非常显著的差异。

3.1.9 外界因素对驾驶员的影响

驾驶员的上述有关交通特性除受自身生理素质、心理素质、婚姻状况、精神状态等条件影响外，还受道路条件、车辆状况、交通环境等外界因素的影响。

(1) 道路线形设计欠妥，可能使视线失去诱导，使驾驶员产生错觉，增加驾驶员的心理紧张程度和驾驶疲劳。

(2) 车辆的结构尺寸、仪表位置、操纵系统、安全设备等都对驾驶有影响。

(3) 环境的影响：交通标志的布设会约束驾驶员的行为；道路周围若有吸引人注意的干

扰点,驾驶员的注意力会分散;交叉口处交通组织不合理容易造成交通阻塞,引起驾驶员的不良情绪;路上行人过多,会增加驾驶员的紧张心理等。

3.1.10 饮酒对行车安全的影响

饮酒后对驾驶车辆安全影响很大,不宜驾驶车辆。酒的主要成分是酒精(化学名称为乙醇),其烈性程度是指所含酒精浓度(体积分数)的大小。人饮酒后,酒精被胃肠黏膜迅速吸收,溶解于血液中,通过血液循环流遍全身,渗透到各组织内部。由于酒精与水有融合性,所以体内含水量高的组织和器官,比如大脑和肝脏等,酒精浓度也高。

酒精具有麻醉作用。它作用于高级神经中枢,最初使人有些轻松,减弱了对运动神经的约束,四肢活动敏捷。随着脑与其他神经组织内酒精浓度的增加,中枢神经活动便逐渐迟钝,先使人的判断力发生障碍,而后四肢活动也变得迟缓。研究表明驾驶员饮酒后,酒精在脑神经系统达到一定浓度时,对中枢神经系统产生抑制作用,对周围情况变化的反应速度明显下降,其反应时间延长2~3倍,甚至更长。加之酒精对大脑皮层的抑制过程产生破坏作用,使驾驶员难以估计车速、距离和自己的能力,以致容易出现判断错误、操作不当,使失误增加。德国对人血液中的酒精浓度与发生事故的危险程度进行了研究,结果如图3.3所示。饮酒后,驾驶员血液中含酒精浓度为0.05%时,则事故发生危险程度为没饮酒驾驶员的2.53倍;当驾驶员血液中酒精浓度为0.15%时,事故发生危险程度为没饮酒驾驶员的16.21倍。

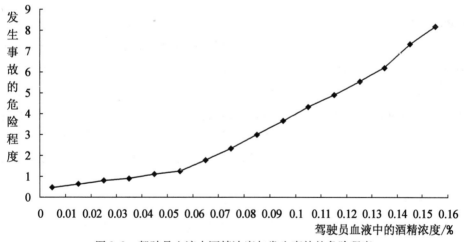

图3.3 驾驶员血液中酒精浓度与发生事故的危险程度

饮酒对精神和心理的影响,比对身体的影响更大,其表现为:①情绪不稳定;②理性被麻痹,对各种事物的注意力下降;③意识面变窄;④信息处理能力下降,影响其选择面;⑤预测的正确度和自制能力下降;⑥危机感被麻痹,脾气变大,喜欢超速和超车等,安全程度显著下降;⑦记忆力下降;等等。

3.2 骑车人交通特性

3.2.1 自行车的交通特性

自行车交通是目前我国城市交通的一大特点,除个别城市自行车不多外,大、中、小不同规模城市的出行方式构成中,自行车出行均占有很大的比例。一般大城市自行车出行量占总出行量的 35% ~ 55%;中等城市占 45% ~ 65%;小城市更高,有的超过 80%。因此,研究自行车的交通特性,对于治理城市交通、保障交通安全具有重要的意义。自行车有如下基本特性。

1. 短程性

自行车是靠骑车人用自己的体力转动车轮,因此其行驶速度直接受骑车人的体力、心情和意志的控制,行、止、减速与制动也决定于骑车人的操纵。同时,也受到路线纵坡度、平面线形、车道宽度、车道划分、气候条件与交通状况的直接影响。个人的体力虽有强、弱之分,但总是很有限的。因此,只适应于短距离出行,一般在 5 ~ 6 km 以内(或 20 min 左右)。

2. 行进稳定性

自行车静态时直立不稳,当以一定速度前进时,则可保持行进的稳定性,只要不受突然出现的过大横向力的干扰,是可以稳定向前而不致侧向倾倒的。

3. 动态平衡

自行车骑行过程中重心较高,因此,存在如何保持平衡的问题,特别是在自行车转向或通过小半径弯道时,就必须借助于人体的变位或重心倾斜以维持运行中的动态平衡。

4. 动力递减性

自行车前进的原动力是人的体力,是两脚蹬踏之力。一般成年男子,10 min 以上可能发挥出的功率约为 220.6 W,成年女子约为 147.1 W,儿童更小,约为 73.5 W,持续时间越长,则可能发挥出的功率越小,车速也随之减小。这就是动力递减的结果,一般自行车出行不宜超过 10 km。

5. 爬坡性能

由于自行车的动力递减,对于普通无变速装置的自行车,不能爬升大坡、长坡,也不宜爬陡坡,否则控制不住易酿成危险。通常规定在短坡道上坡度不大于 5%,长坡道上坡度不大于 3%;对纵坡 3%、4% 与 5% 的坡道,其坡长限制分别为 500 m、200 m 和 100 m。当然,对于北方冰雪地区,其坡度与坡长更应减小,否则冬天无法骑车。

6. 制动性能

自行车的制动性能,对于行车安全与通行能力具有重要意义,它与反应时间一起决定纵向安全间距,即侧向动态净空($L_{净}$),根据国内外的研究资料,提供纵向动态净空的计算值见表 3.5。

表 3.5 侧向动态净空距离

自行车速度/(km·h^{-1})	5	10	15	20	25	30
$0.14V_{max}$/m	0.7	1.40	2.1	2.8	3.5	4.2
$0.009\ 2V_{max}^2$/m	0.23	0.92	2.07	3.68	5.75	8.28
$L_{净}=1.9+0.14V_{max}+0.009\ 2V_{max}^2$/m	2.83	4.22	6.07	8.38	11.15	14.38

注：自行车常见速度为 10~20 km/h

3.2.2 自行车的速度特性

自行车的行驶速度同骑车人的体力、心情和意志的控制有关，同线路纵坡度、平面线形的车道宽度、车道划分、路面状况、交通条例有关，同有无与机动车道的分隔设施、分隔方式、行人干扰情况及交通管理条例有关，也同车型、动力装置、风向、风速等有关。

美国规定的自行车道路设计速度为 20 mi/h（相当于 32.18 km/h），大于 7% 的下坡路段推荐采用 30 mi/h（相当于 48 km/h），大于 3% 的上坡路段采用 15 mi/h（相当于 24 km/h）。

目前我国对自行车道路设计速度尚无明确规定，《交通工程手册》建议独立专用自行车道设计车速采用 30 km/h，有分隔带的专用自行车道采用 30 km/h，划线分隔的自行车道路采用 15 km/h，完全混行的自行车道则为 10 km/h。

北京市对有分隔带的主干道上行驶的 8 678 辆自行车进行了观测，其平均车速为 16.28 km/h，对主要街道无分隔设施的 20 918 辆自行车观测的平均速度为 14.21 km/h，对于通过交叉路口停车线的自行车，其平均速度为 4.06 km/h。密度最大时速度很低，有时仅为 2~3 km/h。南京市的观测数据表明，自行车的速度变化范围为 5~40 km/h，在街道上多为 5~25 km/h。

自行车骑车人年龄、性别不同，路段上自行车的运行速度存在差异，总体而言女性骑车者的速度低于男性，随着年龄的增长骑行速度呈下降趋势，但差异不大。路口内个体自行车的运行速度主要受车流总体影响。

3.2.3 自行车的空间需求

骑车人都喜欢选择比较平坦宽敞、车辆较少的道路，行驶起来不受干扰，自由自在，减少紧张心理，保证速度。在自行车车流密度较高的路上，人们就感到不舒服、不耐烦，总想超越穿行，摆脱拥挤，甚至从非机动车道穿到机动车道上，即使有分隔带，也想从分隔带缺口处穿出去，骑一段，再回来。在自行车拥挤的路上，骑车人这种对行驶空间的占有心理，促使违反交通规则的现象增多，影响机动车辆的行驶，更重要的是为交通事故伏下隐患。

高峰期间自行车流在交叉口排队时常会形成密度较大的集群，排队自行车的横向间距一般很小，根据对调查数据的处理，每辆自行车排队时横向占用宽度在 0.6 m 左右。当绿灯亮起后，排队车辆依次启动加速驶出停车线。自行车启动后，尤其是在加速过程中，横向间距会增大，这就是自行车流释放时的侧向膨胀现象。当膨胀宽度过大时，容易出现绿灯初亮先驶出停车线的自行车流挤占机动车道的现象,对机动车流产生较大的横向干扰。

自行车交通流的侧向膨胀现象可以用膨胀度 K_p 来描述,即用自行车启动膨胀后的横向平均宽度与自行车静态停车时的横向平均宽度的比值来表征自行车的侧向膨胀程度。

$$K_p = \frac{\overline{D_s}}{\overline{D_0}} \tag{3.1}$$

式中 $\overline{D_s}$——自行车启动后侧向膨胀时单车占用道路的横向平均宽度,m;

$\overline{D_0}$——自行车静态停车时单车占用道路的横向平均宽度,m,一般取 0.6 m。

3.2.4 骑车人的其他特性

1. 骑车人的生理特性

自行车运转是人与自行车配合构成人车系统,该系统中人是主导因素。自行车及道路环境等外界信息通过骑车人的眼、耳、手、脚、臀部的感觉输入大脑,通过大脑对信息进行处理,做出分析判断,再由相应器官发出指令,输出信息,从而做出行动。这个过程是通过人的生理作用过程接收信息,再通过心理过程做出反应,因而对不同人和不同的交通环境将产生不同的交通效果。因此,研究骑车人的交通生理及心理,对防止自行车交通事故是很必要的。

自行车的驱动、速度、平衡等完全由人控制。人在精神正常的情况下,体力大小因人而异,男人、女人、老人、青壮年、小孩、高个儿、矮个儿、胖人、瘦人的身体好坏、体力情况都不同。他们的骨骼质量、长短,肌肉纤维组织,发育状况不同,肌力和做功能力也不同。如老人、妇女、小孩蹬车能力、耐力、对自行车动态平衡的控制能力,都不如青壮年男子。他们有时感到力不从心,骑车速度慢,可及距离短,平衡能力差,容易摔倒,这都是由生理条件决定的。

骑车容易疲劳,这里主要指生理疲劳,特别是逆风而行或长距离行驶,会引起大腿肌肉、腰椎、中枢神经疲劳,腿部、臀部疼痛,腰背部酸疼,自感精神不足、力气不佳,产生厌倦情绪。此时,大脑反应迟钝,动作缓慢不灵活,车速降低,判断容易失误,有发生交通事故的可能性,这也是生理条件。

2. 骑车人的心理特性

在骑自行车的过程中,人体生理在起作用,但同时也充满着心理活动过程。生理条件和心理活动不是独立的,往往是同步显现。不同生理条件的人,会产生不同的心理活动。骑车者的生理和心理过程在输入信息、处理信息和输出信息各方面,相互依附,协调工作。

(1)急快、超越心理。

一般人骑自行车出行都有一定目的,如上班、上学、购物等。人们都希望按时到达目的地,尤其在上下班高峰时间,人们怕迟到误事或想早点回家而抢时间、争速度、争先恐后,前面自行车稍慢,后面必然要超越。尤其是男青年更为突出,骑快车、骑飞车、见空就钻,走 S 路线,在车流和人流中穿来穿去。有人怕非机动车道拥挤而跑到机动车道上,与汽车抢道,在交叉口抢红灯。在这种心理驱使下,表现为快速、急追、抢超、猛拐、硬钻,甚至违反交通规则,因此容易导致交通事故。

(2)胆怯心理。

初学骑车者由于技术不够熟练,东摇西晃。老人、妇女、少年由于力不从心,骑车本来心里就紧张,当看到拥挤的自行车流和同向行驶的机动车,就感到心慌胆怯而不知所措,想靠边躲闪又插不过去,想慢骑又被紧逼而慢不下来,往往失去控制力。日本一年自行车死亡事故60岁以上老年人占39.8%,15~59岁占44.6%,15岁以下的占15.6%,老年和少年共占55.4%。这两部分骑车人数占总骑车人数的比例不高,但死亡比例却相当大,皆起因于他们心理胆怯,遇险情又惊慌失措,失去平衡。

(3)随机心理。

自行车的特点决定了骑车人在骑车过程中的心理活动。一般人骑自行车比较自如、从容,精神不太紧张,警觉性低,往往注意力不集中,经常东张西望,注意点不断变化,结伴并行,边走边聊,路线不固定,绕来绕去,随意转弯改道而行,有的还逆行,遇热闹就停下来围观,遇障碍就绕行。这种随机心理引起的任意性、精神不集中、不注意会于无意中酿成事故。

3.3 行人交通特性

3.3.1 行人速度特性

1. 行人步行速度特性

步行速度为行人单位时间内行进的距离,一般用 m/s,m/min 或 km/h 表示。步行速度的分布范围较宽,为0.5~1.3 m/s,成人一般集中在1.0~1.3 m/s,水平路段步行速度一般在0.5~1.5 m/s,中国现行规范采用1.0~1.2 m/s。行人步行速度的影响因素有以下几方面:

(1)年龄和性别。

年龄差异会造成男女行人步行特征的不同,随着年龄的增长,步行速度减慢,青年的步速比中老年的快,通过行人交通特性的调查和分析,得知一般年轻行人的步行速度快,男性比女性快。

(2)出行目的。

行人的出行目的会造成步行速度的不同。有数据显示:换乘行人的步速为1.49 m/s,购物和商业区的行人步速为1.16 m/s 和1.15 m/s,以休闲文娱为目的行人的步速为1.10 m/s。

(3)气温、天气和出行时段。

天气晴朗时行人步行速度相对较慢,但天气炎热时,行人就会加快步伐。风天,风沙弥漫,行人过街为避风而奔跑。雨天,许多行人因事先未带雨具,往往慌不择路以试图到达最近的避雨点,低头猛跑而不顾及周围的情况,此时横过道路尤为危险。

(4)心理因素。

行人在过街的过程中,由于人与人、人与车之间相互交叉,行人为了保证自身的安全,其精神高度紧张,心理功能失调或减弱,易产生情绪。

(5)路面状况和环境。

路面状况对行人速度有较大影响,如上坡速度较慢,下坡速度较快,路面不平整时行人步行速度较快,路面舒适、平整则会相对较慢,此外还与周围的建筑、绿化规划有关。

2. 行人过街速度特性

行人过街特性中最主要的参数是行人过街速度,行人的行走速度决定了他们与车辆交通相冲突的概率。行人过街的时间知觉和运动知觉对行人过街来说很重要,行人过街时首先对道路上的交通状况进行观察,对道路上的车辆速度及自己的行走速度有一个直观认识,然后做出决断:等待还是过街,以及如何过街。行人过街速度较人行道上的步行速度大,原因是行人想尽快穿过车行道的危险区。

表3.6是过街时间与年龄、性别列表,表中的数据是通过人行横道宽度和过街时间计算出来的,从此表可以看出,行人过街速度同一年龄段的男性快于女性,随着年龄的增长过街速度有所下降。

表3.6 行人过街时间与年龄、性别列表 　　　　　　　　s

男			女		
青年	中年	老年	青年	中年	老年
21.2	21.9	25.4	23.1	22	27.7

注:人行横道长度为28 m,人行横道宽度为4 m。

3.3.2 行人步行幅度特性

步幅为步行者两脚先后着地,脚跟至脚跟或脚尖至脚尖之间的距离,通常用 m 来表示。步幅的分布区间因性别、年龄而稍有差别,95% 的男性和94% 的女性步幅在 0.5~0.8 m。一般来说,妇女、老年人和儿童的步幅较小,而男性、中青年人步幅较大,具体数据参照表3.7。根据大量的观测资料表明,一般身体高步幅大、下坡步幅大、精神愉快步幅大,而身高矮、上坡、精神不振则步幅小。步幅受人行道路面铺装平整程度的影响,但与步速快慢几乎无关。表3.7是通过资料得到的行人步幅平均值,由表中可以看出,步幅随年龄的增长呈波峰状,即中青年的步幅是所有年龄段中最大的。

表3.7 行人步幅平均值 　　　　　　　　　　　m

行人类型		步幅	全体步幅
男	中青年	0.67	0.62
	老年	0.57	
女	中青年	0.62	0.58
	老年	0.53	
儿童		—	0.59
中青年		—	0.66
老年		—	0.55
全体		—	0.64

3.3.3 行人空间要求

行人空间要求可分为静态空间、动态空间和心理缓冲空间。

行人静态空间主要指行人的身体在静止状态下所占的空间范围。心理学家所做的人类心理缓冲区域测量试验,确定了个人空间静态的最低要求范围为 0.22～0.26 m^2。

行人动态空间需求可分为步幅区域、感应区域、行人视觉区域以及避让与反应区域等。步幅区域平均为 64 cm,感应区域主要受行人知觉、心理和安全等因素影响。通常情况下行人视觉区域为 2.1 m,在此距离下视觉感到舒服,也适合正常速度下人的步行(后脚不易被人踩到)。步行者以常速行走时会在自己前面预留一个可见的区域,以保证有足够的反应时间采取避让行为,这个区域可通过反应时间和正常速度相乘得出,为 0.48～0.60 m。

3.3.4 其他行人交通特性

1. 行人过街状况

行人横过街道有单人穿越和结群而过之分,就单人过街研究,大体可归纳为三种情况四种类型。第一种情况是待机而过,行人等待汽车停驻或车流中出现足以过街的空隙,再行过街。第二种情况是抢行过街,车流中本无可供过街的间隙,过街人快步穿越。第三种情况是适时过街,行人走到人行横道端点,恰巧车流中出现可供过街的间隙,过街人不需等待,随即穿越。

在过街人通过街道时,按行进情况可分为四种类型:第一种类型是均匀步速前进;第二种类型是中途停驻;第三种类型是中途加快,多半是过中线后加快脚步;第四种类型是中途放慢,多半是过中线后放慢步速。

2. 可穿越空档

行人在穿过人行横道时,要利用车流中出现的安全穿越间隙通过,安全穿越间隙应有一个最小的临界值,称为临界穿越间隙。通常情况下,行人过街时必须事先判断是否有安全穿越间隙,如果有安全穿越间隙行人就会顺利穿过街道;如果没有,行人将会等待安全穿越间隙的出现。

行人在穿越车辆空档时的步速会随到达车辆的车速或到达时间而改变。行人过街的车间安全间隙从车速、停车时距来考虑,可以达到过街行人所需要的安全性。然而车辆的速度和停车时距是由司机感知的,过街行人只能从自身的角度来判断该间隔时间是否能通过。行人过街安全间隙的确定需要考虑行人穿越长度、行人群体穿越的特性、对向行人的干扰等因素,但行人过街的车间安全间隙应指满足行人安全穿越一条车道的时间,穿越多车道需要加上行人穿越前面各条车道的时间。行人过街时,最前排的行人对于安全间隙的考虑不会过多想到人群的排数,只是在安全间隙的判断上,人群的判断时间小于单个行人;行人在穿越一条车道时一般不会与对向行人产生干扰,如果有对向行人干扰,则在判断间隙时会加以考虑。基于此,提出行人过街的安全间隙为

$$\tau = D/V_p + R + l \tag{3.2}$$

式中　　D——一条机动车道宽度,取 D = 3.5 m;

V_p——行人过街的步行速度,取 $V_p = 1.2$ m/s;
R——行人观察、判断时间,取 $R = 2$ s;
L——车身长度通过的时间,取标准车 0.72 s。

3. 行人过街的危险性

行人过街的危险程度与过街人数有关。人行横道上人多,驾驶员易提高警惕,故安全程度大;人行横道上过街的人少,不易引起驾驶员的注意,危险程度相对较大。

4. 可接受等待时间

等待过街时间的长短主要取决于汽车交通量、道路宽度和行人心理因素。交通量大,可穿越间隙少,只有等到变换信号灯时才能过街,因此等待过街时间就长;反之,等待过街时间就短。街道宽,等待时间长;街道窄,等待时间短,事故较多。女性较男性等待时间长;年岁大的比年岁小的等待时间长;上下班时间等待时间短,非上下班时间等待时间长。根据观测,行人过街等待时间若超过 40 s,就有人冒险穿越街道,设置行人信号灯时,应努力缩短行人等待的时间。

第4章 交通流检测

4.1 车辆检测器

车辆检测器作为交通流检测系统的最前端,在智能运输系统中的重要作用无可比拟。本节围绕目前常用的车辆检测技术,对比每种车辆检测器在实际使用中的优势、缺陷、适用范围和应用情况,并分析未来交通流检测技术的发展趋势。

车辆检测器,也称交通信息检测器,是用来实时采集通过检测点车辆的相关交通信息的设备,主要是通过数据采集和设备监视等方式,向监控系统中的信息处理和信息发布单元提供各种交通参数,是监控中心分析、判断、发出信息和提出控制方案的主要依据。车辆检测器能够检测包括车流量、车速、车间距、车辆类型、道路占有率、车辆违章信息、交通事故检测等在内的基础交通信息和交通事故数据。

车辆检测器可用于信号自适应控制交通诱导、事故事件检测、主辅路出入口车流控制、停车场车位管理、事故事件警报等,能够为道路交通评价、交通影响分析、智能交通研究、交通事故处理等提供大范围、实时、精确的数据。

按照具体划分方式不同,有以下几种分类:

①按安装方式分为永久式安装(固定式安装)和临时性安装(便携式安装);

②按采集时间长短分为连续式采集设备(一般采用永久式安装设备)和间隙式采集设备(多采用临时性安装设备);

③按检测技术方法分为感应线圈检测、视频检测、微波检测、气压管检测、超声波检测、磁映象检测、红外检测和激光检测等;

④按检测目的划分为综合数据调查和专项数据调查。

目前国内外在车辆检测器中,大量应用了电磁传感技术、超声传感技术、雷达探测技术、视频检测技术、计算机技术、通信技术等高新技术,下面介绍几种常用的车辆检测器。

4.1.1 感应(环形)线圈

感应线圈车辆检测器是目前交通领域应用最广泛、准确率最高的检测器,是一种基于电磁感应原理的检测技术,利用埋在路面下的感应线圈来检测车辆。当有车辆在感应线圈上通过时,感应线圈的磁通量会发生微小的变化,从而检测车流量、车速、车型等参数,并提供车头时距和车道占有率的统计数据,其分型方式是按车长来划分。从检测单元出来的数据通过串口传输到管理计算机,可以实现数据实时上传。

1. 基本原理

埋设在路面下的感应线圈与检测器卡内的电容共同构成 LC 振荡器,根据电磁感应原理,当有车辆经过感应线圈上方时,产生的电涡流会促使线圈电感量 L 减小,导致振荡器实时振荡频率 f 增大,若将没有车辆经过时记录的振荡器振荡频率 F 记为本底频率,则最终处理器通过比较 f 与 F 的差异得到车辆信息。检测这个电感变化量一般来说有两种方式:一种是利用相位锁存器和相位比较器对相位的变化进行检测;另一种方式则是利用由环形地埋线圈构成回路的耦合电路对其振荡频率进行检测,如图 4.1 所示。

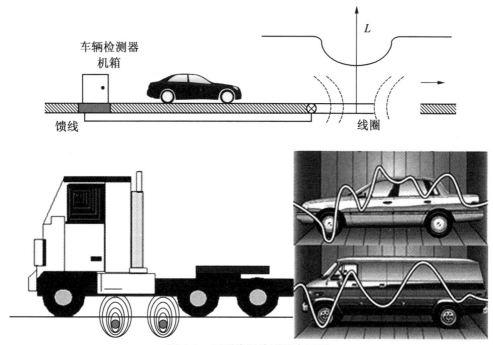

图 4.1 环形线圈检测基本原理

如图 4.1 所示,埋设在路面下的环形线圈由绕几匝的专用电缆及其馈线构成,再通过一个变压器接调谐回路。环形线圈构成 LC 调谐回路的电感部分,并在线圈周围空间产生电磁场。当车辆通过环形线圈上方时,一方面,根据电磁感应原理和楞次定理,车体上的铁金属底板产生自成闭合回路的感应电涡流,此涡流又产生与原有磁场相反的新磁场,导致线圈总电感量(等效电感)变小;另一方面,车辆作为导体通过环形线圈时,能够增加线圈周围空间的磁导率,使环形线圈的电感量具有增加的趋势。因此在车辆通过环形线圈时,对环形线圈电感量的影响既具有增大作用又具有减小作用。涡流在金属体内的贯穿深度与线圈的工作频率有关,理论和实验表明,当环形线圈的频率在 20～180 kHz 时,涡流的去磁作用占主导地位,环形线圈的电感量明显减小,即车辆通过环形线圈时,电感量减小,车辆离开环形线圈时,电感量又恢复到没有车辆通过时的数值。因此通过检测线圈电感量的变化即可得知车辆通过的情况。

感应线圈检测器的传感器是一个埋在路面下通有一定工作电流的环形线圈,一般规格为 2 m×1.5 m,所以也称作环形线圈检测,其技术指标见表 4.1。

表4.1 环形线圈检测技术指标

车辆速度检测范围		10~255 km/h
数据统计周期		1~60 min
正常工作温度		-20~70 ℃
湿度		0~95%,无冷凝
电源		AC220 V ±20%,50 Hz,1.2 A
功耗		≤50 W
蓄电池充电电流		>2 A
蓄电池放电保护电压		(20.4±0.3)V
尺寸(长×深×高)		270 mm×237 mm×132 mm
机箱外壳防护等级		IP65(需选配专用机柜)
MTBF		20 000 h
通信接口		两个9 600波特率的RS232通信接口
误差范围	速度	≤±2%
	车长	0.2 m
	车道占有率	≤±1%
	计数准确率	≥99%
	行车间距	≤3 m
检测车道数量		1~8车道
参照国家标准		JT/T 455—2001《环形线圈车辆检测器》

2. 安装

车辆感应线圈的埋设质量非常重要,应敷设在路面之中,一般使用高温导线。切割路面线槽建议使用盘式切割机或类似设备,为防止线槽的直角拐角损坏线圈,建议在直角拐弯处切一个45°的斜角,减小线槽对线圈的破坏。在将电缆放入线槽前,线圈末端建议保留足够的余量,便于和馈线的连接。当埋入线圈线槽的高温导线敷设到预定圈数后,沿着引线槽敷设到路边的手孔,以便连接馈线。从高温导线到检测器端子排的馈线建议对绞,且馈线长度应尽可能短,以免引入不必要的外界干扰信号。在250 V直流电压测试条件下,线圈对地绝缘电阻应大于10 MΩ。线圈安装指标、安装示意图如表4.2、图4.2所示。

3. 优缺点及适用性

(1)优点。

①测速精度和交通量计数精度较高;

②稳定性好,可在一定时期保持较高的检测精度,故障率低;

③不受气象和交通环境变化的影响,抗干扰能力强;

④成本低,安装方便。

表 4.2　环形线圈安装指标

线圈匝数	4~6 圈
线圈材料	耐高温导线
电感量大小	20~2 000 μH，视具体检测卡而定
引线要求	不超过 500 m，且在引入控制柜之前需双绞屏蔽，一般每米在 15 绞左右，接入车检底板之前不得用其他线引接
建议槽宽	4 mm
建议槽深	30~60 mm

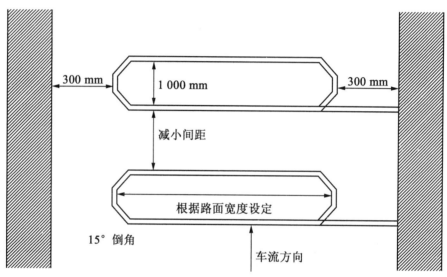

图 4.2　感应线圈安装示意图

(2)缺点。

①需要在每条车道下埋设线圈，所以对路面有破坏作用，影响路面寿命；

②长期使用后线圈易受损坏，维护时要封闭车道、开挖路面，影响交通运输，导致成本升高，维护的工作量也很大；

③路面大修时往往挖断检测棒，给路面的重铺和大修增加了困难，道路改扩建也受影响；

④受感应线圈自身测量原理的限制，当车流拥堵、车间距小时，检测精度大幅度降低；

⑤市场上产品优劣不一，有些逻辑识别功能不足或缺失，无法正确处理车道变换行为。

(3)适用性。

由自身安装条件、维护要求决定，感应线圈检测器更适用于高速公路、桥梁、隧道，不适用于城市道路交通检测。

作为传统的固定式交通信息检测设备，目前感应线圈检测器已广泛应用于交通信息采集系统，如 ITS 系统的交通信号协调控制系统、道口收费系统、停车场管理、车辆计数等。

感应线圈检测以其高可靠性、高性价比、使用方便等优点在未来较长时期会继续使用。随着科技的进步，如果能开发新型材料以提升抗压能力、减小受压面积，或者开发出埋设更深、精度更高的新型线圈,感应线圈检测的应用领域一定会更广泛。

4.1.2 视频

视频车辆检测是一种结合视频图像和计算机化模式识别的技术,是目前高速公路车流检测较先进的技术之一。

1. 基本原理

通过软件在视频图像上按车道设置虚拟车道检测器,当车辆通过虚拟车道检测器时,就会产生一个检测信号,再经过软件数字化处理并计算得到所需的交通数据,如车型、车流量、车速、车距、占有率等,另外监控人员还可以通过监视器上的视频图像实时观察检测范围内的车辆行驶状况,得到所需的交通数据。视频检测原理如图4.3所示。

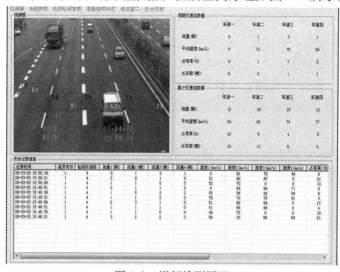

图 4.3 视频检测原理

视频检测采用摄像机作为视频传感器。摄像机架设在道路的合适位置(道路上方、路中央的隔离带),视频信号经视频线输入视频检测系统,利用图像工程学(图像处理与机器视觉)方法,实时监测各个现场的图像,并去除各种环境造成的影响,通过图像分析处理获得所需的各种交通数据,检测线和检测区可在计算机或监视器的图像画面上自由设置。系统检测到的各种交通数据既可存储在设备本身的大容量非易失存储器中,也可以通过通信接口(RS232,RS485,RJ45以太网接口等)传输到远端数据中心,视频车辆检测器系统结构如图4.4所示。

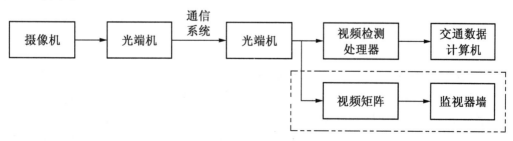

图 4.4 视频车辆检测器系统结构图

视频车辆检测的每个视频检测摄像机能同时检测 8 条车道,在每个摄像机视场(FOV)内能同时设置不少于 32 个检测器。视频检测摄像机每分钟可处理 30 帧 NTSC 视频图像,或可以处理 25 帧 PAL 视频图像,在其视场(FOV)内最少可处理 20 个检测域的实时检测状态,输出的 NTSC 或 PAL 视频图像都可在监视器中显示。

一个虚拟的检测器可以替代一个或多个传统的线圈检测器,而且为了获得最佳的检测效果,检测器之间可以相互重叠,多个检测器可以通过逻辑运算结合在一起给出一个参数输出。摄像机要求使用中等分辨率的彩色 1/3 英寸 CCD 摄像机作为实时车辆检测的视频源,可选用 NTSC 或 PAL 制式。其图像分辨率要求是 NTSC 制式或 PAL 制式,均为水平分辨率大于 460 线、垂直分辨率大于 350 线。系统操作软件包含 JPEG 视频图像压缩软件,以便于图像的存储,并支持网络通信,具有存在检测和方向检测功能,可按用户定义的时间间隔,对车辆实时计数,并计算出所需要的交通参数。视频检测处理器可以设置和使用多种类型的检测器来实现其特定功能,也可通过软件定义其各种功能。其主要功能有:①移动或停止车辆的存在或通过检测;②行车方向检测;③速度测量;④基于车辆状态值的各种报警;⑤通过逻辑算法把多个检测器与相位的状态结合起来给出一个参数输出;⑥可按用户需要,在监视器里显示各种检测器的检测状态。

2. 安装

视频车辆检测器的安装相对简单,摄像机可以安装在路面上方、路中间的隔离带上,安装高度通常在 7~20 m 之间。通过输入从现场测量的摄像机高度、路面检测区标定长度等参数对检测器进行校准,现代的视频检测器在校准时也不需要其他额外设备,系统自身即可完成检测。使用者对照显示器或监视器上的现场图像设置好检测区域(模拟线圈),如图 4.5 所示,当车辆经过这些模拟线圈时,各种交通数据被提取出来,可以实时发送检测数据,也可将其存在设备本身,在合适的时间传送。

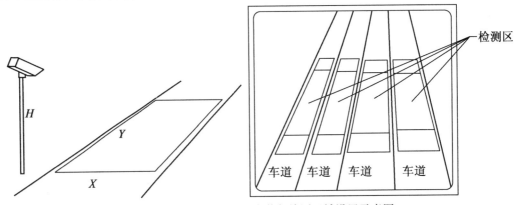

图 4.5 视频检测摄像机安装与检测区域设置示意图

视频车辆检测器是通过分析摄像机输出的视频图像获得各种交通流数据,因此,在进行外业观测时,无须携带检测器,而是用摄像机记录下交通流的视频图像;在进行内业处理时,将检测器连接到摄像机上,并将外业摄像机记录的视频图像重新播放一遍,就可以实现交通流的检测。尽管摄像机的现场安装相对简单,但是视频检测器要求的视频图像质量较高,并且为了准确获得速度、车头时距等参数,要求摄像机必须正向安装,镜头离地面高度至少要超过7 m,而且摄像机所使用的DV带一盘只能记录1 h,需要每小时换一盘带。综合以上因素,摄像机的最佳安装地点是垂直跨越快速路的人行天桥或有人行道的跨线桥,而跨越城市快速路的人行天桥相对较少,因此视频检测器在城市快速路交通流检测中受限。

3. 优缺点及适用性

(1)优点。

①系统设置灵活,检测点变化只需在监视器图像上设定虚拟检测器位置;

②安装简单,使用方便,不破坏路面,维修时不需封闭车道,保养较容易且时间较短;

③单台摄像机和处理器可检测多个车道,可得到大范围的交通信息;

④精度高,尤其是测速、交通量计数精度高;

⑤能够得到可视图像,将图像连接到监控中心的监视器上,能很直观地实时显示出车流量、车速、车型等交通流信息。

(2)缺点。

①检测精度的稳定性不好,需反复维护与调试;

②检测精度受现场照明的限制;

③易受环境影响,抗干扰性能弱,在雨、雪、雾等恶劣条件下检测精度降低;

④大型车遮挡小型车、阴影、积水反射、昼夜转换均可造成误差;

⑤无法检测静止的车辆;

⑥图像处理的实时性较差;

⑦价格偏高,而且车辆的检测精度受整个系统软、硬件的限制。

(3)适用性。

视频车辆检测主要用于车辆检测及分类、交通拥堵分类、交通流的预测、交通参数的估计、字符的辨识、驾驶员行为的模拟等,能够为交通监控提供大量的监测信息,还可以用于信号灯控制交叉口车辆存在检测、隧道内交通检测、交通事故检测等。视频车辆检测技术目前已经较好地解决了夜间无照明、车辆遮挡、路面积水反光等环境下的检测精度问题,如果能更好地解决目前的其他缺陷,视频车辆检测器以其安装维护的方便性、检测的实时直观性,应用范围必将进一步扩大。

视频车辆检测在现代交通控制系统中占有很重要的地位,是目前高速公路行业比较常用的交通数据采集手段,是未来智能交通系统发展的基础。随着图像处理技术和微电子技术的发展,视频车辆检测必将成为高速公路交通智能监控领域、交通流信息检测领域的研究重点。

视频车辆检测在多年前就在我国得到了应用,但主要以国外产品为主。随着我国计算机技术和图像识别及处理技术的发展,国产视频车辆检测器的质量也在稳步提升。目前应用较多的视频车辆检测器为美国Iteris公司生产的VANTAGE视频检测器、比利时Trafficon公司生产的VIP视频检测器、法国Citilog公司的视频检测器、深圳中盟科技生产的Athenex视频检测系统和浙大中控生产的VTD视频检测器。

4.1.3 微波

雷达检测技术在交通工程领域早期是用于测量单车车速,图 4.6 所示为雷达测速仪。近年来,微波车辆检测器开始应用于国内的高速公路,目前主要以国外产品为主,最常用的雷达检测器之一是 RTMS SS105(图 4.7),能同时检测双向多条车道的车流量、车速及车型,并提供车头时距和车道占有率的统计数据,其分型方式按车长来划分。从检测单元出来的数据可以通过 RS232 串口传输到管理计算机,可以实现数据实时上传。它可以测量微波投影区域内目标的距离,通过距离来实现对多车道的静止车辆和行驶车辆的检测。

图 4.6 手持式测速设备——Stalker 雷达测速仪

图 4.7 微波(雷达)车辆检测器 RTMS SS105

1. 基本原理

微波车辆检测器主要由微波发射、接收探头及其控制器、调制解调器等组成,一般采用 10.525 GHz 或 24.45 GHz 的频率,利用微波(雷达)检测原理,工作时检测单元连续发射微波,通过被反射波束来检测车辆的存在,检测原理如图 4.8 所示。

RTMS 在微波束发射方向上以 2 m 为一层面分层面探测,RTMS 微波束发射角为 40°,方位角为 15°。安装好以后,它向公路投影形成一个可以分为 32 个层面的椭圆形波束,这个椭圆的宽度取决于选择的工作方式,并因检测器安装角度和安装距离的不同稍有变化。

2. 安装

RTMS 有两种安装模式:侧向安装和正向安装。一般采用侧向安装,设备安装在路旁的杆子上,保持微波的投影与车道正交,分层面的波束能够提供相互独立的 8 个探测区域。在进行交通流检测时,这种安装模式可以同时检测双向八车道的流量、速度和车头时距数据,可适应不同道路状况,被探测车道可以被定义为一个或多个微波层面,波束覆盖区的宽度决定被探测车道的长度。

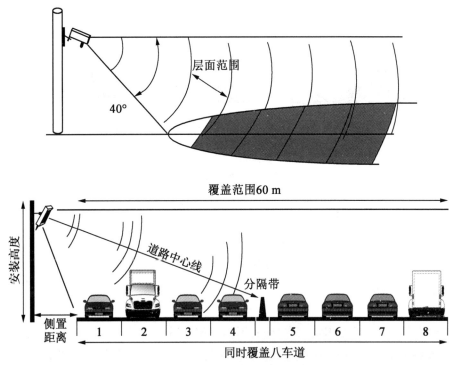

图 4.8 微波(雷达)检测器检测原理

侧向安装时,为了使微波束的投影覆盖所有的车道,传感器必须满足一定的后置距离和安装高度,后置距离的设置见表 4.3。

表 4.3 RTMS 安装的后置距离   m

车道数	要求最小的后置距离 X_2 型	要求最小的后置距离 X_3 型
1~3	3~4	2.5
4	4.5	3
6	6	3.5
8	7.5	4
8 + 中间隔离带	>9	4.5

传感器的安装高度距离路面最少为 5 m,如果后置距离(检测器距离第一条检测车道的距离)等于或大于 6 m,安装高度可根据后置距离每增加 1 m 加高 0.4 m 来估算。传感器高于规定的安装高度并不能增加检测精度或提高检测能力,但是较低的安装高度则可能发生车辆的遮挡。图 4.9 是传感器瞄准中间(3 车道)或 1/3 处(5 车道)的情况。

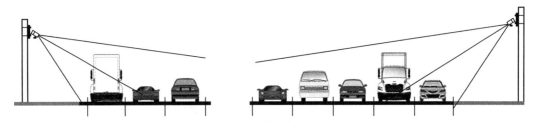

图 4.9　瞄准中间(3 车道)或 1/3 处(5 车道)的情况

为了使 RTMS 发射的微波束较好地覆盖全部检测车道,应注意以下几点:
①从设备的后面看,以其侧面作为视轴的方向;
②调节 RTMS,使之与车道垂直;
③若是 1~4 车道,则瞄准检测车道的中心;
④若是 5~8 车道,则瞄准检测车道的近点 1/3 处;
⑤保持 RTMS 两边水平,侧向安装设备。

3. 优缺点及适用性

(1)优点。
①安装简易方便,不破坏路面,维修时不需封闭车道;
②微波频率决定了其有多个检测区域的明显优势,既可检测静止的车辆,还可以侧向方式检测多车道的交通量、车速、占有率等多项交通流信息;
③可全天候工作,抗干扰能力强,能穿透雨滴、浓雾和大雪,安装立柱的弯曲和振动也不会影响检测精度;
④交通量计数精度较高。

(2)缺点。
①无法提供视觉监视的能力,不能记录车辆或交通的可视特征;
②流量小、速度差距大的情况下测速精度差;
③安装精度要求高,检测精度受周围地形条件的影响,需安装在路侧没有丘陵或其他障碍物的平坦路段;
④道路具有铁质的分隔带时,检测精度下降。

(3)适用性。
微波车辆检测系统是一种新颖的道路交通检测体系,适用于车流量大、车辆行驶速度均匀的道路。目前主要应用于高速公路、城市快速路、普通公路交通流量调查站和桥梁的交通参数采集,提供车流量、速度、车道占有率和车型等实时信息。信息可用隔离接触器连接到现行的控制器或通过串行通信线路连接到其他系统,为交通控制、交通管理和交通信息发布等提供数据支持。

目前国内使用的微波车辆检测器主要是加拿大的 RTMS,美国的 MTD 和 SMART SEN-SOR-125,国内也生产几种微波车辆检测器,但是应用较少。

微波车辆检测更适用于高速公路交通信息采集,因高速公路流量大、车速快、环境条件多变,需要采集设备易安装、易维护,能够适应诸如雾、夜晚、大风等不良环境,而微波检测器正具有无须开挖路面、路侧安装、易于维护、恶劣天气下性能稳定等特点。当然由于微波车辆检测的一些技术局限性,在系统选择上必须结合实际运用情况进行反复试验,优化系统性能,同时还需要不断进行技术更新,使之成为功能完备、性能优异、可靠性更强的检测系统,为我国高速公路监控系统建立一种全新的交通检测模式。

4.1.4 气压管

气压管检测系统是一种较为传统而又可靠的交通流检测技术,通过轮轴数及车辆间距判断车辆数和车辆类型。

1. 基本原理

当车辆经过气压管传感器时,气压管内部便产生一股微弱的气流并传到检测设备上的空气开关,从而便形成了一个车轴电信号。橡胶气压管传感器技术采用2个气压管传感器提供信号,精确记录每个车轴的时间标,然后利用交通管理软件对车轴数据进行处理,可获得交通量、车速、车辆类型、车流密度等交通流参数。典型的就是 MetroCount 5600,由 MC5600 路旁单元及安装套件、MTE3.18 交通数据分析管理软件组成,如图4.10所示。

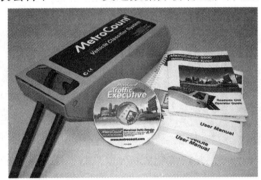

图4.10 MetroCount 5600

2. 安装

选择安装位置时,被指定位置的许多因素会影响记录数据结果的质量,当选择检测位置时要考虑以下内容,当一些位置不可避免时,必须考虑数据质量的负面影响,安装位置的选择要注意以下几点:

(1)所选择的位置一定要使车辆能够匀速地通过气压管,如果可能,要避免选择那些会让车辆加速或减速的位置,如转弯、陡坡、交通灯或十字路口处。

(2)一定要避免选择车辆会停在气压管传感器上的位置。

(3)一定要使车辆垂直通过气压管,避免选择那些会斜向通过气压管的位置。

(4)避免那些由于突然转向或换道而只通过一个气压管的位置。

(5)要为路旁单元选择一个安全合适的位置,避免线杆或树木之类的障碍物。

由于一个传感器最多能检测两个车道,所以在使用气压管传感器时,所检测的快速路断面的车道数双向最多不要超过四车道,在有较宽的中央分隔带的情况下,可以检测双向八车道。最好的检测条件为双向两车道,图4.11所示为双车道单台设备时的安装示意图和现场安装图,图4.12所示为多车道两台设备时的安装示意图。

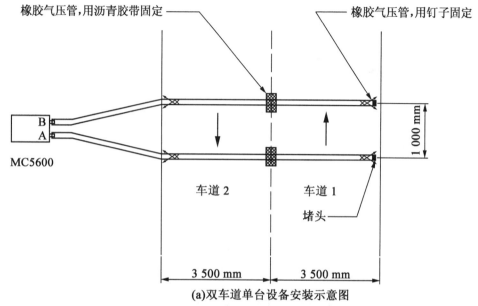

(b)现场安装示意图　　　(c)双车道胶布固定方式　　　(d)双车道路钉固定方式

图4.11　双车道单台设备时的安装示意图和现场安装图

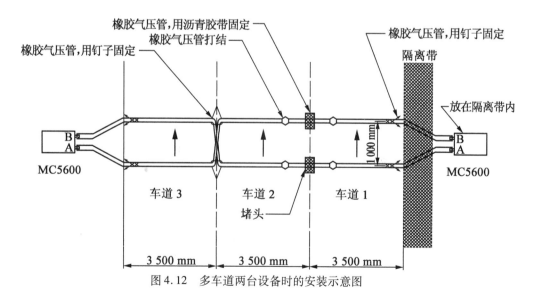

图4.12　多车道两台设备时的安装示意图

3. 优缺点及适用性

(1)优点。

①安装快速,电源用量少,费用低,维修简单;

②一次检测可获得多种交通数据,对同一数据实现多种交通流特性分析报告,具有数据过滤功能、数据质量审核功能,能精确地研究每一辆车。

(2)缺点。

①当车流量大、空气开关对温度比较敏感、车辆轮胎对气压管造成磨损和破坏的情况下,检测精度会受到影响;

②车辆停在气压管传感器上时,精度失真。

(3)适用性。

气压管一般安装在垂直于交通流运行的方向,更适用于双向两车道的检测,用于测量短期交通量,可广泛应用于城市道路路段和交叉口。

4.1.5 超声波

超声波检测器是波束检测装置的一种,波束检测装置有多种形式,一般都由波束发生器、接收器和时控电路组成。

1. 基本原理

波束发生器、接收器为换能器,产生电–声或者电磁波的正逆变换,时控电路对发生器和接收器进行调谐控制,使发生器每隔一定的时间产生并发射出一束波,同时,又可在发射的间隙接收反射回来的信号,即集发射和接收功能于一身。

由于超声波传感器的检测区域由超声波发射器的波幅决定,因此,利用超声波传感器发射脉冲波,通过测量由路面或车辆表面发射的脉冲超声波的波形,可确定从传感器到路面或车辆表面的距离;同时,因路上有车和路上无车时的传感器所测信号有差别,可借此确定车辆的出现;传感器再将接收的声信号转换为电信号,通过信号处理模块进行分析和处理,就可以得出车流量、车速、车型等参数,并提供车头时距和车道占有率的统计数据,其分型方式是按车辆外形轮廓划分的。

2. 安装

超声波检测器采用顶置式安装,如图 4.13 所示。

3. 优缺点及适用性

(1)优点。

①价格低、体积小、可移动、使用寿命较长,易于安装与维护;

②方向性好;

③不受车辆遮挡影响,对密集车流适应性好;

④超声波检测通过检测车辆的高度划分车型,与人工调查分型方式相近,因此得出的分型结果最接近人工调查;

⑤对雨、雾、雪的穿透能力强,可在恶劣气候条件下工作。

图 4.13 超声波检测器 CJK03

(2)缺点。

①仪器反应时间长、误差大、波束发散角大、分辨率低、衰减快,有效测量距离小;

②性能受环境影响,如温度和气流。

(3)适用性。

超声波检测器主要用于车速测量、停车场车位检测,也常用于交通信号机中替代感应线圈检测器作为车辆检测器,以降低环境干扰。

4.1.6 磁映象

车辆磁映象(Vehicle Magnetic Imaging,VMI)技术是美国 Nu-metrics 公司的专利,属于便携式综合数据调查检测技术,是固定式的被动声学检测设备,本身不产生磁场,放在道路上截取磁性的扰动。利用车辆对通过地磁场的影响,检测车辆交通参数。

1. 基本原理

采用低功耗、高灵敏度的强导磁材料,将地磁磁通线集中约束在比较小的空间,当车辆接近磁力检测传感器的检测区域时,检测区域的磁力线受挤压;当车辆将要通过检测区域时,磁力线沿中心聚合;当车辆正在通过检测区域时,磁力线沿中心发散。这样利用车辆接近、将要通过及正在通过检测区域时磁力线的变化对车辆进行检测,基本工作原理如图4.14 所示。

2. 安装

常用的磁映象检测器是 HiStar NC200 袖珍交通流量计,相对于视频检测器而言,NC200对安装环境要求较低,可以安装到快速路系统的任何位置。安装时,将 NC200 置于车道中间,然后将保护壳盖在流量计上面,在保护壳上 8 个凹下的圆孔处各放入一个垫圈,用铁锤将水泥钢钉从垫圈钉入路面,对水泥混凝土路面应钉入 1.27 cm 深;而沥青路面则应钉入5 cm深。在安装时要特别注意,NC200 外壳上部铸有一个大箭头,这个箭头应指向车辆流动方向,应正确安装。假如安装方向相反,它仍旧能统计车辆数量但却不能对车辆进行分类。现场安装图如图 4.15 所示。

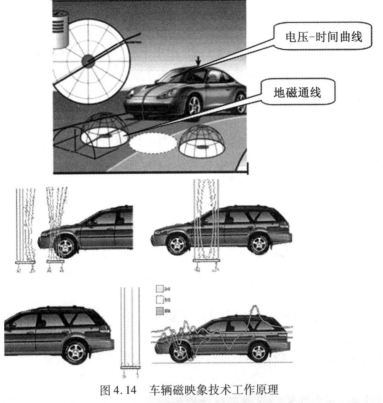

图 4.14　车辆磁映象技术工作原理

图 4.15　NC200 现场安装图

3. 优缺点及适用性

磁映象检测器的优点是可检测小型车辆,包括自行车;其缺点是很难分辨纵向过于靠近的车辆,无法测量静止的单位。适合安装在不便安装线圈的场合,比如桥面。

4.1.7　红外线

红外线检测是通过线性排列的红外光发射和接收来实现对车辆的同步扫描,并将光信号转换为电信号,从而实现对车辆数据的综合检测。红外线检测器是波束检测装置的一种,有主动式和被动式两种,都可以用于交通管理。

1. 基本原理

主动式红外线检测基本原理类似于微波检测,检测器自身配有指向测量车道的红外线光源,当驶近的车辆接近红外检测器时,就会将红外光反射回红外检测器,通过由红外线发射或反射与接收信号,来提供公路车流中不同车辆的各种参数,如车辆的流量值、车道的占有率、车辆的速度、车辆长度和车辆排队长度及车辆分类。

被动式红外检测技术能提供汽车通过时多角度的数据,使用检测器来测量物体发出的红外线能量:当汽车通过被动式红外线检测器检测的区域时,检测器会自动检测到汽车发动机热辐射所发出的红外线,增量驱动检测器会向控制系统输出信号,可以检测来往车辆的运动轨迹。被动式红外检测器有效距离约 6.1 m。

2. 优缺点及适用性

(1)优点。

①安装简便,无须布线,无须破坏路面,无须电源,使用寿命长;

②能获得汽车通过时多角度数据,以及交叉口不同方向同一车辆同一时间不同的交通信息;

③高速响应,抗干扰性强,可输出丰富的车辆数据信息,能可靠检测特殊车辆,可以准确实现车辆的分离;

④不受光线条件的影响,能在完全黑暗的情况下工作。

(2)缺点。

①单道性太强,一个红外线检测器仅能检测一条车道,因此交叉口和多车道检测需要安装多个红外线检测器;

②受周围环境影响太大,比如大气的温度和湿度;

③穿透灰尘、云雾、雨滴和雪花的能力很弱。

(3)适用性。

红外线检测器属于地磁类的检测器,可以用于采集交通流中不同车辆的各种参数——流量、车道占有率、车速、车长和排队长度及车型,还可应用于公路收费系统,非常适合于不破坏地面的安装和应用。

为适应车辆分型的需要,许多先进的红外线检测器能自动生成二维或三维的监视图像。随着计算机技术、传感技术及人工智能的进步,红外检测技术也在逐渐成熟,具有广泛的应用前景。

4.1.8 激光

便携式激光检测设备为手持式激光测速仪,如图 4.16 所示,当测量单车车速时,测量瞄准性比较好。固定式激光车辆检测器是由激光发射器和接收器组合而成的一体机。

图 4.16　手持式激光测速仪

1. 基本原理

利用安全激光探测原理,当车辆从检测单元下方通过时,接收机接收到阻断信息或反射信息,通过计算激光返回的时间来感知车辆,可以实现对通过车辆的车流量、速度、高度、长度等信息的检测。激光幕帘可同时扫描行驶车辆的三维轮廓,同时可以根据车辆的几何尺寸及外形轮廓特征来确定车型,基本原理如图 4.17 所示。

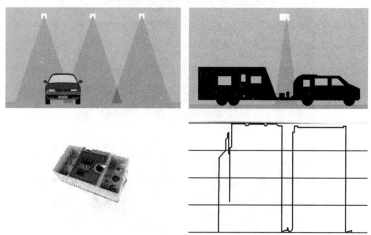

图 4.17　激光检测工作原理

2. 安装

便携式激光检测设备采用顶置式安装,根据不同的工作原理和应用场合,发射机或接收机可以安装在公路旁的立柱上或公路正上方的信号灯柱、高架横梁、过街天桥上。

3. 优缺点及适用性

(1)优点。

①测量距离远,反应速度快,测速精度高,误差小;

②环境适应性好。

(2)缺点。

①成本高,安装难度大;

②只能在静止状态下应用;

③激光光束必须瞄准垂直于激光光束的平面反射点,如果被测车辆距离太远且处于移动状态,或者车体平面不大,将导致执勤警员的工作强度很大、容易疲劳。

(3)适用性。

激光测速器不能在运动中使用,所以交警一般都把仪器放在巡逻车上,停车静止时使用。目前大部分国家所采用的激光测速仪使用的是一类安全激光,对人眼睛安全,激光测速仪的取证能力远远大于雷达测速仪,因而受到全世界广泛的认可和推广。

激光车辆检测器主要用于流量、车速、车辆高度和宽度检测。

4.1.9 被动声波

被动声波检测(图4.18)是目前市场上最新的一种检测技术,利用车辆在路上行驶时产生的噪声来检测车辆存在,并计算车速、车长、占有率等数据。采用侧向安装,能同时检测多条车道。

图4.18 被动声波检测器 SAS1

被动声波检测器可用于车辆识别,目前来看,由于研究时间较短,系统可靠性差些。

4.2 交通流调查方法

本节介绍调查位置对数据的影响及现行通用的各种交通调查方法,包括定点调查、小距离调查、沿路段长度调查、浮动车调查和ITS区域调查。

4.2.1 调查位置对数据的影响

建模的目的是为了描述交通流参数的变化情况。在将抽象模型转化成具体模型时,应使模型尽量涵盖收集到的所有相关数据,模型的类型、结构、精度以及待定参数的标定都直接取决于所采用的数据。数据的获得必须通过交通调查,而调查位置对数据的性质有着决定性的影响。下面通过一个例子来进行说明。

在一条车道的三个不同位置进行观测,根据观测数据绘制的速度－流量关系趋向和调查位置关系如图4.19所示,这里假定三个调查位置的基本关系曲线(即图中的实线)是相同的。

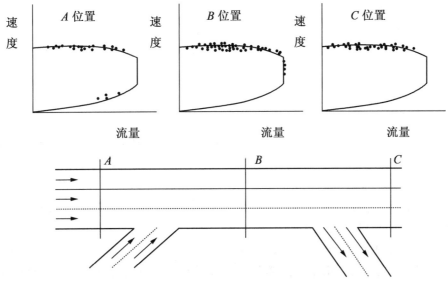

图4.19 调查位置对数据性质的影响

从三个调查断面的位置图上可以看出,在A位置和B位置之间有一进口道使得该路段的流量增加。如果进口道驶入流量很大,那么B位置就可能达到路段的通行能力,从而使干线交通流产生阻塞,导致A位置出现间歇流。此时A位置的车流可以看成是车队,等待驶过进口道下游的交通瓶颈。分析A位置对应的散点图,该图说明直到进口道的驶入流量对干线交通流造成阻塞时,A位置才能达到其通行能力。非拥挤时的数据在曲线的上部,拥挤时的数据在曲线的下部。A位置的流量即为B位置的流量与进口道的驶入流量之差。

在B位置可以观测到非拥挤的交通流或是接近通行能力时的交通流,但这个位置不会形成类似于A位置间歇交通流的拥挤状况。经观测还发现,B位置的速度在上游拥挤时低于非拥挤时。分析驾驶员的行车过程,在接近交通瓶颈时,车辆进入排队而且移动缓慢,一旦驶过瓶颈,驾驶员将持续加速行驶,也就是车队的消散过程(B位置对应散点图的弓形部分,代表了车队的消散过程)。因此,在B位置观测到的速度值依赖于观测点距离排队前端的远近,而且观测数据也集中在曲线的上部。

B位置和C位置之间的出口道有流量驶出,这使得在C位置的流量不会达到B位置的值。如果C位置的下游没有类似于A与B之间那样的进口道,那么C位置就不会发生交通拥挤,其流量观测值如图4.19所示。

从以上分析可以看到,A,B,C三个位置中没有哪一个可以单独来拟合整个的流量－速度曲线,必须相互结合。A位置可以观测到拥挤时的交通状况,但不适合做通行能力的研究;B位置能够得到非拥挤时特别是有关通行能力方面的数据;C位置则可以获得非拥挤时的交通数据。由此可见,调查位置对数据的影响不容忽视,它在一定程度上决定模型的精确程度。遗憾的是,调查位置对交通数据的影响程度到目前为止还没有引起人们足够的重视,许多理论研究都忽略了这一点。

4.2.2 定点调查

定点调查包括人工调查和机械调查两种。

人工调查方法即选定一个观测点,用秒表记录经过该点的车辆数。

机械调查方法常用的有自动计数器调查、雷达调查、摄像机调查等。自动计数器调查法使用的仪器有电感式、环形线圈式、超声波式等检测仪器,它几乎适用于各种交通条件,特别是需要长期连续性调查的路段。

4.2.3 小距离调查

这种调查使用成对的检测器(相隔 5 m 或 6 m)来获得流量、速度和车头时距等数据。目前常用的点式检测器,如感应线圈和微波束,都占用一定的道路空间,因此被称为小距离调查仪器。调查地点车速时,将前后相隔一定距离(如 5 m)的检测器埋入地下,车辆经过两个检测器时发出信号并传给记录仪,记录仪记录车辆通过两个检测器所使用的时间,用相隔的距离除以时间即得到该地点车速。

这种调查方法还能得到占有率,占有率是指检测区域内车辆通过检测器的时间百分比。由于占有率与检测区间的大小、检测器的性质和结构有关,因此,同样的交通状态下,不同位置测得的占有率可能不同。

小距离调查同样无法测得密度,但可获得流量、速度、车头时距和占有率等数据。

4.2.4 沿路段长度调查

沿路段长度调查主要是指摄像调查法,适用于 500 m 以上的较长路段。摄像调查法首先对观测路段进行连续照相,然后在所拍照片上直接点数车辆数,因此这种方法是调查密度的最准确方法。但是由于拍摄照片的清晰度受天气情况影响较大,调查时应选择天气晴朗的时段。摄像调查法分为地面高处摄像法和航空摄像法。

(1)沿路段的交通密度。

根据图上量得的距离和车辆计数,交通密度为

$$k = \frac{N}{L} \tag{4.1}$$

式中 N——记录的车辆数;

L——路段长度(以英里计)。

也可以更加具体些提出:给出 S_i 为第 i 辆车滞后于前车的距离(由前车的前挡板到后车的前挡板),则

$$k_i = \frac{1}{S_i} = \frac{1}{k_i v_i} \tag{4.2}$$

式中 N——记录的车辆间隔数;

k_i——第 i 辆车的车速(同前)。

则

$$k = \frac{N}{\sum_{i=1}^{N} S_i} = \frac{1}{\frac{1}{N}\sum S_i} \quad (4.3)$$

或者

$$k = \frac{1}{\frac{1}{N}\sum_{i=1}^{N}\frac{1}{k_i}} \quad (4.4)$$

上式表明,平均交通密度等于各个交通密度的调和中项。

(2)沿路段测量的车速。

虽然每辆车行驶的距离不一样,但所有车辆都是在相同时间观测到的,于是

$$v_i = \frac{S_i}{\Delta t} \quad (4.5)$$

$$\bar{v}_s = \frac{1}{N}\sum_{i=1}^{N}\frac{S_i}{\Delta t} = \frac{1}{N\Delta t}\sum_{i=1}^{N} S_i \quad (4.6)$$

因为这种平均速度$\bar{v}_s$是取距离的平均值,所以沃德洛尔给它一个名称,叫"区段/区间平均速度"。该平均值与其方差之间的关系,以及与在定点量测的时间平均值之间的关系,已在第 2 章中介绍。

(3)沿路段量测的交通流量。

平均交通密度和平均速度已经求出,因而交通流量可用下式计算,即

$$q = k\bar{v}_s \quad (4.7)$$

4.2.5 浮动车调查

浮动车调查是一种沿干线公路(或在一区域内)查定交通流的有效方法,是由一辆或几辆流动观测车来进行交通流量测。使用这种方法时,一辆观测车首先顺着所量测的交通流方向行驶,然后调头与所量测的交通流反向行驶,车上的一个观测员把每个方向上的行程时间记录下来。在与量测交通流顺向行程中,观测员同时记录超越观测车的车数和被观测车超越的车数。当与量测的交通流反向行驶时,记录车流中迎面驶过去的车辆数,关系式为

$$\begin{cases} q = \dfrac{x+y}{t_s + t_c} \\ t = t_c - \dfrac{y}{q} \\ \bar{v}_s = \dfrac{l}{t} \\ k = \dfrac{q}{\bar{v}_s} \end{cases} \quad (4.8)$$

式中 t_s——观测车与交通流顺向行驶的行程时间;

t_c——观测车与交通流反向行驶的行程时间;

x——观测车与交通流反向行驶遇到的车辆数;

y——观测车与交通流顺向行驶时的净超车数(即超越观测车的车辆数减去被观测车超越的车辆数)。

4.2.6 ITS区域调查

智能运输系统包含诱导车辆与中枢神经系统的通信技术,可提供车辆的速度信息。但是,通过智能运输系统获得的车速信息,有时仅是车辆的标识信号(系统根据接收的相邻信号计算出车辆的行程时间),有时是通过一些固定在路旁的信号发射装置(通常称为信标)向车辆发送信号,车辆接收信号进行登记,然后向中枢系统返回速度和位置信息。

该方法只能提供速度信息,而无法确定车辆所在路段的流量和密度。如果配以适当的传感器,每辆诱导车都能提供车头时距和车头间距,由此可以求得流量和密度。

上述调查类型之间的相互关系可通过图4.20所示的时间-距离图来说明。图中,纵坐标表示车辆在行驶方向上距离始发点(任意选定)的长度,横坐标表示时间。图中的斜线代表车辆的运行轨迹,斜率为车速,直线相交表示超车。穿过车辆运行轨迹的直线代表定点调查;两条非常接近的水平平行直线表示小距离调查;一条竖直直线表示沿路段长度的调查;车辆的轨迹之一表示浮动车调查;ITS区域调查类似于在不同时间、不同地点进行大量的浮动车调查。

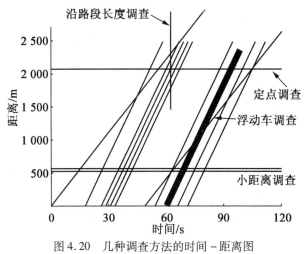

图4.20 几种调查方法的时间-距离图

4.3 交通流检测发展趋势

国际上最具代表性的ITS系统——美国IVHS系统、欧洲PROMEHTEUS、欧洲DRIVES、日本VICS等,其交通信息采集与处理关键技术为其发展的重点。近几年来ITS虽然在我国有了长足的发展,但目前我国的道路交通流实时动态信息采集、处理、分析及发布系统尚不够先进。

大部分交通信息采集依靠单一的车辆检测器完成,不同的车辆检测传感器因其各自的工作原理、特点决定仅在某些条件下适用,当超出其测试条件时检测精度失真;另外如果该车辆检测传感器发生故障,势必造成整个交通采集系统在该段采集数据的瘫痪,上述种种问题和 ITS 对现代化高速公路和城市道路监控系统的整体运行和管理水平的要求共同决定了车辆检测技术未来的发展方向。

1. 努力提升单个检测器的性能,克服技术障碍

(1)感应线圈检测新技术。

①微型线圈。由于感应线圈检测设备对路面破坏性较大,近年来出现了微型线圈式交通流量调查设备,通过安装在路面下方的超微线圈,检测路面上方磁通量的变化,进而得出车辆的金属分布特征,给出识别结果。

超微型线圈的工作原理与传统的地埋线圈并无本质区别,主要区别是每个线圈的覆盖面积从原来的数平方米缩小到 0.002 m^2,线圈的埋设深度从原来的 4~6 cm 加大到 15 cm以上。超微型线圈对路面的破坏及维护量小,对路面的维修维护影响也较小。

②Never Fail Loop Systems。美国的一家公司研究出了一种免维修的环形线圈系统(Never Fail Loop Systems),克服了以往坏形线圈所存在的安装要求高、线圈易损坏等问题,线圈寿命可达 10 年,这是感应线圈车辆检测器质量上的飞跃。

计算机技术的发展、双振荡器方案的实施、锁相环技术的应用和自适应算法的采用、快速精确的智能处理芯片的普及等,使得感应线圈检测器的设计精度及可靠性不断进步,性能也有了极大的提高。

(2)微波检测新技术。

随着雷达技术的不断进步,出现了使用双数字雷达技术的新概念。微波检测器 SMART SENSOR 125,SS-125 微波车检器只需安装到路侧就可以检测到每一个车道中每一辆车的速度,不受中间金属和树木隔离带的影响,且只需要一台设备就能够检测双向 10 车道的流量、占有率、每一辆车的长度、车型等。对于行驶在两个车道中间的车辆也只作为一辆车来检测,从而提高了每一个车道的流量精度。SS-125 微波车检器克服了传统微波检测器单车测速精度低、障碍物影响的弊端,如果能更好地解决其他缺陷,以其能穿透雨滴、抗干扰能力强、维护方便等优势,将会在未来交通流信息检测领域与其他检测技术(如视频检测)结合,以有更广泛的应用。

2. 促进单一检测器(图 4.21(a))的交通信息采集向检测器组合应用的发展

(1)PIR + US 两种技术。

被动式红外线检测技术和超声波检测技术联合使用(图 4.21(b)),可以实现更高水平的交通检测,车辆存在和排队的检测精度更高,车辆计数及对高度、距离的识别更准确。

(2)PIR + US + MW 三种技术。

被动式红外 PIR、超声波 US、微波 MW 三种技术联合应用的 ASIM 检测器(图 4.21(c)),结合了静态和动态的检测通道,可形成两个或多个检测域,当车辆进入或通过检测域时,检测器经过车辆本身与其背景热辐射的对比,检测出车辆通过或存在的信息。

  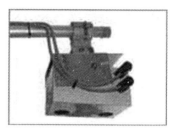

(a)PIR技术　　　　　　　(b)PIR+US 两种技术　　　　　(c)PIR+US+MW 三种技术

图 4.21　几种检测技术

3. 新型检测技术的开发

新型交通检测设备,如通过软件设计实现车型的自动识别功能,以摄像机和计算机为基础的图像识别系统的开发等。

4. 交通信息采集系统化、智能化、光电一体化发展

以车辆检测器的发展为基础,结合计算机技术、通信技术、传感器技术和人工智能技术等,使车辆检测器朝着系统化、智能化和光电一体化发展,如智能化遥感微波检测器、感应线圈智能交通流量测试仪、高速公路时间自动探测系统等。

第5章 车辆跟驰理论

5.1 车辆跟驰特性

车辆跟驰模型是交通系统仿真中最重要的动态模型,描述交通行为即人车单元行为。由于模型构造的质量在很大程度上决定着仿真结果的可靠性,因此,国内外的研究者对此投入了大量的精力。车辆跟驰模型是运用动力学方法,探究在无法超车的单一车道列队行驶时,车辆跟驰状态的理论。车辆跟驰模型从交通流的基本元素——人车单元的运动和相互作用的层次上分析车道交通流的特性。通过求解跟驰方程,不仅可以得到任意时刻车队中各车辆的速度、加速度和位置等参数,描述交通流的宏观特性,还可以通过进一步推导,得到平均速度、密度、流率等参数,描述交通流的宏观特性。车辆跟驰模型的研究对于了解和认识交通流的特性,进而把这些了解和认识应用于交通规划、交通管理与控制,充分发挥交通设施的功效,解决交通问题有着极其重要的意义。

5.1.1 跟驰状态的判定

跟驰状态临界值的判定是车辆跟驰研究中的一个关键,现有的研究中,对跟驰状态的判定存在多种观点。国外的研究中,美国1994年版的《道路通行能力手册》规定当车头时距小于等于5 s时,车辆处于跟驰状态;Paker在研究货车对通行能力的影响时,采用了6 s作为判定车辆跟驰状态的标准;*Traffic flow theory*认为跟驰行为发生在两车车头间距为0~100 m或0~125 m的范围内;Wei的研究则认为车头间距小于等于150 m时,车辆处于跟驰状态。

在跟驰理论中,目前常用的判定跟驰状态的方法有两种:一种是基于期望速度的判定方法,它是通过判断前车速度是否小于后随车的期望车速来判定车辆是否处于跟驰状态;另一种是基于相对速度绝对值的判定方法,它是利用前后车速度差的绝对值随车头时距变化规律定量地判定车辆行驶的状态。但是,这两种方法都存在一定的缺陷。现在又提出一种新方法——利用前后车速度的相关系数随车头时距变化的规律来确定车辆跟驰状态临界值,这一方法考虑的信息更为全面,与现实结合更为紧密,能有效解决现有方法的不足。

单车道车辆跟驰理论认为,车头间距在100~125 m以内时车辆间存在相互影响。

5.1.2 车辆跟驰特性

1. 制约性

在后车跟随前车运行的车队中,出于对旅行时间的考虑,后车驾驶员总不愿意落后很多,而是紧随前车前进,这就是紧随要求。从安全的角度考虑,跟驶车辆要满足两个条件:一是后车的车速不能长时间大于前车的车速,而只有在前车速度附近摆动,否则也会发生碰撞,这是车速条件;二是车与车之间必须保持一个安全距离,即前车制动时,两车之间有足够的距离,从而有足够的时间供后车驾驶员做出反应,采取制动措施,这是间距条件。显然,车速越高,制动距离越长,安全距离也相应加大。

紧随要求、车速条件和间距条件构成了一对汽车跟驰行驶的制约性,即前车的车速制约着后车的车速和车头间距。

2. 延迟性

从跟驰车队的制约性可知,前车改变运行状态后,后车也要改变。但两车运行状态的改变并不同步,而是后车运行状态滞后于前车。这是由于驾驶员对于前车运行状态的改变要有一个反应的过程,这个过程包括四个阶段,即:

①感觉阶段:前车运行状态的改变被察觉;
②认识阶段:对这一变化加以认识;
③判断阶段:对本车将要采取的措施做出判断;
④执行阶段:由大脑到手脚的操作动作。

这四个阶段所需要的时间称为反应时间。假设反应时间为 T,前车在 t 时刻的动作,后车要经过 $(t+T)$ 时刻才能做出相应的动作,这就是延迟性。

3. 传递性

由制约性可知,第一辆车的运行状态制约着第二辆车的运行状态,第二辆车又制约着第三辆车,……,第 n 辆车制约着第 $n+1$ 辆车。一旦第一辆车改变运行状态,它的效应将会一辆接一辆地向后传递,直至车队的最后一辆,这就是传递性。而这种运行状态改变的传递又具有延迟性。这种具有延迟性的向后传递的信息不是平滑连续的,而是像脉冲一样间断连续的。

制约性、延迟性及传递性构成了车辆跟驰行驶的基本特征,同时也是车辆跟驰模型建立的理论基础。

5.2 线性跟驰模型

单车道车辆跟驰理论认为,车头间距在 $100 \sim 125$ m 以内时车辆间存在相互影响。分析跟驰车辆驾驶员的反应,可将反应过程归结为以下三个阶段:

①感知阶段:驾驶员通过视觉搜集相关信息,包括前车的速度及加速度、车间距离(前车车尾与后车车头之间的距离,不同于车头间距)、相对速度等;
②决策阶段:驾驶员对所获信息进行分析,决定驾驶策略;
③控制阶段:驾驶员根据自己的决策和车头及道路的状况,对车辆进行操纵控制。

线性跟驰模型是在对驾驶员反应特性分析的基础上,经过简化得到的。

5.2.1 线性跟驰模型的建立

跟驰模型实际上是关于反应－刺激的关系式,用方程表示为

$$\text{反应} = \lambda \cdot \text{刺激} \tag{5.1}$$

式中 λ——驾驶员对刺激的反应系数,称为灵敏度或灵敏系数。

驾驶员接受的刺激是指其前面引导车的加速或减速行为以及随之产生的两车之间的速度差或车间距离的变化;驾驶员对刺激的反应是指根据前车所做的加速或减速运动而对后车进行的相应操纵及其效果。

线性跟驰模型相对较简单,图5.1为建立线性跟驰模型的示意图。

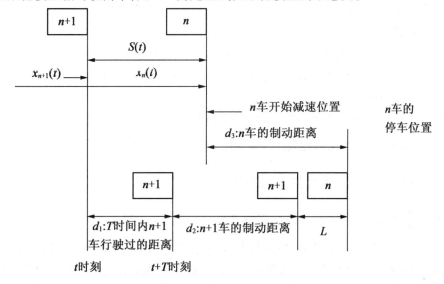

图5.1 线性跟驰模型示意图

从图5.1中可以得到

$$s(t) = x_n(t) - x_{n+1}(t) = d_1 + d_2 + L - d_3 \tag{5.2}$$

$$d_1 = u_{n+1}(t)T = u_{n+1}(t+T)T = \dot{x}_{n+1}(t+T)T \tag{5.3}$$

假设两车的制动距离相等,即 $d_2 = d_3$,则有

$$s(t) = x_n(t) - x_{n+1}(t) = d_1 + L \tag{5.4}$$

由式(5.2)和式(5.3)可得

$$\dot{x}_n(t) - \dot{x}_{n+1}(t) = \ddot{x}_{n+1}(t+T)T + L \tag{5.5}$$

两边对 t 求导,得到

$$\dot{x}_n(t) - \dot{x}_{n+1}(t) = \ddot{x}_{n+1}(t+T)T \tag{5.6}$$

即

$$\ddot{x}_{n+1}(t+T) = \lambda \left[\dot{x}_n(t) - \dot{x}_{n+1}(t) \right] \quad (n=1,2,3,\cdots) \tag{5.7}$$

或写成

$$\ddot{x}_{n+1}(t) = \lambda \left[\dot{x}_n(t-T) - \dot{x}_{n+1}(t-T) \right] \quad (n=1,2,3,\cdots) \tag{5.8}$$

其中,$\lambda = T^{-1}$。与式(5.1)对比,式(5.8)是对刺激 – 反应方程的近似表示:刺激为两车的相对速度;反应为跟驰车辆的加速度。

式(5.6)是在前导车制动,两车的减速距离相等以及后车在反应时间 T 内速度不变等假定下推导出来的。实际的情况要比这些假定复杂得多,比如刺激可能是由前车加速引起的,而两车在变速行驶过程中驶过的距离也可能不相等。为了考虑一般的情况,通常把式(5.7)或式(5.8)作为线性跟驰模型的形式,其中 λ 不一定取值为 T^{-1},也不再理解为灵敏度或灵敏系数,而看成与驾驶员动作强度相关的量,称为反应强度系数,量纲为 s^{-1}。

5.2.2 稳定性分析

线性跟驰模型的波动稳定性分两种——局部稳定性和渐进稳定性。

1. 局部稳定性

局部稳定性关注跟驰车辆对前面车辆运行波动的反应,即关注车辆间配合的局部行为。根据研究,针对 $C = \lambda T$(λ,T 参数的意义同前)取不同的值,跟驰行驶两车的运动情况可以分为以下四类:

① $0 \le C \le e^{-1}$(≈ 0.368)时,车头间距不发生波动;

② $e^{-1} < C < \dfrac{\pi}{2}$时,车头间距发生波动,但振幅呈指数衰减;

③ $C = \dfrac{\pi}{2}$时,车头间距发生波动,振幅不变;

④ $C > \dfrac{\pi}{2}$时,车头间距发生波动,振幅增大。

对于 $C = e^{-1}$ 的情况,利用计算机模拟的办法给出相关运动参数的变化曲线(其中反应时间 $T = 1.5$ s,$C = e^{-1} \approx 0.368$),如图5.2所示。模拟过程中假定头车的加速和减速性能是理想的,头车采取恒定的加速度和减速度。图中实线代表头车运动参数的变化,虚线代表跟驰车辆运动参数的变化,其中的"速度变化"是指头车和跟驰车辆分别相对于初始速度的变化值,即每一时刻的速度与初始速度之差。图5.3中给出了另外四个不同的 C 值的车头间距变化图,C 分别取阻尼波动、横幅波动和增幅几种情况的值。

对于一般情况下的跟驰现象(不一定为车队启动过程或制动过程),如果跟驰车辆的初始速度和最终速度分别为 u_1 和 u_2,那么有

$$\int_0^\infty \ddot{x}_f(t+T)\,dt = u_2 - u_1 \tag{5.9}$$

式中　$\ddot{x}_f(t+T)$——跟驰车辆的加速度。

从方程(5.7)得到

$$\lambda \int_0^\infty [\ddot{x}_1(t) - \dot{x}_f(t)]\,dt = \Delta s \tag{5.10}$$

也即

$$\Delta s = \lambda \int_0^\infty [\ddot{x}_1(t) - \dot{x}_f(t)]\,dt = \dfrac{u_2 - u_1}{\lambda} \tag{5.11}$$

式中　$\ddot{x}_1(t)$,$\dot{x}_f(t)$——头车、跟驰车的速度;

　　　Δs——车头间距变化量。

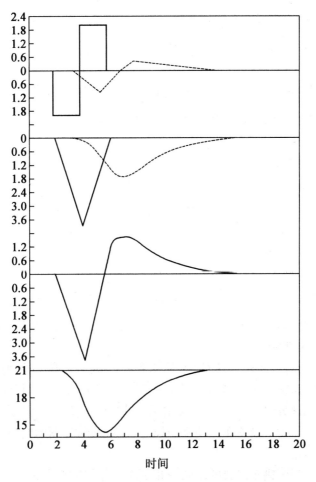

图 5.2　头车加速度波动方式及对两车运动的影响

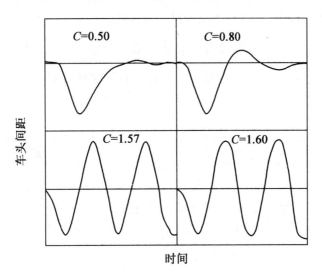

图 5.3　不同 C 值对应的车头间距变化

$C \leq e^{-1}$时,车头间距以非波动形式变化,从式(5.11)可知车速从u_1变为u_2时其变化量为Δs。如果头车停车,则最终速度$u_2 = 0$,车头间距的总变化量为$-\dfrac{u_1}{\lambda}$,因此跟驰车辆为了不发生碰撞,车间距离最小值必须为$\dfrac{u_1}{\lambda}$,相应的车头间距为$-\dfrac{u_1}{\lambda} + l$($l$为车辆长度)。为了使车头间距尽可能小,$\lambda$应取尽可能大的值,其理想值为$l(eT)^{-1}$。

2. 渐进稳定性

渐进稳定性:关注车队中每一辆车的波动特性在车队中的表现,即车队的整体波动特性,如车队头车的波动在车队中的传播。

在讨论了方程(5.7)所示线性跟驰模型的局部稳定性之后,下面通过分析一列形式的车队(头车除外)来讨论其渐进稳定性。描述一列长度为N的车队的方程为(假设车队中各驾驶员反应强度系数λ值相同)

$$\ddot{x}_{n+1}(t+T) = \lambda [\dot{x}_n(t) - \dot{x}_{n+1}(t)] \quad (n = 1,2,3,\cdots) \qquad (5.12)$$

无论车头间距为何初始值,如果发生增幅波动,那么在车队后部的某一位置必定发生碰撞,方程(5.12)的数值解可以确定碰撞发生的位置。下面分析判断波动是增幅还是衰减的标准,也即渐进稳定性标准。

根据研究,一列行驶的车队仅当$C = \lambda T < 0.5 \sim 0.52$(一般取0.5)时才是渐进稳定的,即车队中车辆波动的振幅呈衰减趋势。渐进稳定性的判定标准把两个参数确定的区域分成了稳定和不稳定两部分,如图5.4所示。由此可知,$C = \lambda T \leq e^{-1}$保证局部稳定性的同时也确保了渐进稳定性。为了说明车队的渐进稳定性,下面通过图示给出两组利用计算机模拟得到的数值计算结果。

图5.5给出了一列8辆车组成的车队中相邻车辆车头间距与时间的关系,分别取$C = 0.368,0.5,0.75$。头车$n = 1$的初始波动方式与图5.2所示情况相同,即先缓慢减速再加速至初始速度(加速度为定值),因此加速度对时间的积分为零。$t = 0$时车头间距均为21 m。第一种情况$C = 0.368(\approx \dfrac{1}{e})$,为分波动状态。第二种情况$C = 0.5$(即渐进稳定性的限值),此时出现高阻尼波动,这说明即使在渐进稳定性标准的极限处,拨动振幅也将随着波动在车队的传播而衰减,即波动阻尼。第三种情况$C = 0.75$,图中很好地说明了波动的不稳定性。

图5.6中($C = 0.80$)给出了9辆车组成的车队中每一辆车的运动轨迹,采用的坐标系是移动坐标系,坐标原点的速度与车队的初始速度u一致。$t = 0$时,所有的车辆都以速度u行驶,车头间距均为12 m。头车在$t = 0$时开始以4 km/h的减速度减速2 s,速度从u变成$u - 8$ km/h,之后又加速至原速度u。头车的这种速度波动将在车队中不稳定地传播。从图中可以看到,在头车发生第一次波动后大约24 s时,第7辆与第8辆车之间的车间距离为零,即车头间距等于车辆长度,此时即发生碰撞。

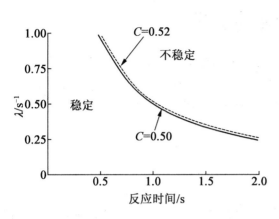
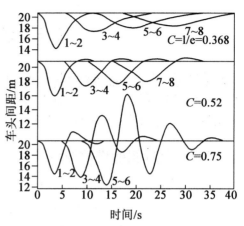

图 5.4 渐进稳定性区域　　　　图 5.5 线性跟驰模型车队中车头间距随时间的变化

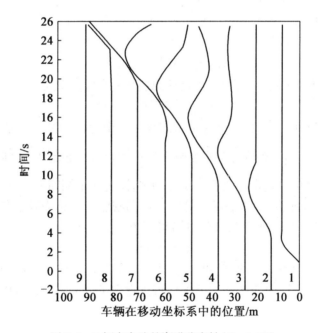

图 5.6　9 辆车车队的渐进稳定性（$C=0.80$）

3. 次最近车辆的配合

跟驰行驶的车辆除了受最近车辆（直接在其前面的车辆）影响之外，还会受次最近车辆（在其前面的第二车辆）的影响，将其列入模型中，则跟驰模型可改写成如下形式：

$$\ddot{x}_{n+2}(t+T) = \lambda_1 [\dot{x}_{n+1}(t) - \dot{x}_{n+2}(t)] + \lambda_2 [\dot{x}_n(t) - \dot{x}_{n+2}(t)] \quad (5.13)$$

式中　λ_1——跟驰车辆驾驶员对最近车辆刺激的反应强度系数；

λ_2——跟驰车辆驾驶员对次最近车辆刺激的反应强度系数。

实验分析认为在车辆跟驰行驶过程中，只有最近车辆对跟驰车辆有明显的影响，次最近车辆的影响可以忽略不计。

5.3 稳态流分析

满足局部稳定性和渐进稳定性要求,即不发生恒幅和增幅波动的交通流为稳态流。本节利用单车道车辆跟驰模型讨论稳态流的特性,对不同的交通流状态对跟驰模型进行必要的扩充和修正,并由此推导相应的速度-间距(或速度-密度)、流量-密度关系式。

5.3.1 线性跟驰模型分析

为了讨论方便,重写式(5.7)如下

$$\ddot{x}_{n+1}(t+T) = \lambda [\dot{x}_n(t) - \dot{x}_{n+1}(t)] \quad (n=1,2,3,\cdots)$$

运动过程中车队将从一种稳定状态进入另一种随机稳定状态,为了使两种稳定状态联系起来,先假定在 $t=0$ 时每一辆车的速度为 u_1,车头间距为 s_1。头车在 $t=0$ 时速度开始改变(加速或减速),在一段时间 t 后其最终速度变为 u_2。取 $C = \lambda T = 0.47$,交通流是稳定的,因此车队中每一辆的速度最终将达到速度 u_2。在速度由 u_1 向 u_2 转变的同时,车头间距也从 s_1 变化到 s_2,由式(5.11)得

$$s_2 - s_1 = \lambda^{-1}(u_2 - u_1) \tag{5.14}$$

车头间距是交通流密度 k 的倒数,于是得到速度-密度关系式:

$$k_2^{-1} = k_1^{-1} + \lambda^{-1}(u_2 - u_1) \tag{5.15}$$

可知,式(5.14)和(5.15)把一个稳定状态和另一个随机不稳定状态联系了起来,建立了包含 $q = ku = \lambda\left(1 - \dfrac{k}{k_j}\right)$ 车辆跟驰微观参数 λ 在内的宏观交通流变量之间的关系。

对于停车流,$u_2 = 0$,相应的车头间距 s_0 由车辆长度和车辆间的相对距离构成,车辆的有效长度(或停车安全距离)用 L 表示。对应于 s_0 的密度 k_j 被称为阻塞密度。给定 k_j,对于任意交通状态,速度为 u,密度为 k,式(5.15)可写为

$$u = \lambda(k^{-1} - k_j^{-1}) \tag{5.16}$$

将此公式与单车道交通实验观测结果对比,如图 5.7 所示,可以得出 λ 的估计值 0.60 s^{-1}。根据渐进稳定性标准:$C = \lambda T < 0.5$,可以得出 T 的上限约束为 0.83 s。

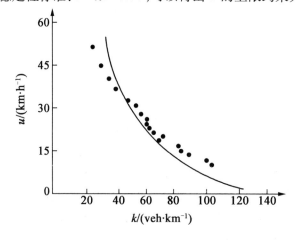

图 5.7 速度-密度关系图(最小二乘法拟合)

由式(5.16)可以得到如下流量 - 密度关系式：

$$q = ku = \lambda\left(1 - \left(\frac{k}{k_j}\right)\right) \tag{5.17}$$

由于模型是线性的,并不能很合理地描述流量和密度这两个基本参数的变化特征,图 5.8 利用与图 5.7 中相同的数据进行说明。为了使结果更具客观性,图中应用的是标准化的流量和标准化密度,直线为式(5.17)标准化后的图示。所谓标准化,就是利用观测或计算所得的绝对值与对应的最佳值(最大流量)之比,标准化密度即是实际密度与最大密度(阻塞密度)之比。

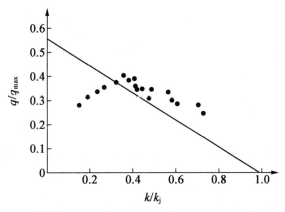

图 5.8　标准流量与标准密度关系图

5.3.2　非线性跟驰模型分析

线性跟驰模型假定驾驶员的反应强度与车间距离无关,即对给定的相对速度,不管车间距离大小(5 m 或 10 m),反应强度都是相同的。实际上,对于给定的相对速度,驾驶员的反应强度应该随车辆间距的减小而增大,这是因为驾驶员在车辆间距较小的情况相对于车辆间距较大的情况更紧张,因而反应的强度也会较大。为了考虑这一因素,可以认为反应强度系数 λ 并非常量,而是与车头间距成反比的,由此得出如下的非线性跟驰模型。

1. 车头间距倒数模型

这种模型认为反应强度系数 λ 与车头间距成反比,即

$$\lambda = \lambda_1/s(t) = \lambda_1/[x_n(t) - x_{n+1}(t)] \tag{5.18}$$

这里 λ_1 是一个新参数,假定为常量。将式(5.18)代入式(5.8),得如下跟驰方程：

$$\ddot{x}_{n+1}(t+T) = \frac{\lambda_1}{x_n(t) - x_{n+1}(t)}[\dot{x}_n(t) - \dot{x}_{n+1}(t)] \tag{5.19}$$

同前,假定这些参数来自稳态流,方程通过积分得到速度 - 密度的如下关系：

$$u = \lambda_1 \ln(k_j/k) \tag{5.20}$$

流量 - 密度的关系为

$$q = \lambda_1 k \ln(k_j/k) \tag{5.21}$$

由此可知 $u = 0$ 时,车头间距等于车辆的有效长度,即：$L = k^{-1}$。

利用图5.7和图5.8中的数据,结合交通流参数的稳态关系式(式(5.20)和式(5.21)),可以得到图5.9和5.10。用最小二乘法对数据进行拟合,得到λ_1和k_j的值分别为27.1 km/h和142 veh/km。经推导,密度为$e^{-1}k_j$时流量最大,为$\lambda_1 e^{-1}k_j$,该最大流量即为通行能力,代入λ_1可得此条件下的通行能力近似为1 400 veh/h。

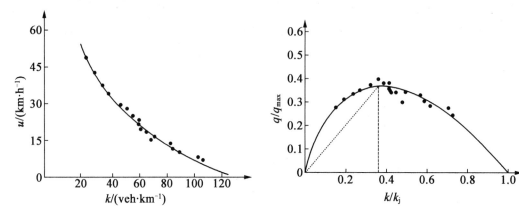

图5.9 速度-密度关系图(最小二乘法拟合)　　图5.10 标准流量与标准密度关系图(参数由图5.9拟合)

分析式(5.21),在$k=0$时,正切值dq/dk趋于无穷大(从图5.10也能看出),这是不合理的。实际上,低密度情况下的车头间距很大,车辆间的跟驰现象已变得很微弱。

2. 正比于速度的间距倒数模型

除了上述对模型的修改形式以外,还可以做另一种修改。即分析驾驶员的反应过程,认为反应强度除和车头间距有关外,还与车速有关,高速时反应强度应该比低速时大,这同样是由于速度高时驾驶员的紧张程度高,反应强度自然也大。为此,可认为反应强度系数λ不仅与车头间距成反比,还与车辆速度成正比,得到如下的跟驰模型。

对反应强度系数做如下修改:

$$\lambda = \frac{\lambda_2 \dot{x}_{n+1}(t+T)}{[x_n(t) - x_{n+1}(t)]}$$

λ_2为新参数,假定为常量。则跟驰模型变为如下形式:

$$\ddot{x}_{n+1}(t+T) = \frac{\lambda_2 \dot{x}_{n+1}(t+T)}{[x_n(t) - x_{n+1}(t)]^2}[\dot{x}_n(t) - \dot{x}_{n+1}(t)] \quad (n=1,2,3,\cdots) \quad (5.22)$$

利用车头间距和密度的倒数关系对此式积分,如果最大流量时的速度(最佳速度)取为$e^{-1}u_f$,则系数λ_2为k_m^{-1},相应地我们可以得到如下的稳态方程:

$$u = u_f e^{-k/k_m} \tag{5.23}$$

$$q = u_f k e^{-k/k_m} \tag{5.24}$$

式中　u_f——自由流速度,即密度趋于零时的速度;

　　　k_m——最大流量时的密度(最佳速度)。

为了更完整地说明交通流速度在低密度下与车辆密度无关,速度-密度关系可以写成

$$u = u_f \quad (0 \leq k \leq k_f) \tag{5.25}$$

$$u = u_f \exp\left[-\left(\frac{k-k_f}{k_m}\right)\right] \quad (k \geq k_f) \tag{5.26}$$

其中 k_f 是车辆间刚要产生影响时的密度,超过此值交通流速度将随着密度的增大而减小,如果假定影响刚发生时的间距为 120 m,那么 k_f 的值近似为 8 veh/km。

5.4 跟驰模型研究综述

自 20 世纪 50 年代以来,国外的学者对车辆跟驰模型进行了大量、系统的研究,发表了众多的研究成果,主要可以分为以下几类:行驶动力学模型、安全距离模型、生理-心理模型。近年来,又涌现出了模糊推理模型和元胞自动机模型。

5.4.1 行驶动力学模型

行驶动力学模型是 20 世纪 50 年代后期逐渐发展起来的车辆跟驰模型。假设车辆在 22.86 m(75 ft)以内未越车或变换车道的状况下,由行驶动力学模型(Driving Dynamic Model)推导而来,并引入"反应($t+T$) = 灵敏度 × 刺激(t)"的观念。其中反应以后车的加速度或减速度用 a 表示,刺激以后车与前车的相对速度用 v 表示,灵敏度则视模型的应用特性不同而有所差异。其一般表达式为

$$a_{n+1}(t+T) = cv_{n+1}^m(t+T)\frac{\Delta v(t)}{\Delta x^l(t)} \tag{5.27}$$

式中 $a_{n+1}(t+T)$ ——$t+T$ 时刻第 $n+1$ 辆车之间的加速度;

$\Delta v(t)$ ——t 时刻第 n 辆车与第 $n+1$ 辆车之间的速度差;

$\Delta x(t)$ ——t 时刻第 n 辆车与第 $n+1$ 辆车之间的距离;

c,m,l ——常数。

模型基本假设:驾驶员的加速度与两车的速度差成正比,与两车车头间距成反比,与自身速度也存在直接的关系。GM 模型清楚地反映车辆跟驰行驶的制约性、延迟性及传递性。

20 世纪 50 年代后期在底特律的通用汽车研究实验室,由 Chandler,Herman 和 Montroll 最终推导出这个公式的第一个原型,与此同时在日本进行研究的 Kometani 和 Sasaki 也得出了同样的结论。随后在试验跑道上进行的一次跟驰试验对此模型进行了初次标定,通过分析试验数据发现,在假设速度差与加速度呈线性关系条件下得到两个结论:第一,车头间距对加速度的影响很小,可以忽略不计,从而产生了一个 GM 子模型,即 $l=m=0$;第二,反应时间 T 的取值范围为 1.0~2.2 s,但其标准差变化幅度比较大(0.17~0.74 s)。

随后,GM 模型得到非常迅速的发展,1959 年 Herman,Montroll 和 Potts 进一步认为:造成同一个速度差 Δv 产生不同相关系数的原因是由于驾驶员在加(减)速过程中存在不可避免的自然波动,驾驶员不可能在油门上施以非常精确的压力以产生理想的加速度。试验跑道上的试验表明,4 个驾驶员为了保持相同的恒定速度,油门上压力的波动在 ±0.01g(g 为重力加速度)范围内,标准差约为 2%。这种波动与速度的大小是没有关系的。

同一年,Cazis,Herman 和 Potts 尝试在微观模型的基础上描述速度-流量关系的宏观模

型。这种基于微观模型的宏观关系和当时应用的宏观关系之间存在差异,这些差异导致了一些假设,即将$\frac{1}{\Delta x}$和灵敏度c合并为$\frac{c}{\Delta x}$来最小化两种方法的差异,这样就得到了一个新模型$m=1,l=1$。Herman 和 Potts 进行了一系列新的试验,试验结果表明当车头间距在 15～50 m 之间波动时,可以得到一个较以往更能符合实际的车辆跟驰模型($m=1,l=1$),相关系数变化范围为 0.8～0.98,平均反应时间 T 为 1.2 s。相比以前的灵敏度常数 $c=8.35$ m/s($c=27.4$ ft/s),新的灵敏度常数 $c=6$ m/s($c=19.86$ ft/s)。

1960 年,Edie 尝试用一些宏观数据拟合 $m=0,l=1$ 模型,所用的方法与 Gazis,Herman 和 Potts 相似。研究发现:应该引入速度变量对灵敏度常数进行修正,这样就产生了一个新模型 $m=1,l=1$。次年,Gazis,Herman 和 Rothery 通过分别引入不同的 m 和 l,发现最可信的一些组合路径 $m=0$～$2,l=1$～2 范围内。Edie 模型被证明在密度趋近于零时,能够预测到一个自由变速度,因此该模型能够比较好地描述低流率交通流。这次研究第一次提出了用两个独立的模型去描述交通流,一个描述非拥挤状态,一个描述拥挤状态。

随后的 15 年中人们进行了许多类似的研究。这些研究都尝试着去标定 m 和 l 之间的最佳组合。这些研究中值得一提的是下面的研究成果:

May 和 Keller 通过分析一组新的数据发现了一个最佳整数组合 $m=1,l=3$,同时也提出了一个非整数的组合 $m=0.8,l=2.8$。

Heyes 和 Ashworth 尝试着将 GM 的一般模型和 Michaels 提出的感知模型结合起来考虑。模型中,刺激被$\frac{\Delta v}{\Delta x^2}$代替,灵敏度常数变为 Δt^p,为 0.8。这个模型与 $m=-0.8,l=1.2$ 的 GM 模型非常相似。

Ceder 和 May 用了与以往相比更多的数据,发现了一个最佳组合 $m=0.6,l=2.4$。他们的主要进展在于采用"两阶段"模型来描述交通流,这种方法比以往的单阶段模型能更好地拟合实测数据。他们用 $m=0,l=3$ 模型来描述非拥挤状态的交通流,用 $m=0,l=0$～1 来描述拥挤状态的交通流。

Treiterer 和 Myers 在微观上对 GM 模型进行了进一步标定。他们根据驾驶员所采取的不同驾驶动作,将跟驰过程中驾驶员加速和减速阶段分为两个独立的过程,得到两个不同的模型;加速过程模型为 $m=0.2,l=1.6$;减速过程模型为 $m=0.7,l=2.5$。

与此同时,Hoefs 提出:加速过程模型为 $m=1.5,l=0.9$,没有进行制动的减速过程模型为 $m=0.2,l=0.9$,进行了制动的减速过程模型为 $m=0.6,l=3.2$。当跟驰驾驶员感知到车头间距及相对速度差异过大时,会加速接近前车以缩短车头间距,逐渐由不受影响状态进入受影响状态;当跟驰驾驶员感知到过于接近前车而不安全时,则减速以加大车头间距;减速后的车头间距若不合乎跟驰驾驶者的期望则再加速。整个系统就在车辆不断加减速的自我调整过程中达到稳定跟驰状态。此种驾驶行为会表现出两种独特的跟驰现象:跟驰过程处于一个微幅振荡调整车头间距与速度差的系统中;在各反应状态下,具有如抛物线形式的反应阈值界限,如图 5.11 所示。

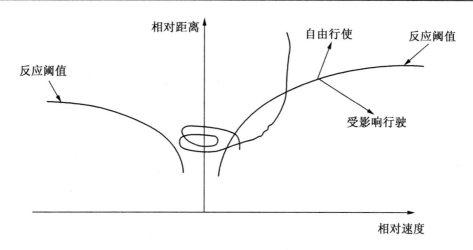

图 5.11 同一车道相对运动过程示意图

Ceder 也提出了一个改进的 GM 模型。模型中传统的灵敏度项 $v^m/\Delta x^l$ 被 $A^{s/\Delta x}/\Delta x^2$ 代替。这里 s 为阻塞时的车头间距。在自由行驶状态时 A 取 0,跟驰状态时 A 取 1～10 之间的数值。Ceder 在后来发表的文章中尝试在微观方面调整他的假设,他根据 Gordon 和 Hoefs 的"GM 一般模型不能产生螺旋轨迹"的观点,断言 GM 一般模型是错误的。但事实并非如此,在一定的条件下,GM 一般模型可以产生"螺旋轨迹"。

自从 20 世纪 70 年代后期以来,人们对 GM 模型的研究和标定越来越少。仅有两个研究值得注意:

(1) Aron 通过分析在巴黎采集到的一般条件下的车辆跟驰数据,将候车驾驶员的反应分为三个阶段:减速阶段、稳定跟驰阶段、加速阶段。研究发现,减速阶段模型为 $c=2.45$,$m=0.655$,$l=0.676$;稳定跟驰阶段模型为 $c=2.67$,$m=0.26$,$l=0.5$;加速阶段模型为 $c=2.46$,$m=0.14$,$l=0.18$。

(2) Ozaki 通过分析得到 GM 模型的如下参数组合:减速阶段模型为 $c=1.1$,$m=0.9$,$l=1.0$;加速阶段模型为 $c=1.1$,$m=-0.2$,$l=0.2$。应该注意到,参数的取值比较小,这可能是由于对每辆车的观测时间较短,小于 10 s 的缘故。

GM 模型形式简单,物理意义明确,作为早期的研究成果,具有开创意义,许多后期的车辆跟驰模型研究都源于刺激-反应基本方程,但是 GM 模型的通用性较差,现在较少使用 GM 模型,这是因为在确定 m 和 l 的过程中存在大量的矛盾之处。造成矛盾的原因可能有两个:第一,跟驰行为非常易于随着交通条件和交通运行状态的变化而变化,至少在微观方面已经被 Rockwell 和 Treiterer 证明;第二,大量的研究和试验是在低速度和停停走走的交通运行状态中进行的,而这种状态的交通流不能很好地反映一般的跟驰行为。研究普遍认为,前后车的速度差是影响刺激的主要因素之一,且影响程度大体一致,而对刺激和 $\frac{1}{\Delta x}$ 的关系的认识却出现了分歧。Chandler 和 Ozaki 认为 $\frac{1}{\Delta x}$ 对刺激没有贡献或贡献很小,而 Hoefs 认为 $\frac{1}{\Delta x}$ 对刺激在加速阶段影响较大,减速阶段影响较小,Treiterer 和 Myers 认为 $\frac{1}{\Delta x}$ 对刺激在加速阶段影响较小,减速阶段影响较大。迄今为止仍然缺乏有力的证据来证明$\frac{1}{\Delta x}$与刺激之间的关系。由于缺乏有力的证据来证明$\frac{1}{\Delta x}$与刺激之间的关系,导致了该模型渐渐被人忽略,直到1995年Low和Addison尝试从另一个角度来研究GM模型,他们以$c=0.3, m=0, l=1$模型为起点,同时又在模型后加上一个修正项,即实际车头间距和理想车头间距之差的立方项,取理想车头间距为30 m,遗憾的是至今为止仍未用实测数据对该模型进行标定。另外,根据GM模型,无论前后车相距多远都存在影响关系,当前后车速相同时允许两车的车头间距无限减少直至为零,这显然是不合理的。

表5.1列出了各研究者给出的GM模型的参数组合。

表5.1 GM模型参数组合汇总表

来源	m	l
Chandler,herman 和 Montroll	0	0
Gazis,herman 和 Potts	0	1
Herman 和 Potts	0	1
Edie	1	1
Gazis,herman 和 Rothery	0~2	1~2
May 和 Keller	1	3
May 和 Keller	0.8	2.8
Heyes 和 Ashworth	-0.8	1.2
Ceder 和 May	0.6	2.4
Ceder 和 May(非拥挤,拥挤)	0/0	3/0~1
Treiterer 和 Myers(减速,加速)	0.7/0.2	2.5/1.6
Hoefs(非制动减速,制动加速,加速)	0.2/0.6/1.5	0.9/3.2/0.9
Aron(减速,稳定跟车,加速)	0.66/0.26/0.14	0.68/0.5/0.18
Ozaki(减速,加速)	0.9/-0.2	1/0.2

Helly在Chandler,Herman和Montroll提出的GM模型基础之上提出的线性模型考虑了前面第一辆车是否制动减速对后车加速度的影响,模型如下:

$$a_n(t) = C_1 \Delta v(t-T) + C_2[\Delta x(t-T) - D_n(t)] \quad (5.28)$$

$$D_n(t) = \alpha + \beta v_n(t-T) + \gamma a_n(t-T) \quad (5.29)$$

式中 $D_n(t)$——期望跟驰距离;

$C_1, C_2, \alpha, \beta, \gamma$——参数。

Helly认为C_1与车头间距变量$1/\Delta x$、反应时间T有关,由此得到$m=0, l=1$的GM模型。

Hanken和Rockwell及Rockwell,Emst和Hanke对线性模型进行了进一步的研究和标定。他们分别在"理想"的道路和拥挤的城市街道上进行试验,发现随着跟驰时间持续加长,后车反应时间变小了,似乎驾驶员可以预测反应。此后的仿真显示,尽管该模型能够较好地描述加速度较小状态下的交通流,但是当前车的扰动加大时,模型产生明显的错误,即产生明显大于实测的车头时距。

Bekey,Burnham 和 Seo 在 20 世纪 70 年代中期再次利用线性模型,尝试用源于最优控制系统设计原理的传统模型推导出新的车辆跟驰模型。该模型利用 Treiterter 和 Myers 的航测数据对模型进行标定。结果显示后车能够很好地重复前车的加减速轨迹,但加速阶段和减速阶段之间的变化过于平滑;同时也注意到,反应时间非常短,很可能是由于"后车驾驶员观察其前方 2~3 辆车"的缘故;这表明驾驶员可以通过判断前面 2~3 辆车的状态作为自己跟驰的依据,其模型表达式如下:

$$a(t+0.1) = 1.64(x - 1.14v) + 0.5v \tag{5.30}$$

Aron 也对线性模型进行了深入的研究。他将调查的数据分为加速和减速两个阶段。研究发现 Δx 对加速度的影响在这两个阶段几乎是一致的,且为一常数,约为 0.03。而 Δx 对加速度的影响则不同,减速阶段约为 0.36,稳定跟驰状态约为 1.1,加速阶段约为 0.29。他将该模型应用于 SITRA – B 系统中,来重点解决城市道路网络中各种低速交通流的问题。最近,Xing 在线性模型和 GM 模型的基础上提出了一个新的复杂的模型,该模型主要包括四项:"标准"驾驶状态、从标准排队开始的加减速状态、坡度影响状态、自由行驶状态。对于"标准"驾驶状态有如下关系式:

$$a = \alpha \frac{\Delta v(t-T)}{\Delta x(t-T_1)^l} + \beta \frac{\Delta x(t-T_2) - D_n[v(t-T_2)]}{\Delta x(t-T_2)^m} - \gamma \sin\theta + \lambda(V_n - v_n) \tag{5.31}$$

$$D_n(v) = a_0 + a_1 v_n + a_2 v_n^2 + a_3 v_n^3 \tag{5.32}$$

式中 V_n——车辆 n 的期望车速。

Hogema 在其提出的线性模型中,认为期望车头间距应是车速的二次函数。

$$a_n(t) = C_1 \Delta v(t-T) + C_2[\Delta x(t-T) - D_n(t)] \tag{5.33}$$

$$D_n(t) = \alpha + \beta v_n(t-T) + \gamma v_n(t-T)^2 \tag{5.34}$$

对于 GM 模型的评价同时也适用于线性模型,但需注意两个不同点:第一,关于 Δx 对加速度的影响,在不同的试验中竟表现出惊人的一致性;第二,在所有的试验中,Δx 对加速度的影响较 GM 模型小 4~10 倍。很明显地表现出与 Δv 和 v 不相关。Helly 验证,在速度为 100 km/h 时,期望车头时距约为 1.2 s;Hanken 和 Rockwell 验证的结果是期望车头时距约为 1.8 s;Bekey,Burnham 和 Seo 验证的结果是期望车头时距为 1.14 s。尽管线性模型较 GM 模型有以上优势,但是它的通用性还是较差。

5.4.2 安全距离模型

安全距离模型也称防撞模型(Collision Avoidance Models,CA 模型),该模型最初由 Kometani 和 Sasaki 提出,模型最基本的关系并非 GM 模型所倡导的刺激 – 反应关系,而是寻找一个特定的跟驰距离(通过经典牛顿运动定律推导出)。如果前车驾驶员做了一个后车驾驶员意想不到的动作,当后车与前车之间的跟驰距离小于某个特定的跟驰距离时,就有可能发生碰撞。最初模型为

$$\Delta x(t-T) = \alpha v_{n-1}^2(t-T) + \beta_l v_n^2(t) + \beta v_n(t) + b_0 \tag{5.35}$$

式中 $\alpha, \beta, \beta_l, b_0$——参数。

Gipps 对此模型的研究取得了重大突破,提出了如下模型:

$$v_n(t+T) = \min\{v_n(t) + 2.5a_n T[1 - v_n(t)/V_n][0.025 + v_n(t)/V_n]^{1/2}$$
$$b_n T(n-1) + \sqrt{[b_n^2 T^2 - 2b_n[x_{n-1}(t) - s_{n-1} - x_n(t) - v_n(t)T] - b_n v_{n-1}^2(t)/\hat{b}]}\} \tag{5.36}$$

式中 a_n——车辆 n 的驾驶员所愿意采用的最大加速度;

b_n——车辆 n 的驾驶员所愿意采用的最大减速度;

s_{n-1}——车辆 $n-1$ 的效用尺寸,其值等于车身长度加停车间距;

$\hat{b}$——车辆 n 的驾驶员认为车辆 $n-1$ 会采用的最大减速度。

上式右端共有两项:第一项由两个限制条件合并而成,即期望车速限制和由汽车动力特性决定的加速度限制,当该项对大多数车辆起作用时,交通流处于自由行驶状态;第二项是防止碰撞限制,当它起作用时,交通流处于拥挤状态。$v_n(t+T)b_n = \hat{b} = -3 \text{ m/s}^2 T$,$v_n(t+T)$ 取值可以在两式之间平滑地转换。Gipps 没有标定该模型的参数,而是假设 $v_n(t+T)b_n = \hat{b} = -3 \text{ m/s}^2$ 进行仿真,结果发现该模型既能在两辆车之间产生扰动的传播,也能在车队中产生扰动的传播。

UTSC-1 算法属美国早期的限制车辆跟驰模型,该算法假设前车采取紧急制动行为,后车在经历反应时间 T 后,不发生追尾碰撞,以汽车动力学构造公式:

$$a_{n+1} = \{7[x_n(t) - x_{n+1}(t) - x_{n+1}(t)T - L] + [2v_n(t)^2 - 3v_{n+1}(t)^2]/6\}/[v_{n+1}(t) + 3] \tag{5.37}$$

此后,在 UTSC-1 算法上进行了改进,在不发生追尾碰撞的前提下,后车将与前车保持一定的期望跟驰距离,使车辆保持稳定的跟驰行驶,这就是 PTT 算法。

$$a_{n+1} = 2\{x_n(t+T) - x_{n+1}(t) - L - 10 - v_{n+1}(t) \times (k+T) - bk[v_n(t+T) - v_{n+1}(t)]^2\}/(T^2 + 2kT) \tag{5.38}$$

式中 $b = \begin{cases} 0.10, [v_n(t) - v_{n+1}(t)] \leq 10 \\ 0, [v_n(t) - v_{n+1}(t)] > 10 \end{cases}$

安全距离模型在计算机仿真中有着广泛的应用。如英国交通部 McDonald,Brockstone 和 Jeffery 的 SISTM 模型,意大利、法国的 SPACES 模型,美国 Benekohal 和 Treiterer 的 INTRAS 和 CARSIM 模型。1995 年,日本的 Kumamoto,Tenmoku 和 Shimoura 也应用此类模型进行仿真。这类模型之所以有如此大的吸引力,部分原因在于可以用一些对驾驶行为一般感性假设来标定模型。大多数情况只需知道驾驶员将采用的最大制动减速度,就能满足整个模型的需要。尽管该模型能够得出可以令人接受的结果,但仍有许多问题有待解决,例如,避免碰撞的假设在模型的建立中是合乎情理的,但与实际情况存在着差距;在实际的交通运行中,驾驶员在很多情况下并没有保持安全距离行驶,造成这种情况的原因是多方面的,如驾驶员可以看到前方不只是一辆前导车,还有其他车辆及诸如远方信号灯等交通信息,驾驶员综合判断这些信息后,能及时对前导车的变化做出反应。因此,当利用基于安全间距的车辆跟驰模型进行通行能力分析时,很难与实际最大交通量吻合。

5.4.3 模糊推理模型

近年来在车辆跟驰模型的发展过程中,最值得注意的是模糊推理理论在车辆跟驰模型研究中的应用。该类模型主要通过驾驶员未来的逻辑推理来研究驾驶行为。这类模型的最大特色是将模型的输入项分为相互重叠(部分重叠)的若干个模糊集,每个模糊集用来描述各项的隶属度。例如,一个模糊集可以用来描述或量化车头时距"太近",若车头时距小于 0.5 s,则"太近"这个模糊集的隶属度或真实度就为 1;若车头时距大于 2 s,则"太近"这个模糊集的隶属度或真实度就为 0;中间的数值表示了真实度或隶属度的等级,一旦定义清楚隶属度的等级,就可以通过逻辑推理得到输出模糊集,例如,如果近而且继续近那么就制动。根据实际运行过程来估计输出结果的状态值,作为所有计算结果的总和。

最初,Kikuchi 和 Chakroborty 用模糊推理方法来研究车辆跟驰模型是将传统 GM 模型中的 $\Delta x, \Delta v$ 和 a_{n-1} 模糊化。该方法将 $\Delta x, \Delta v$ 和 u_{n-1} 作为输入模糊集,并将每个模糊集分为六个等级,三个模糊集之间彼此相关。首先,根据 v_{n-1} 结合车头时距的大小来设定 Δx 集的等级,然后假设模糊推理机制的运行规则,即第 n 辆车与第 $n-1$ 辆车保持相同的加速度,同时加上一个 Δx 项。模糊推理模型的具体表达如下:

$$\text{IF} \quad \Delta x = 'ADEQUATE' \quad \text{THEN} \quad a_{n,i} = (\Delta v_i + a_{n-1,i} xT)/\gamma \tag{5.39}$$

式中 T——反应时间,取 1 s;

γ——后车驾驶员希望在 γ 时间内能够跟上前车,取 2.5 s。

如果 $\Delta x \neq ADEQUATE$,那么根据 $ADEQUATE$ 变化的大小,a_i 将滑入其邻域中去,Δx 每减少一个等级,a_i 将减少 0.3 m/s²;Δx 每增加一个等级,a_i 将增加 0.3 m/s²,模型表达式变为

$$a_{n,i} = (\Delta v_i + a_{n-1,i} xT)/\gamma + 0.3\Delta x \tag{5.40}$$

基于模糊机理的车辆跟驰模型出现后近年来发展较快,该模型主要通过推理驾驶员未来的逻辑阶段来研究驾驶员的驾驶行为,核心仍是刺激-反应关系。与传统 GM 模型相比,该模型具有局部稳定性:尽管该模型在总体上能够预测"反应"的变化,但有两个因素可能导致与实际有较大的出入——一个是该模型认为能够精确地得出 a_i 为 0.3 m/s²;另一个是已经从线性模型中得知 Δx 对加速度的影响非常小。此外,该模型认为稳定跟驰距离仅与稳定跟驰状态的车速有关而与初始跟驰距离和车速无关,这些都有值得商榷之处。

近些年该领域的研究主要包括:Rekersbrink 模糊化的 MISSION 模型;Yikai 等 MITRAM 模型中的微观模型;Henn 的 TRAFFIC-JAM 模型。但是这些研究都没去标定模型中最重要的部分——模糊集,只有最近 Brackstrone 等做了些主观性的标定。

5.4.4 元胞自动机模型

1. 元胞自动机理论

元胞自动机理论是研究非线性现象的强有力的理论,自产生以来对元胞自动机的研究已经成为一个重要的研究课题和核心理论。元胞自动机理论在交通系统研究的应用始于 20 世纪 80 年代——1986 年,Cremer 和 Ludwig 首次将元胞自动机理论运用到车辆交通的研

究中,进入90年代后元胞自动机开始迅速发展,近年来运用元胞自动机理论的交通流模型越来越多地应用于大系统的交通流模拟研究。

交通流元素本质上是离散的,用元胞自动机来研究交通,可避免"离散—连续—离散"的近似过程,故具有其独特的优越性。

2. 交通流元胞自动机模型

交通流元胞自动机模型的理论基础是物理学中的统计力学,它通过模拟车辆的微观行为来描述相应的宏观交通流的特征。在交通系统中的元胞自动机模型是这样的:时间及车辆的位置、速度、加速度都被认为是离散的变量,一条道路就用一维的格子链来表示,每一个格子代表一个元胞,这个元胞或是空的或是只能被一辆车占据,每个元胞被赋予一定的数值,代表该元胞的物理状态,速度定义为车辆在一个时步内向前移动的格点数。系统的状态就按照一个定义好了的规则来进行更新。

交通流元胞自动机模型大致分为两大类:研究高速公路的一维交通流模型和研究城市交通网的交通流模型。这两类模型中最为著名的模型是 NaSch(Nagel-Schreckenberg)模型、FI(Fukui-Ishibashi)模型,它们都是以 wolfram 的 184 号模型为基础而建立起来的模型。

(1) 184 号模型。

Wblftam 提出的 184 号模型是能够体现交通流特性的最简单的模型,该模型把道路视为含有 L 个格点的一维格点链,所有的车辆行进方向相同,整个系统采用周期性边界条件以保持车辆数守恒。系统的更新规则为:在每一时步内如果某一车辆的前方最近邻的格点为空,则在下一时刻该车辆可向前移动一个格点,否则停在原地不动,即使前方的车在此时步中离开,该车也原地不动。由其更新规则可知,该模型只考虑某格点与其前后最近邻格点间的相互作用,即某个格点在下一时刻的状态(是否有车辆占据)都由它本身及前后最近邻格点共三个格点在此时刻的状态确定。

在进行数值模拟时,取每一个格点有两种状态:"0"或"1",它们分别对应空态和被车辆占据态,车辆的运行规则可形象地表示为表 5.2 的形式。

表 5.2 184 号模型的演化规则

t 时刻	111	110	101	100	011	010	001	000
$t+1$ 时刻	1	0	1	1	1	0	0	0

将此规则以二进制表示为 10111000,写成十进制即为 184,所以称为 184 号规则。

该模型虽然简单,却能够很好地描述车辆自由运动相与局部堵塞相之间的相变现象,所以成为后来许多元胞自动机交通模型发展的基础。

(2) NaSch 模型。

Nagel 和 Schreckenberg 在 1992 年提出了 NaSch 模型,是最经典的一维道路元胞自动机模型之一。在该模型中,时间、空间、速度都被整数离散化。令 v_n,x_n 表示第 n 辆车的速度和位置,车辆 n 从 t 到 $t+1$ 时刻的更新步骤如下:

① 加速:$v_n \to \min(v_n+1,v_{\max})$,体现实际交通中驾驶者的加速愿望,$v_{\max}$ 为车辆的最大速

度;

②减速:$v_n \to \min(v_n, d_n)$,体现驾驶者为避免撞车而减速,d_n 为第 n 辆车与其前车的间距;

③随机慢化:以概率 p,$v_n \to \max(v_n - 1, 0)$,体现由各种不确定因素造成的车辆减速;

④位置更新:$x_n = x_n + v_n$,车辆按照调整后的速度向前行驶。

采用并行更新的规则。NaSch 模型虽然形式十分简单,却可以描述一些实际的交通现象。后来提出的许多元胞自动机模型都是基于 NaSch 模型改进而来,例如改进了加速规则的 FI 模型等。

(3) 双车道元胞自动机模型。

上述单车道元胞自动机模型的建模思想仍为跟驰,而实际交通中道路大都为多车道,换道超车的现象十分常见。针对这一问题,一些学者通过引入换道规则建立了双车道模型。双车道元胞自动机模型在每个时间步的更新过程一般分为两步:首先,车辆按照换道规则进行换道;换道之后,车辆按照单车道的更新规则向前行驶。通常来说,换道行为是由某种动机所驱使的,例如驾驶者希望换到行驶条件更好的车道上以提高行驶速度,或者由于某些突发状况(比如前方出现事故)而被迫换道。换道的另一个前提条件是保证安全,即避免发生撞车。例如,一种常用的对称双车道元胞自动机模型的换道规则由下面两个条件组成:

①换道动机:$d_n < \min(v_n + 1, v_{\max})$ 且 $d_{n,\text{other}} > d_n$;

②安全条件:$d_{n,\text{back}} > d_{\text{safe}}$。

其中 d_n 为第 n 辆车与当前车道上前车的间距,$d_{n,\text{other}}(d_{n,\text{back}})$ 为第 n 辆车与另一车道上相应的前车(后车)的间距,d_{safe} 为安全距离。该规则表明,当前车道上的车头间距不能满足司机的加速愿望,而另一车道上的状况比当前车道更好,同时该车与另一车道上相应的后车间距大于安全距离,那么车辆可以选择换到另一车道上来。

元胞自动机模型对交通系统的描述实践了一种用离散化模型描述离散化问题的思想,避免了流动比拟下确定性方程的严格假设及求解离散化对真实信息的损失。但是元胞自动机模型的假设与实际的驾驶行为还存在着较大的差距,如何将元胞自动机模型与交通实际联系起来,还需要做大量的工作。

5.4.5 生理-心理模型

生理-心理模型也称反应点模型(Action Point Models, AP 模型),是一种跟驰决策模型。该模型用一系列阈值和期望距离体现人的感觉和反应,这些界限值划定了不同的值域,在不同的值域,后车与前车存在不同的影响关系。

1963 年,Todsiv 在研究 $\Delta a - \Delta v$ 相位图时发现,相对加速度只是在被称为作用点(Action Point)的地方才改变,他认为驾驶员的速度感知阈值是这些作用点产生的根源。速度感知阈值被定义为在一定的视觉样本时间和一定的车头时距下,驾驶员以一定的概率所能感知到的临界相对速度。通过对速度感知阈值的研究发现,在同样的车头时距下,正的临界相对速度大于负的临界相对速度,这样就导致了车头时距向大的方向漂移。驾驶员为了解决这个问题,会采用一个负的相对速度,直至两车车头时距达到一个较小值后,再降低车速。Todosiv 通过假设驾驶员随机采取不同的视觉样本时间,由相应的临界曲线,确定了驾驶员的作用点。

Michaels 通过分析驾驶员生理和心理的一些潜在因素,认为驾驶员通过分析视野中前车尺寸大小的改变,即前车在驾驶员视觉中投影夹角的变化,感知前后车相对速度。推导过程如下。

在小视角的情况下,
$$w = R\theta \tag{5.41}$$
式中　w——观察目标的宽度;
　　　R——观察者与目标之间的距离;
　　　θ——视角。

将 $w = R\theta$ 对 t 求导,得
$$\theta dR/dt + R d\theta/dt = 0 \tag{5.42}$$

将 $dR/dt = \Delta v, \theta = w/R$ 代入,得
$$d\theta/dt = -w\Delta v/R^2 \tag{5.43}$$

根据 $d\theta/dt$ 感知界限值($d\theta/dt$ 的感知界限值介于 $3 \sim 10 \times 10^{-4}$ rad/s,其平均值约为 6×10^{-4} rad/s)判断是否正在与前车接近。一旦超过这个速度感知阈值,驾驶员将选择减速,使相对速度的感知不超过这个阈值。是否感知到前车的变化是驾驶员进行操作的基础。当两车的速度差低于速度感知阈值时,驾驶员感受到的只是距离的变化。对于距离的任何变化,只有超过 JND(Just Noticeable Distance)(刚好值得注意的距离)值,才可能被驾驶员感知。这个 JND 值可以根据 Webers 定律确定。Webers 定律指出,视角是按一定的百分比变化的,一般为 10%;但是当后车与前车的距离摆动不定时,这个阈值将发生较大的漂移,此环境下的距离感知阈值为 12%,并且逼近过程较开放过程小;在非常近的跟驰距离内,由于对驾驶动作的要求非常精确,驾驶员可能并不能完全控制车辆的加(减)速,因此需要最小值来控制汽车的加(减)速。

Michaels 将车辆跟驰状态划分为三个阶段:第一阶段,两车的速度差低于速度感知阈值,驾驶员仅仅通过对距离变化的感知来确定他是否处于逼近状态;第二阶段,速度差超过阈值,驾驶员降低车速,从而使视角变化率维持在阈值或其附近;第三阶段,驾驶员在一个确保车辆驾驶和速度控制的车头时距下,尽量将相对速度保持为零。

如何来最终确定这些阈值是非常重要的,因为驾驶员将根据它来决定是加速、减速还是保持原速,直到突破某个阈值为止,否则驾驶员感觉到状态没有发生变化或至少变化率没有改变。Lee 和 Jonew 推导出了具体公式。Evans 和 Rothery 进行了一系列基于知觉的试验进一步发展该模型。试验的目的在于量化 Michaels 提出的阈值。试验要求测试车内的乘客判断与前车的距离是在变大还是在变小,并且只允许在一个时间间隔内观察目标并做出判断。在所有的试验数据中,1 923 个数据的反应时间为 1 s,247 个数据为 2 s。分析表明,是否能正确判断车头间距的变化与 $v/\Delta x$ 和观测时间间隔有关。同时也注意到,当 Δx 增加时,驾驶员可能会出现错觉,即他们认为正在接近前车,而事实上并非如此。

Micheals 模型中划分跟驰状态的阈值是驾驶员的感知阈值。但是在实际中存在大量超过感知阈值而驾驶员未有所反应的事例。1974 年 Wiedemann 提出以行为阈值划分跟驰状态,并建立了一个行为阈值模型(Behavioral Threshold Model)。以后,Burnham 和 Bekey,

Lee,Kumamoto,Frizsche 及 Zhang Y L 分别建立了不同的行为阈值模型。

　　驾驶员的驾驶行为是一个生理－心理相互作用、相互制约、相互影响的过程,驾驶员的驾驶行为不能被视为纯粹的机械性精确过程。行为阈值模型充分考虑了驾驶员的生理、心理因素对驾驶行为的影响和制约,及由此而产生的不同驾驶行为,从建模方法上更接近实际情况,也最能描述大多数日常所见的驾驶行为,这是行为阈值模型的最大优点。在行为阈值模型中研究得最为深入、最符合实际驾驶行为的是 Wiedemann 建立的 MISSION 模型。行为阈值模型的缺点在于模型的参数较多,子模型之间的相互关系比较复杂,并且对于各种阈值的调查观测比较困难。

　　行为阈值模型及其衍生模型已应用于许多交通实践中,如 Wiedemann 和 Reiter 在 CECs DRIVE1 计划中的 MISSION 模型;德国奔驰汽车公司的 EROMETHEUS 和第四框架计划中的 AS 模型;英国 Cameron 的 FARAMICS – CM 模型等。

第6章 车道变换模型

6.1 车道变换行为

作为微观交通仿真的两大重要模型之一,车道变换模型较为复杂且难以用数学模型描述。在这当中困扰车道变换模型发展的一个重要原因是微观数据难以获得。现代交通仿真认为,车道变换行为是驾驶员根据自身驾驶特性,针对周围车辆的车速、空档等周边环境信息的刺激,调整并完成自身驾驶目标策略的包括信息判断和操作执行的综合行为过程,车道变换模型描述车辆由于速度改变或道路行驶条件的限制而采取的变更车道的行为,是微观交通仿真的重要模型。

作为构建模型的基础,分析车道变换行为并了解车道变换的原因非常重要。一般来说,车道变换行为是驾驶员在行车过程中的决策通过车辆所表现出来的一种行为。因此,分析车道变换的行为首先需要了解驾驶员在什么样的条件下产生车道变换的需求,即车道变换的决策在什么样的情况下形成。本节主要对车道变换行为进行简单概括,主要包括车道变换行为特征、车道变换行为的影响因素分析、车道变换模型的种类、车道变换过程及车道变换行为对交通的影响。

6.1.1 车道变换行为的描述

车道变换是指按某一车道行驶的车辆,改变到另一车道行驶的过程。车道变换行为是驾驶员根据自身驾驶特性,针对周围车辆的车速、位置以及道路使用情况和交通管理和控制等环境信息,调整并完成自身驾驶目标策略的综合过程。道路交通发生排队、拥堵、车流变化、车道变化等过程常常伴随有车道变换行为的发生。

6.1.2 车道变换行为的特征

车道变换行为是驾驶员为满足自己的驾驶舒适性、驾驶意图而采取的避开本车道、换入相邻车道行驶的行为。车道变换行为所描述的是驾驶员自身驾驶的特性,通过对周围车辆的车速、间隙等一系列的周边环境信息的分析,调整从而完成自身驾驶目标的综合过程。

1. 车道变换行为的分类

根据追求利益动机不同,驾驶员车道变换行为分两类,即强制性的车道变换(Mandatory Lane Change, MLC)和自由车道变换(Discretionary Lane Change, DLC)。具体定义和分类如下:

(1)强制性车道变换。

强制性车道变换指按照交通规则和驾驶员出行计划,驾驶员不得不变换车道的情形。

车辆在实际行驶过程中,可能由于路口转弯、车道障碍或者车辆进站停靠等原因必须变换车道。这样就存在着一个最迟车道变换位置,在最迟车道变换位置之前,车辆一直在寻求各种合适的机会变换车道,包括减速、加速等。如果不能在此位置之前使车道变换成功,则车道变换车辆将停在该位置等待,一直到出现合适的车道变换情况才能进行车道变换。通常包含下列情况:

①为了在下一交叉口转弯而必须变换到正确的车道上行驶;
②绕过下游的障碍物或阻塞(如由事故或特殊交通管制引起的);
③避免进入无使用权限的车道或特地进入专用的车道(如公交专用道、高占有率 HOV 车道);
④在高速公路入口匝道加速段汇入主线的情形;
⑤在高速道路上由主线分离进入减速车道,从而进入出口匝道;
⑥在提供信息警告的情形下,如车道减少的标志信息或退出车道的最后通牒信息。

(2)自由车道变换。

与强制性车道变换不同,自由车道变换的目的是获得更快的速度或更快地到达目的地,该车道变换行为不是必须完成的。因此该类车道变换的车辆可能因为条件不满足而放弃车道变换。通常包含下列情形:

①增加车速;
②绕过慢车或重型车辆;
③驶离连接入口匝道的车道。

与强制性换车道行为相比,自由换车道中需求产生是一个重要组成部分,也就是说,什么时刻司机要换车道,什么时刻司机不换,这一过程的发生是比较难以把握的,在国外成熟模型中通常用不同选择下司机所具有的驾驶满意度来衡量。需求产生后,由普通的间隙接受理论检测间隙是否接受,如果间隙不接受,此次需求结束,如果间隙接受,换车道行为执行。由此可见,自由换车道的过程由需求、检测、执行这三个步骤组成,如图6.1所示。

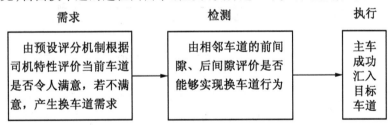

图 6.1 自由换车道流程

2. 车道变换动机的分类

根据驾驶员变换车道行为的分类,可以把驾驶员车道变换的动机分为如下两类:长远动机和短期动机。

(1)长远动机:指按驾驶员出行的路径计划,行驶到正确的目标车道,以便于在交叉口时很容易地进入既定的路径。一般来说,驾驶员进行强制车道变换或优先车道变换的决定,来自于驾驶员寻找目标车道的动机,即长远动机。

(2)短期动机:为避免前方可能出现的车速减慢、瓶颈等,总而言之,短期动机是为了减少延误、获取速度优势。自由变换车道的决定,来自于驾驶员减少延误和获得速度上的优势的动机,即短期动机,而这种短期的动机又是当前车道上的相对速度劣势和相邻车道的相对速度优势直接刺激的结果。下面对"相对速度劣势"和"相对速度优势"这两个概念解释如下:

①相对速度劣势:打算变换车道车辆的期望车速与该车道前一车辆当前速度之差。

$$SD' = \frac{(V_T - V_H)}{V_T} \tag{6.1}$$

式中 SD'——相对速度劣势;

V_T——当前车辆期望车速;

V_H——当前车道前车的速度。

②相对速度优势:指相邻车道的前车和当前车道的前车之间的速度差。

$$SA' = \frac{(V_{LD} - V_H)}{V_{LD}} \tag{6.2}$$

式中 SA'——相对速度优势;

V_{LD}——相邻车道前车的车速;

V_H——当前车道前车的速度。

如果这两种动机同时并存,长远动机将比短期动机占优势。

根据驾驶员变换车道行为的分类,可以把车道属性分为:目标车道、非目标车道、优先车道、非优先车道。针对具体的例子解释如图6.2所示。

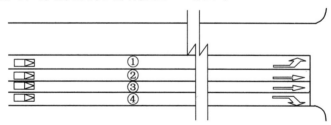

图6.2 目标车道和优先车道示意图

如图6.2所示,对于在下一交叉口左转的车辆而言,车道①为目标车道,车道②为优先车道。对于在下一交叉口直行的车辆而言,若将要在下一交叉口的下游(即在当前位置的下游第二个交叉口或更下游的交叉口)左转,车道②为优先车道。若将要在下一交叉口的下游(即在当前位置的下游第二个交叉口或更下游的交叉口)右转,车道③为优先车道。对于在下一交叉口右转的车辆而言,车道④为目标车道,车道③为优先车道。

6.1.3 车道变换行为的前提

分析车道变换的行为首先需要了解驾驶员在什么样的条件下产生车道变换的需求,即车道变换的决策在什么样的情况下形成。车道变换行为形成的前提有:

(1)具有车道变换的需求。产生车道变换的需求主要来源于两方面的原因:一是由于行驶车道本身的特性要求,比如车辆在合流、分流和交织路段上行驶,要想实现正常行驶,就必然会产生车道变换的需求;二是由于驾驶员主观意愿的要求,即驾驶员在主观上对车辆运行现状不满意,为了寻求更加自由、更加理想的运行条件而产生的车道变换需求。据进一步研究分析得出:引起驾驶员在主观上对车辆运行现状不满意的刺激因素主要有车辆的运行速度、加速度以及与当前车道前导车之间的车头时距等。

(2) 具备车道变换的时空条件。首先,目标车道应具备车辆发生车道变换的行驶空间;再者,驾驶员预测的车道变换时间能够得到环境的支持与驾驶员能力的许可,从而在时间上保证驾驶员的感知、决策及其操作控制车辆能顺利实现以达到目标。

(3) 具备良好的车辆状况。车辆应具有进行车道变换的动力支持和转向能力的许可,以便从机械上保证在预期的空间和时间条件下完成车道变换。

车道变换行为是否能够实现,须满足以下条件:

一是目标车道必须有足够的空间,使得车辆在换入该车道后不会发生碰撞、擦车等现象,它取决于车道变换车辆与目标车道上前后车辆的行驶速度和距离空间的大小;二是需要有足够的时间来保证车道变换行为的完成,这就需要驾驶员能对周围车道变换环境有准确的预判能力,这主要取决于驾驶员自身的条件和驾驶特性等。

6.1.4 车道变换行为的影响因素

车道变换行为的影响因素包括驾驶员特性、车辆特性、道路交通特性及交通环境特性四个层面。

1. 驾驶员特性的影响

在车道变换行为过程中,驾驶员处理信息能力的准确性是车道变换是否成功的关键。

通过第3章的学习可知,驾驶员交通特性是指驾驶员在交通环境中的心理、生理和行为特征,包括驾驶员在车辆运行过程中的驾驶倾向性和反应特性等。驾驶员通过视、听、触觉等感觉器官从交通环境中获得交通信息,经过大脑进行处理,做出反应和判断,再支配手、脚运动器官,操纵车辆,使之按驾驶员的意志在道路上运行。可见,车道变换行为的发生与驾驶员的交通特性有着直接的关系。

驾驶员在气质方面的差异产生了其行为方式上的显著差异,根据这些差异将驾驶员的驾驶倾向性分为保守型、普通型和冲动型三类。一般来说,驾驶员驾驶倾向性越冲动越容易发生车道变换的行为,反之,发生车道变换的行为就会减少。

驾驶员的反应时间是指驾驶员从感知信息,经过辨认、判断、采取动作并使动作发生效果,这一过程所需的时间。反应时间的长短一般取决于刺激的种类和强度、驾驶员自身的个体特性(包括素质、个性、年龄、性别、情绪等)、驾驶员的注意程度、客观情况的复杂程度等因素。一般情况下,驾驶员反应特性越灵敏,对车道变换的时机把握也越好,越易于车道变换行为的发生。

表6.1给出了驾驶员性别、年龄、驾驶倾向性的差异对车道变换行为的影响比较。

表 6.1 不同类型驾驶员特性比较表

项目	分类	特性描述	对车道变换影响
性别差异	男	反应时间短、对高速行车不在乎、紧急状态下多想办法摆脱等性别差异	易发生
性别差异	女	反应时间较长、对高速行车较慎重、紧急状态下比较紧张,表现为有依赖性	不易发生
年龄差异	青年	身体素质好、精力旺盛、反应时间短、易高速行车	易发生
年龄差异	老年	由于身体素质、精力等均有衰退,所以反应时间较长,多采用低速行驶	不易发生
年龄差异	中年	介于青年和老年之间	介于青年和老年之间
驾驶倾向性差异	冲动型	好动、敏感、反应迅速、注意力易转移、易于高速行车和超车	易发生
驾驶倾向性差异	保守型	沉稳、慎重、注意力稳定且不易转移、善于忍耐、易低速行车且少超车	不易发生
驾驶倾向性差异	普通型	机敏、精力旺盛、易中速行车	介于冲动型和保守型之间

2. 车辆特性的影响

评价机动车辆特性的主要指标有车辆的动力性、制动性、机动性、稳定性和通过性等。车辆的动力性指标主要包括车辆的最高行驶速度、加速能力和爬坡能力。

制动性主要表现为车辆在紧急制动时的制动时间和制动距离,同时还表现在制动时车辆在方向上的稳定性即制动时车辆保持按给定轨迹行驶的能力。机动性是指车辆在最小面积内转向和转弯的能力。稳定性是指机动车辆根据驾驶员的意愿按照规定的方向行驶,且不产生侧滑或倾翻的能力。通过性是指机动车不用其他辅助措施能以足够高的平均速度通过各种路面(潮湿、冰、雪)、无路地段和越过各种自然障碍的能力。

在我国城市道路上行驶的机动车辆,种类繁多、性能各异,为了研究方便,习惯将车辆按照一定的标准分成三种类型:小型车、中型车和大型车,见表 6.2。

表 6.2 车辆类型分类表

车型分类		轴数	轴距/m	
小型车	微型车	2	1.6~2.3	3.0
小型车	小客车(小货车)	2	2.3~3.0	3.0
中型车	中型客/货车	2	3.0~4.6	
大型车	大型客/货车	≥2	>4.6	

一般来说,小型车车型较小,其动力性、制动性、机动性、稳定性等性能相对比较好,因此,有利于车道变换行为的发生。对各种车型的部分性能进行了调查,定性分析对车道变

换的影响,见表6.3。

表6.3 车辆部分特性比较表

车型分类	最大加速度 /(m·s^{-2})	最大减速度 /(m·s^{-2})	自由流条件下平均车速 /(km·h^{-1})	对车道变换影响
小型车	2.48	2.14	62	易发生
中型车	2.01	1.85	50	介于两者之间
大型车	1.76	1.69	36.5	不易发生

3. 道路交通特性的影响

在复杂的城市交通路网中,由于道路或车道之间的交织或相交等特性会引起一些车道变换现象。主要包括:

(1)车道交通条件。

当前车道的交通条件主要有以下几方面:

①车辆和前车之间的距离能否提供足够的空间,以便在必要时当前车辆加速变换车道。

②车辆和前车之间的相对速度,尤其是前车速度与当前驾驶员的期望车速之间的相对大小是驾驶员决定自由变换车道的直接刺激之一。

③前车是否将要变换车道或将在下游交叉口转弯,如果前车即将离开当前车道,将会降低当前驾驶员变换车道的可能性。

④下游是否有重型车辆,一般来说,小车驾驶员总是尽量避免跟随重型车辆行驶,因为重型车辆的加速性能较一般的车辆差,通常会导致较大的延误。同时,由于该缘故,重型车辆的前方通常会有两个较大的空档,这样又为其他车道的车辆变换车道到重型车的前面提供了可能。

⑤后车驾驶员的攻击性,决定当前车辆驾驶员在执行变换车道时采取的加速度策略。

相邻车道的交通条件主要有以下几方面:

①车辆与目标空档是否处于合适的相对位置上。如果位置不合适,当前驾驶员会调整其加速度,使得当前车目标空档处于合适的相对位置。

②其车速相对于空档中的前车是否速度太快,而相对于空档中的后车是否太慢。

③相邻车道的下游是否有重型车辆。

(2)障碍物位置。

在对道路交通情况较为熟悉的情况下,驾驶员可能会变换车道以避开这些障碍物,而忽略当前车道给驾驶员暂时带来的好处。其影响随着车辆离障碍物的距离远近而不同。当驾驶员接近固定障碍物时通常会接受一个在通常条件下不予接受的空档。

4. 公交专用道位置

当遇到障碍物或绕开前面慢车时,公交车辆可能会从专用道变换到其他车道上;当社会车辆转弯或避开交通拥挤时,也可能会变换车道到公交专用道。

5. 路口转向

路口转向的影响程度取决于当前车辆离转弯地点的距离。当距离较远时,其转弯企图对驾驶员的行为可以认为没有影响;当接近时,驾驶员变换到其他车道(非目标车道)的可能性逐渐降低;随着转弯地点的接近,驾驶员会选择合适的时机变换到目标车道,甚至会调整到相应的车速,使得变换车道更安全舒适。

6. 交通环境特性的影响

交通环境泛指人们借道路进行交通运输的客观条件,包括车内环境和车外环境,见表6.4。

表6.4 交通环境内容

车内环境	车外环境
车内温度——温度是否合适 车内湿度——湿度是否合适 噪声及振动——是否过大 车内仪表——是否易于观察 座椅——乘坐是否舒适 与同乘者的关系——融洽或紧张	行车时间——白天、黄昏、夜间 气候——晴、雨、雪、雾 道路条件——道路线形、坡度以及位于市区、郊区、山区等 交通条件——通畅或拥挤 道路安全设施——完善或不完善

其中,道路条件和交通条件对车道变换行为的影响显著。根据现有的研究成果,随着机动车流量的增加,车道变换行为发生的频率明显增加,但增加到一定程度,随着流量增加转而递减。

6.1.5 车道变换过程

基于以上的分析,可以认为驾驶员车道变换主要包含以下三个过程:决定是否变换车道;找可接受的空档;车道变换的具体策略。流程如图6.3所示。

这三个过程在实际中是连续反复执行的。首先,驾驶员判断当前车道的属性(目标车道/非目标车道,优先车道/非优先车道),再根据驾驶员的动机(长远动机/短期动机)决定是否变换车道;简而言之,长远动机指驾驶员的车道变换基于驾驶员出行路径的计划(在每一个交叉口的流向),短期目标指驾驶员的车道变换是为了减少可能的延误和获取速度优势。作为决策的结果,驾驶员将确定是否变换车道以及变换车道的形式:即强制变换车道、优先变换车道或自由变换车道。在自由变换车道中,有一种特殊的形式——超车变换车道,它包含两类:变换到另一更具速度优势的车道和绕过前车之后再回到原来的车道。一旦做出以上决策,驾驶员将检查是否具备变换车道的条件,即相邻车道是否有可接受的前空档和后空档。如果变换车道的条件具备,驾驶员将执行车道变换。

第 6 章 车道变换模型

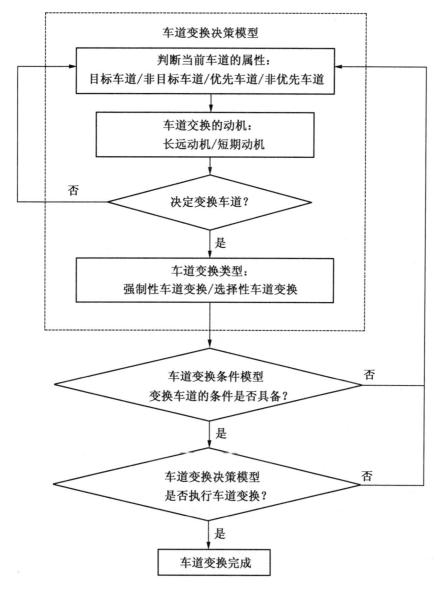

图 6.3 车道变换逻辑结构图

通过对驾驶员车道变换的三个过程的分析,可见,驾驶员变换车道模型包含三个子模型:车道变换决策模型、车道变换条件模型、车道变换执行策略模型。

1. 车道变换决策

(1) 车道变换决策的规则。

对驾驶员变换车道决策这一复杂的行为建立模型,不可能包含现实交通中驾驶员的所有变换车道行为,所以必须建立一个基本的规则,并进行一些假定。尽管驾驶员在做出变换车道的决策过程中的行为比较复杂,通过现场的观察,仍然可以发现一些较为普遍适用的规律,通过这些规律的总结和相关条件的假定,对车辆变换车道决策行为的规则归纳如下:

①假定驾驶员变换车道有两个目的：一是为了到达正确的车道，二是为了获得速度优势（包括维持期望车速和避免可能的延误）。

②根据在下一交叉口的路径选择计划（即直行或转弯），看当前车道是否与将要采取的策略相一致，如果当前车道为驶离该路段的正确车道，则该车道就是目标车道；否则，该车道将为非目标车道，驾驶员将变换到合适的车道，以便于执行既定的策略。当车辆已在目标车道时，只有在相邻车道出现足够大的速度优势时，驾驶员才有可能会变换车道；但若此时车辆已接近交叉口，除非前面出现拥挤或堵塞，并且有机会绕过前面的拥挤或堵塞，驾驶员一般不愿意变换车道。

③当车辆不在目标车道上时，驾驶员必须在转弯的交叉口进口道前变换到目标车道，这样驾驶员会不停地寻找可接受空档。如果一直没有可接受空档，驾驶员会降低车速甚至停车以等待可接受空档的出现。在这种情形下，目标车道上的一些车辆会减慢车速让当前车安全汇入空档，这便是所谓的合作性的礼让。

④当驾驶员处在优先车道时，这时驾驶员实际上已经达到了其长远的目标，但此时在短期动机的驱动下，如果条件具备，驾驶员将会变换到相邻的车道，以维持其期望车速。如果变换车道的条件不允许，驾驶员将维持原来车道。

⑤当驾驶员在非优先车道时，基于长远的动机，驾驶员总会在条件具备时变换到优先车道，如果条件不具备，将在原车道行驶。

(2) 车道变换的决策模型。

驾驶员车道变换的决策模型结构如图6.4所示。

如果驾驶员的当前车就在目标车道，只有当其速度优势和速度劣势大于某一阈值时，驾驶员才会决定进行变换车道；此时驾驶员的车道变换行为为自由车道变换。如果驾驶员的当前车道为非目标车道，由于在下一交叉口当前车要进行转向，驾驶员将会寻找目标车道，准备变换车道，驾驶员将进行强制性车道变换。

如果驾驶员的当前车道为优先车道，只有其速度优势和速度劣势大于相应的阈值时，驾驶员才会决定进行车道变换，该情形的车道变换属于自由车道变换。如果驾驶员的当前车道为非优先车道，驾驶员将会进行优先车道变换。

2. 车道变换条件

驾驶员车道变换的条件主要指是否具备车道变换所需的可接受空档。在城市地面道路交通网络中，驾驶员在变换车道时，目标空档的可接受程度主要由以下三个因素决定：

(1) 空档的大小：空档由前空档和后空档两部分组成，只有当前空档和后空档都在可接受范围之内时，驾驶员才会选择该空档进行车道变换。

(2) 相对速度：在选择可接受的前空档和后空档时，驾驶员还会考虑到目标车道的前车和后车与当前车之间的相对速度大小。如果前车与当前车的相对速度$(v_n - v_a) > 0$，驾驶员会选择更安全的前空档，以避免在变换车道的过程中与前车相撞；如果当前车与后车的相对速度$(v_n - v_b) > 0$，驾驶员则会选择较为激进（较小）的后空档，如图6.5所示。否则反之。

(3) 离车道变换必须完成地点的距离：指强制性车道变换的情形，在该情形中，如果离变换车道必须完成地点的距离越近，驾驶员为了避免违反交通规则或被迫改变自己的出行路径计划，对可接受空档的选择则越激进。

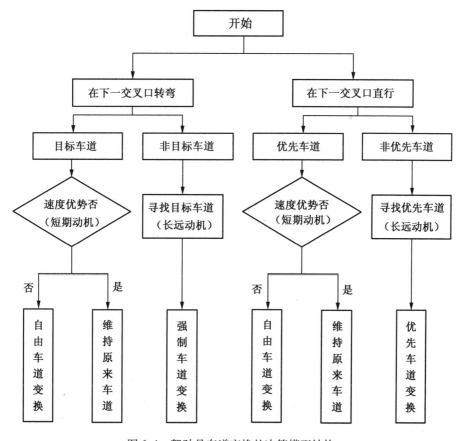

图 6.4 驾驶员车道变换的决策模型结构

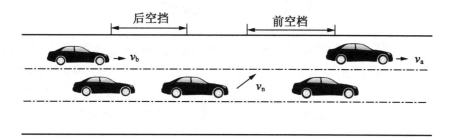

图 6.5 驾驶员车道变换的可接受空档示意图

3. 车道变换执行策略

执行车道变换的策略集中体现在变换车道时当前车辆速度和加速度的变化（特殊情形下，目标空档的后车也会调整其加速度，该情形以下再讨论），而速度的变化又是由加速度引起的。因此，在考虑执行车道变换的不同策略时，将主要讨论在执行车道变换的过程中，驾驶员对其加速度的调整。分以下不同的情形：

（1）当前车辆匀速变换车道。

这是最理想的情形，目标车道上的前、后空档足够安全，而且当前车辆与目标车道上的前后车的相对速度也在安全范围内，此时驾驶员只需以当前速度驶入目标车道即可。

(2) 当前车辆加速变换车道。

当目标车道的后空档不能满足驾驶员可接受的最小安全空档,但该空档的前后两车之间的距离足够大时,此时当前车在进行车道变换的过程中,增大其速度可以产生可接受的空档,从而达到完成车道变换的目的。当然,该情形的车道变换策略还受到以下条件的约束:

① 当前车道上,当前车辆与前车的间距;
② 完成车道变换所需要的时间,以及距离必须完成车道变换最终地点的距离。

(3) 当前车辆减速变换车道。

当目标车道的前空档不能满足驾驶员可接受的最小安全空档,但该空档的前后两车间的距离足够大时,此时当前车在进行车道变换的过程中,减小其速度可以产生可接受的空档,从而达到完成车道变换的目的。该情形的车道变换策略还受到当前车道上当前车辆与后车的间距的约束。

(4) 目标车道上的后车调整其加速度。

在一些特殊情况下(尤其在强制性变换车道的情形下),当前车辆需要变换车道,但是又没有可接受的空档,这时在指示尾灯的提示下,目标车道上的后车可能会降低其速度,产生一个可接受的空档,让当前车辆得以变换车道,现实交通中这种"礼让"较为常见。

(5) 当前车辆停车等候。

当车辆必须变换车道(如在交叉口进口道处、进出口匝道的起始段),但上述尝试又失败后,为了按驾驶员的出行路径计划行驶,当前车驾驶员不得不停下车,以等候合适的空档出现,再执行车道变换。

6.2 车道变换模型

车道变换模型描述的内容包括车辆发生车道变换行为的整个过程,即车辆车道变换意图的产生、车道变换的可行性分析、车道变换行为的实施以及车道变换轨迹的确定。车辆在城市道路上行驶,诱发其产生车道变换行为的原因有很多,根据目前国内外的研究成果,一般将车辆的车道变换行为分为两类:强制性车道变换和自由车道变换。

6.2.1 强制性车道变换模型

强制性车道变换指车辆为了完成其正常行驶目的而必须采取的车道变换行为。图 6.6 中给出了城市交通中三种最为常见的强制性车道变换的情形。

图 6.6 中车辆 1 因为正前方车辆正在停车而阻挡了其在当前车道上继续行驶的路线,因而不得不准备变换至右侧车道;车辆 2 根据其既定的路线选择必须在前方交叉口左转,因此当它在交叉口进口道上行驶看到前方的车道导向标线时则要准备向左变换车道;车辆 3 已接近当前车道结束点,因而也将准备向左变换车道。另外,公交车在接近前方停靠站时从里侧行驶车道转至外侧的公交停靠车道的变道行为也是一种常见的强制性变道行为。

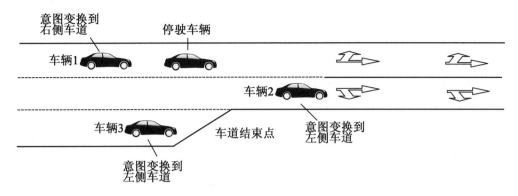

图 6.6 强制性车道变换几种常见情形示意图

1. 判断方法

判断强制性车道变换意图产生的方法主要有两种:固定值法和概率法。

(1) 固定值法。

固定值法即当车辆与必须进行车道变换点的距离小于某一值时或车辆达到某一区域时执行强制性车道变换。

(2) 概率法。

概率法即车辆是否产生强制性车道变换意图是某些参数的概率函数。当产生的随机数落在概率区间时,就产生强制性车道变换意图,其概率函数为

$$f_n = \begin{cases} \exp\left[-\dfrac{(x_n - x_0)^2}{\sigma_n^2}\right] & (x_n > x_0) \\ 1 & (x_n \leqslant x_0) \end{cases} \tag{6.3}$$

式中 f_n——车辆 n 在点 x_n 被标记为强制性车道变换的概率;

x_n——车辆 n 的位置;

x_0——临界点的位置。

$$\sigma_n = \alpha_0 + \alpha_1 m_n + \alpha_2 k \tag{6.4}$$

式中 m_n——到达目标车道 n 需要穿过的车道数量;

k——交通拥挤程度指标,该值为路段密度除以堵塞密度;

$\alpha_0, \alpha_1, \alpha_2$——模型参数。

由式(6.3)可以看出车辆 n 离临界点越近概率越大,所需穿过的车道数概率越大。当到达临界点时必须要进行车道变换,所以概率为 1。

2. 模型描述

当车辆接近路口时需要重新进行路径选择(或者路径已经事先确定),若需要在路口转弯,则可能需要变换车道,此时的变更车道行为是强制性的,否则车辆将无法到达目的地。若在车辆行驶的前方发生了交通事故或其他事件而影响车辆通过时,也将产生强制变更车道意图,否则车速将降为零。这一情况也适用于交通堵塞情形,此时的车速降为零。

图 6.7 中假设车辆 n 以速度 V_n 行驶,其距离事故地点距离为 l_n,产生强制车道变换意图,并以减速度 a_n 减速,或者车辆在无法变更车道的情况下应能保证在事故地点前停下。

因此

$$a_n = -\frac{V_n^2}{2(l_n - \sigma)} \tag{6.5}$$

式中　a_n——车辆 n 的减速度,为负值;

　　　σ——安全裕量,表明车辆在事故地点前 σ m 处停下。

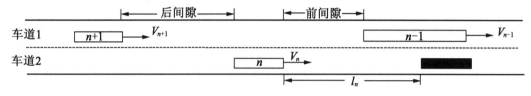

图 6.7　强制性车道变换模型

一般而言,车辆距离事故地点越近,其变更车道的意图越强烈,定义

$$P_n(t) = 1 - \frac{r \cdot [l_n(t) - \sigma]}{l_n} \tag{6.6}$$

式中　$P_n(t)$——车辆实施车道变换的概率;

　　　$l_n(t)$——t 时刻车辆 n 距离事故地点的距离;

　　　r——冒险系数 θ 的函数,与司机类型有关,θ 的取值范围是 $[0.5,1.5]$,r 是 θ 的减函数,定义如下:$r = 0.1\theta^2 - 0.45\theta + 0.95$,取值范围是 $[0,1]$。

当车辆 n 产生变更车道的意图后,它将以减速度减速,并检查它与前车 $n-1$ 的距离 gap lead 是否满足其变更车道的要求,即 gap lead 是否大于等于跟车模型所要求的车间距 gap lead needed。所要求的车间距的确定依据为:由于车辆 n 要变换车道到车道 1,它应将自己当作行驶在车道 1 上,并以车辆 $n-1$ 为头车,满足跟车模型。

若它与前车 $n-1$ 的距离已经满足跟车模型所要求的车间距,车辆 n 不会加速行驶,转而判断它与后车 $n+1$ 的距离 gap lag 是否满足其变更车道到车道 1 的要求。若 gap lag needed 也满足跟车模型的要求,则车辆 n 变换车道,否则,车辆 n 发出车道变换信号给车辆 $n+1$,并等待车辆 $n+1$ 的回应。而车辆 $n+1$ 以概率 $P_n(t)$ 决定是否减慢车速以给车辆 n 让出足够的空间。若车辆 n 在到达事故地点时仍无法变换车道,其速度降为零。此时它停车等待,并不断地发出车道变换请求,其 $P_n(t) = 1$。

在车辆的加速度 a_n 和相对速度已知的条件下,gap lead needed 及 gap lag needed 的取值可由跟车模型推出,由 Herman 跟车模型:

$$a_n = \frac{a_0 V_n^\alpha (V_{n-1} - V_n)}{(gap\_lead\_needed)^\beta} \tag{6.7}$$

$$a_{n-1} = \frac{a_0 V_{n+1}^\alpha (V_n - V_{n+1})}{(gap\_lead\_needed)^\beta} \tag{6.8}$$

式中　α,β——系统参数。

综上,当车辆产生强制车道变换意图后,它首先减速,并选择目标车道,确定目标车道后,再判断它在目标车道的前后空档。前后空档都满足,则实施车道变换。否则,若前档 gap lead 不满足,它将继续减速;若后档 gap lag 不满足,就向后车 $n+1$ 发出车道变换请求,

后车以概率 $P_n(t)$ 决定是否减速以让出足够空档。$P_n(t)$ 是一个递增的变量,随着车辆 n 距离事故地点越近,取值越大。若因为堵车或其他特殊情况 $P_n(t)=1$ 时,车辆 n 仍无法进行车道变换,此时的速度已经降为零,即停车等待。

3. 可行性分析

强制性车道变换的可行性分析过程主要有以下几种方法:可接受间隙模型、基于效用函数标定模型、可接受风险评价模型法和模糊逻辑法等。最具有代表性的可接受间隙模型是基于 Gipps 的可接受间隙模型,如图 6.8 所示。

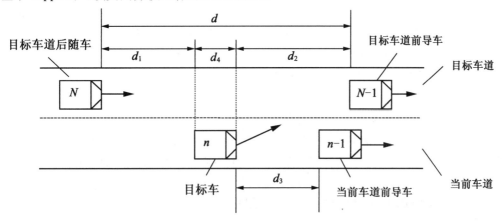

图 6.8 可接受间隙模型示意图

图中 d_1——目标车与目标车道后随车之间的临界距离;
$\quad\;\, d$ ——目标车道前导车和后随车之间的总距离;
$\quad d_2$——目标车与目标车道前导车之间的临界距离;
$\quad d_4$——目标车 n 的长度;
$\quad d_3$——目标车与当前车道前导车之间的临界距离。

该模型中,目标车 n 与目标车道前导车 $N-1$、后随车 N 之间的临界间隙 d_2,d_1 是距离和速度的函数,即

$$d_2 = \max\{d_{N-1}^2, d_{N-1}^2 + [\beta_{11}^2 V_n + \beta_{12}^2 (V_n - V_{N-1})][1 - \exp(-\gamma x_n)]\} \quad (6.9)$$

$$d_1 = \max\{d_N^2, d_N^2 + [\beta_{11}^2 V_n + \beta_{12}^2 (V_N - V_n)][1 - \exp(-\gamma x_n)]\} \quad (6.10)$$

式中 d_{N-1}^2——目标车 n 与目标车道前导车 $N-1$ 之间的最小间距;
$\quad d_N^2$——目标车 n 与目标车道后随车 N 之间的最小间距;
$\quad x_n$——目标车 n 距发生车道变换位置的距离;
$\quad V_n$——当前车道目标车 n 的速度;
$\quad V_{N-1}$——目标车道前导车 $N-1$ 的速度;
$\quad V_N$——目标车道后随车 N 的速度;
$\quad \beta,\gamma$——模型参数。

6.2.2 自由车道变换模型

自由车道变换是指车辆为了追求更加自由、更加理想的行驶方式而发生的车道变换行

为。这种车道变换与强制性的车道变换的主要区别在于:即使车辆不变换车道也能在原车道上完成其行驶任务,因此车道变换不是强制性的。

1. 判断方法

根据现有的研究成果,判断自由车道变换意图产生的方法主要有三种:速度判断法、效用函数法和车道变换概率(Probability of Lane Change,PLC)法。

(1)速度判断法。

速度判断法认为,当满足下式的条件时车辆将产生自由变道意图:

$$V_{跟车} < \gamma V^{期望} \tag{6.11}$$

式中 $V_{跟车}$——当前车辆在受到正前方车辆跟车约束时而采用的行驶车速;

$V^{期望}$——当前车辆的期望车速;

γ——折减率,通过实际观测统计取值为 0.75~0.85。

(2)效用函数法。

效用函数法以加速度作为效用函数的自变量,也就是说,假设车辆分别在不同的车道上行驶,在哪个车道可获得的加速度越大,对驾驶员来说,哪个车道的效用就越大。当相邻车道的效用大于本车道时,车辆会选择车道而产生车道变换的需求。效用函数为

$$V_{in} = \theta_0 + \theta_1 \times a_{in} \tag{6.12}$$

式中 a_{in}——车辆在车道 i 行驶时具有的加速度;

$i = 1$——本车道行驶;

$i = 2$——相邻车道行驶。

(3)PLC 法。

PLC 法应用简单的驾驶员满意状态的评价指标,对于处于不满意状态的车辆,由概率分布的方式初始化那些车辆的车道变换需求。WEAVSIM 模型中,对于所有非交织车辆,以 PLC = 0.04 来决定谁产生主动性车道变换的需求。

早期的仿真模型中 PLC 方法应用很广泛,直至现在,在很多模型中依然沿袭这种方法,只是在 PLC 的应用范围上加上限制条件,力求使模型的适应性得到增强。INTRAS 模型家族中只有车速低于期望速度、汇入时加速汇入的车辆才进行 PLC 分布。在 MRS 模型中,需求产生更是需要满足多种条件下进行 PLC 分布:

$$\begin{cases} gap(i) < l \\ gap_0(i) > l_0 \\ gap_{0,back}(i) > l_{0,back} \\ \vec{x}_{目标车道前车} > \vec{x}_{当前车道前车} \\ \vec{x}_{目标车道前车} > \vec{x}_{目标车} \end{cases} \tag{6.13}$$

式中 l——预定义的车头间隙;

l_0——临界间隙;

$l_{0,back}$——临界后间隙;

$\vec{x}$——车速。

2. 模型描述

若车辆 n 的实际行驶速度小于其期望速度,则车辆将产生选择性车道变换的意图,和

强制性车道变换不同的是,车辆 n 只会以较低的速度继续在原车道行驶。

当车辆 n 产生车道变换意图后,它将判断其前、后间隙 gap lead, gap lag 是否满足要求,如满足则开始车道变换行为,前、后间隙的取值与强制性车道变换中讨论的一样,即满足公式(6.7)和(6.8)。若前间隙小于期望的前间隙,则车辆将减速,减速度取车辆的正常减速度(正常减速度为一系统参数,与车辆类型、司机类型等因素有关),一直将速度减到能满足期望的前间隙要求为止。此时相当于车辆 n 在车道 1 上跟着车辆 $n-1$ 行驶,虽然它仍在本车道上。如图 6.9 所示,若前间隙不小于期望的前间隙,车辆 n 再判断后间隙是否大于期望的后间隙,若不满足,车辆将以现有速度继续行驶,并给车辆 $n+1$ 发出请求变换车道信号。车辆 $n+1$ 以一定的概率 P_{n+1} 选择是否减速以给车辆 n 让出足够的空档。P_{n+1} 定义为

$$P_{n+1} = \min[0.75, \alpha(V_n - V_n^0)(1.5 - \theta)] \quad (6.14)$$

式中　α——系统参数,取 0.2;
　　　θ——司机的冲动系数。

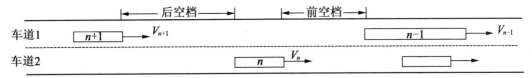

图 6.9　选择性车道变换模型

由此看出,车辆 n 有可能无法完成车道变换行为,也有可能在车辆 $n+1$ 以后的某个车辆后完成车道变换行为。

3. 可行性分析

自由车道变换的可行性分析过程主要有以下几种方法:可接受间隙模型法、安全系数评价法、可接受风险评价法和模糊逻辑法。

可接受间隙模型法,主要是评价目标车 n 与当前车道前导车 $n-1$ 之间,目标车 n 与目标车道前导车 $N-1$、后随车 N 之间是否有合适的间隙。

目标车 n 与当前车道前导车 $n-1$ 之间的临界距离 d_3 被构造为速度差的函数,模型如下式所示,常数 K 和偏移量 D 在不同的速度差下变化不大:

$$d_3 = k \cdot (V_n - V_{N-1}) + D \quad (6.15)$$

由于采集此类数据比较困难,因此参数 K 和 D 的确定,一般是根据不同的车型和驾驶员类型通过产生随机数仿真产生。

目标车 n 与目标车道前导车 $N-1$、后随车 N 之间的临界距离 d_2,d_1 模型为

$$d_2 = \max\{d_{N-1}^1, d_{N-1}^1 + \beta_{11}^1 V_n + \beta_{12}^2 (V_n - V_{N-1})\} \quad (6.16)$$

$$d_1 = \max\{d_N^1, d_N^1 + \beta_{11}^1 V_N + \beta_{12}^2 (V_N - V_n)\} \quad (6.17)$$

式中　d_{N-1}^1——目标车 n 与目标车道前导车 $N-1$ 之间的最小间距;
　　　d_N^1——目标车 n 与目标车道后随车 N 之间的最小间距;
　　　V_n——当前车道目标车 n 的速度;
　　　V_{N-1}——目标车道前导车 $N-1$ 的速度;

V_N——目标车道后随车 N 的速度;

β——模型参数。

6.3　车道变换行为对交通流的影响

在对车道变换行为及模型进行详细的讨论之后,可以看到影响车道变换的因素包括道路自身条件以及驾驶员的自身条件。因此,车道变换作为基本的交通行为,对交通运行及安全有着不可忽视的影响。车道变换行为对交通流的影响主要表现在交通量、密度、速度三个方面。

6.3.1　对交通流运行的影响

交通流是由单个驾驶员与车辆组成,以独特的方式在车辆、公路要素以及总体环境之间产生影响。由于驾驶员的判断能力以及驾驶技术的影响,交通流中的车辆行为不可能一致,进一步讲,即使在完全相同的环境中,由于驾驶员的行为受到当地特征和驾驶习惯的影响,也会对交通流产生不同的影响。

车道变换行为对交通流的影响主要是对交通波的扰动,即车辆在刹车、减速或者加速时对交通波的影响。

对于自由车道变换来说,驾驶员可以通过自身的调整获得满意的速度,对交通流有积极的影响,但是如果一条车道上涌入大量的车辆就会使交通变得拥堵。因此,并不是越多自由车道变换就越好;强制车道变换是由道路本身的性质决定的,好的车道变换地点的选择就可以积极地避免车道变换带来的交通流的扰动。相反,如果车道变换地点选择不当,或是交通标志标线不明显,不仅会使交通流得不到很好的分流,甚至会引起交通事故。可见,分析车道变换行为对交通流的影响有着很重要的意义。

另外,无论是哪种车道变换,都存在着谨慎驾驶和激进驾驶的情况。如果均为谨慎驾驶,则道路资源得不到有效的利用;若均为激进驾驶,交通安全性就得不到保障。

在车辆密度不大的情况下,激进驾驶和谨慎驾驶之间差别不大,而在车辆密度变大的情况下,激进驾驶行为可以很好地疏导交通流,使交通量变大,密度变小,而谨慎驾驶员更趋向于停车等待。这样一来,密度会越变越大。这说明一方面,谨慎驾驶的车辆对激进驾驶的车辆存在着抑制作用;另一方面,由于存在激进驾驶和谨慎驾驶,使得交通流能够在安全与高效之间获得一定的平衡。

交通流量随着激进驾驶车辆增加而增加,随着谨慎驾驶车辆增加而减小,反映出谨慎驾驶的车辆对激进驾驶的车辆有明显的抑制作用。这是因为在单车道上不存在超车现象,谨慎驾驶的车辆迫使激进驾驶的车辆降低速度,从而导致了系统流量的下降。激进驾驶代表的是较多的车道变换次数,谨慎驾驶代表的是较少的车道变换次数。因此,可以通过调查车道变换次数来分析车道变换行为对交通量的影响。调查发现,在交通量不大时,车道变换行为对交通量有积极的影响,随着车道变换次数的增加,交通量受到抑制开始变小。因此,道路设计中,在交通量不大的地段,可以适当鼓励车辆变换车道,而在交通拥挤地段应该控制车道变换行为发生。

6.3.2 对交通安全的影响

车道变换是车辆由当前车道变换到相邻车道的行为。车道变换模型是交通流仿真和驾驶辅助系统的重要组成部分，而车道变换行为对交通安全有着重大的影响。

车道变换行为对交通安全的影响主要表现在违章超车、车辆频繁变换车道、出入口车辆强行变换车道以及公交车进站前变换车道这四个方面。

1. 驾驶员违章超车

驾驶员在车道变换行为中起着很重要的作用。如果驾驶员在驾驶过程中，对交通运行现状不满意，交通安全意识薄弱，就会发生车道变换违章超车的情况，虽然驾驶员违章超车的行为可能没有引起大的交通事故，但是对交通流却产生了很大的影响，导致大量的交通冲突。

研究表明，在相同交通量的情况下，违章车道变换次数越多，冲突数也越多；违章车道变换次数相同的情况下，交通量越大，冲突数也越多。

2. 车辆频繁变换车道

车辆频繁变换车道的情况主要见于出租车，也有因为追求最大速度而进行的频繁变换车道的情况。

城市中运行的出租车为了获得最大的满载率，经常出现车道变换的情况，一方面是由乘客本身的离散性决定，另一方面，对于出租车的规范运行存在很多漏洞。在同一条道路上，交通量相同的情况下，出租车车道变换次数越多，对交通的影响也就越大。

3. 出入口车辆强行变换车道

在现实生活中，我们经常可以看到，在城市路段出入口，由于车流的分离、汇合，经常要发生车道变换行为。这里的车流比较混乱，很多车辆为了寻求较大的速度，占用比较空的车道，不仅阻碍了该车道内后车的行驶，更为交通安全带来隐患。

目前，多数冲突研究采用先估算速度，进而判断车辆冲突到可能发生事故时间的方法，如果小于某一临界值，则为严重冲突，否则为非严重冲突。美国公路研究所提出的临界值为 1 s，瑞典是 1.5 s。

4. 公交车进站前变换车道

城市中，很多公交车的站台设置在人行道，或者通过占用人行道空间设置，在公交车进站前必须进行车道变换，车辆进入人行道上，对周围的行人造成一定的安全隐患。另一方面，由于站台距进站口的距离一般来说比较短，公交车需要在极短的时间内进行车道变换，无疑也加大了交通的危险性。

6.3.3 车道变换行为对交通的启示

车道变换行为对交通安全的影响主要是道路设计方面和驾驶员自身的因素。因此，在改善城市交通状况时应该从以下方面入手。

1. 道路系统的完善

城市道路交通系统是一个由人、车、路以及周围环境组成的复杂的动态系统。该系统依赖的基础条件是道路,通车条件好的道路不仅可以保证交通的顺畅,避免交通事故的发生,更可以保持驾驶员心理的平静和清醒,对城市的环境也有一定的美化作用。因此,道路系统是影响城市交通的一个很重要的因素。

从车道变换的交通条件来看,道路设计首先应保证有良好的线形,良好的视距和视野,同时在必须进行车道变换的路段,应该在距离最迟车道变换位置设置明显的车道变换提示。对交叉口或出入口违章车道变换的情况,可以通过红绿灯、防护栏等措施来控制并减少这些行为。

从驾驶员的心理角度分析,科学合理的线形设计和出入口渠化可以使驾驶员对道路的走向和路况做出准确的判断从而减少操作的失误。相反,恶劣的道路环境不仅会使驾驶员心情压抑,产生疲劳感和抵触心理,甚至会对相邻的车辆产生挑衅心理,各种违章现象概率加大,更容易引发交通事故。

具体措施有以下几个方面:

(1) 合理布置道路横断面。

横断面的设计为线形设计的关键,主要包括设置合理的车道数,道路横纵坡度,保障良好的视距视野等。

(2) 合理设计道路线形。

既要避免长直线的出现,以免驾驶员出现疲劳厌倦的心态,又要避免过多的曲线,以减少行驶距离和车辆转弯带来的危险。

(3) 合理的设计道路走向。

根据交通量和通行能力的关系,对道路分流、合流做合理的处理。

(4) 清晰的标志标线。

(5) 良好的路口渠化。

2. 驾驶员素质的提高

驾驶员是影响车道变换安全的重要因素。而现实的状况是新驾驶员技术不熟练、经验不足,对车道变换的把握不足,经常发生判断错误的情况,老驾驶员自恃经验丰富,思想上麻痹大意、精力不集中、违章变换车道行驶情况严重,导致事故发生。总之,驾驶员整体素质亟须提高。

首先,要加强对驾驶员的职业道德教育和安全教育;其次,要提高驾驶员的应变能力,人、车、路、环境所构成的道路交通状况十分复杂,其因素存在很多很大的不确定性和变化性,从而也决定了交通事故的随机性和偶然性。因此要求驾驶员要有机敏、冷静的头脑,熟练的驾驶技能,以确保行车安全。最后,应该增强驾驶员的自制能力,驾驶员必须能克服这些外界因素的干扰,控制好自己的情绪,保持良好的心态和清醒的头脑,专心致志地驾驶好车辆。在行车中,如果驾驶员带着个人情绪驾车而不能集中精神,就有可能导致交通事故的发生,造成无法弥补的损失。

同时,也应该加大对交通管理的力度,对违章超车、酒后驾驶的行为进行管制和惩罚,以确保交通安全有序地运行。

6.4 车道变换模型研究综述

国外对驾驶员车道变换研究集中在基于驾驶员特性的次微观车道变换层面,国内研究热点集中在车道变换过程中驾驶员行为模拟和视点位置变化规律。驾驶员车道变换行为特性及其对交通运行影响的研究包括驾驶员车道变换特性研究、车道变换仿真研究和车道变换对交通运行影响研究三方面。

6.4.1 车道变换行为研究

1. 车道变换的行为学描述

这类研究不多,最初是 2001 年希腊学者 Ioannis Golias 对车道变换行为做宏观上的研究,并未对车道变换行为本身及其产生原因和影响因素进行分析;在国内,主要有 2001 年吉林大学从宏观交通流的统计运行规律入手,对路段上的车辆车道变换行为进行研究并得出车辆车道变换的基本规律。

2. 考虑驾驶员因素的车道变换行为特性

比较著名的有 1999 年日本学者 Yasushi Nishida 借助跟驰理论,对中老年驾驶员反应特性的车道变换行为进行研究,但是并没有对其他年龄段的驾驶员反应特性及其与车道变换行为的关系进行研究;随后多伦多学者 Jerry L. Deffenbacher 把驾驶员分为易怒和普通两种进行定量研究,得出基于不同驾驶员车道变换行为的评价指标,为研究驾驶员心理特性与车道变换行为的定量关系奠定了基础。

3. 考虑交通环境的车道变换行为特性

考虑交通环境因素的车道变换行为的研究比较少。2002 年美国学者 Dario D. Salvucci 基于高速公路多车道环境模拟器,开展了车道变换行为与视点变化特性的研究,但是对不同的道路因素与车道变换行为的研究则没有深入。

在这之后,学者们开始摸索结合上面各因素的车道变换行为分析,例如,东南大学分析了交通规则、车辆因素、驾驶员性格、行车计划等因素对车道变换行为的影响等。

根据国内外对车道变换行为的研究,由于驾驶员是车道变换行为的主体,对于车道变换行为的研究是从最初的单一驾驶员特性的判断发展到加入了驾驶员和周围环境的综合判断过程。

最初的车道变换行为并没有加入对车道变换行为产生的各种原因的分析,只是简单地对车道变换行为本身进行宏观分析,随后逐渐加入驾驶员的某一特性进行分析,显然这是有很大局限性的。在后来的研究中,人们加入了对交通条件和驾驶员自身的判断,把车道变换行为细分为强制和自由的情况并分别加以讨论,把交通行为和人本身的特征很好地融合起来,也为车道变换模型的研究提供了有利的条件。车道变换行为研究的具体演化过程如图 6.10 所示。

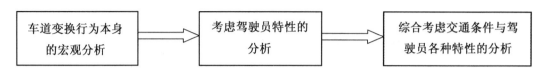

图 6.10 车道变换行为研究的具体演化过程图

6.4.2 车道变换模型研究

目前对跟驰模型的研究已经比较成熟,而对车道变换模型及车道变换规则的研究则相对落后,具体的车道变换行为研究中,早期的有 Gipps 模型、FRESM 模型和 NETSIM 模型,后来又逐渐发展了 MITSIM 模型、SITRAS 模型和基于效用选择、动态博弈、模糊逻辑、Agent 技术等理论的车道变换模型和基于元胞自动机理论的车道变换模型等。

1. 基于效用选择需求的车道变换模型

驾驶员在不同车道行驶时,对不同车道的满意程度是不同的,可以用效用来表示,并服从效用最大化假设,即车辆所在车道一定是满意程度最高的,一旦在其他车道行驶的满意程度更高,则车道变换需求产生。

2. 基于动态重复博弈的车道变换模型

把车辆的车道变换行为比作一个动态的重复博弈的过程,比较需要车道变换的车辆和目标车道上的后车,他们之间为寻求高速度和满意的行驶空间而进行博弈。考虑速度因素和安全因素,通过分析影响车辆期望速度的各种因素,得出车辆车道变换的模型。

3. 基于模糊逻辑方法的车道变换模型

考虑车道变换本身是一种思维决策过程,而模糊逻辑方法采用的是语言变量进行近似推理,十分适合刻画车道变换这一基于驾驶员本身的主观判断过程。综合考虑目标车与邻近车之间速度与距离的关系因素,建立基于模糊逻辑的车道变化算法,从而建立车道变换模型。

4. 基于 Agent 技术的车道变换模型

Agent 技术又叫作多智能体(multi-agent)技术,其目标是将大的复杂系统建造成小的彼此相互通信及协调的、易于管理的系统。由于交通控制系统拓扑结构的分布式特性,使其很适合采用多智能体技术,所以多智能体技术已被越来越多地用于交通管理与控制领域。

通过车辆 Agent 与路段 Agent 之间的信息交换,给出车道变换建议来实现是否变换车道。即当车辆 Agent 进入某路段时,它需要向该路段注册,使得该路段 Agent 知道该车的存在,同时路段 Agent 开始监测车辆所在的车道以及位置等信息,也会将相应的交通信息传递给车辆 Agent。路段 Agent 告知每个车辆 Agent 当前本路段的交通状况,并且根据路况对某些车辆提出车道变换的建议。当车辆 Agent 离开某路段时,它发消息通知该路段 Agent,让该路段 Agent 注销车辆 Agent 的注册。其中车辆 Agent 的知识库包括引导和控制该路段中车辆驾驶行为的一系列规则,这些规则来自驾驶员或专家的经验。

5. 基于元胞自动机理论的车道变换模型

利用元胞自动机离散,每个元胞独立变化同时又受周围元胞影响这一与交通流现象十分吻合的理论建立车道变换模型。

从总的车道变换模型发展趋势来看,车道变换模型最初的研究是对于车道变换行为的分析,一般是建立在跟驰理论模型的基础上,接着出现了考虑驾驶员特性的车道变换行为分析,比较著名的有动态博弈、模糊逻辑车道变换模型等,随后出现了基于 Agent 理论和元胞自动机理论的车道变换模型,由于这两种理论都能很好地模拟交通流这一随机离散的现象而得到广泛的应用,特别是元胞自动机理论,由于它算法简单,运行规则与交通流十分相似,便于计算机模拟等特性在交通模型研究领域得到了十分广泛的应用。

车道变换模型的发展演变是与车道变换行为的发展相类似的。基本的发展过程如图 6.11 所示。

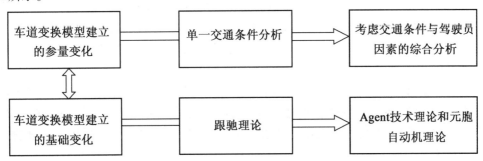

图 6.11 车道变换模型发展过程图

6.4.3 车道变换仿真研究

国外学者 Rasmussen 在假设不受目标车道影响的条件下对驾驶员车道变换策略进行了详细的分析;Masahiro Hashimoto 建立了以驾驶车辆和相邻车道后车速度、两车相对速度为输入变量,车头间距作为输出变量的线性回归模型;Fritzsche 对交通瓶颈条件下的车道变换模型进行了研究,但该模型的缺点在于不能很好地模拟阻滞车流汇入相邻车道的问题;Yousif 在 Rasmussen 假设条件下,建立了基于车头间距的二车道变换模型;Wagner 从车道利用角度出发,在不影响目标车道运行速度的前提下,提出了车道变换条件和安全准则,建立了再现宏观交通流特点的微观车道变换模型;Hunt 建立了基于神经网络的车道变换模型,但没有考虑到驾驶员之间的合作;Yang 在车道变换模型中加入了避让模块,使结果更加符合实际情况;Barcelo 开发了 AIMSUM 交通仿真系统,采用跟车模型、车道变换和间隙接受模型模拟驾驶行为,能够连续模拟路网上单独车辆的运动特性,但是不能解决突发交通事故条件下车流特性的模拟问题;Troutbeck 系统开发的车道变换模块,综合考虑车道变换的"间隙 - 强行汇入"和"优先 - 分配"特性,已应用于 SITRS 系统之中。

6.4.4 车道变换对交通运行影响研究

国外学者 Carlos F. Daganzo 对多车道高速公路匝道阻塞产生过程与机理进行了研究,

假设汇入策略相同的前提下,匝道车道变换将导致主线通行能力减少、交通拥挤发生和时间延误增加;W. van Winsum 采用驾驶模拟的方法,研究车道变换过程中不同车速、车道宽度以及行驶方向条件下驾驶员的感知信息与车辆响应之间的关系。驾驶员车道变换行为被分为三个连续的状态,驾驶员的操作行为受前一个驾驶行为结果的控制,从而保证安全极限。研究结果表明,驾驶行为的操作灵活性和环境适应性影响车道变换安全性。国内学者把驾驶员驾驶行为作为博弈进行研究,在这个过程中,驾驶员根据自己拥有的信息修正自己的行为策略以提高收益,同时研究了交通流宏观结构与驾驶员微观行为之间的自组织现象。

6.4.5 存在不足及发展趋势

在驾驶员车道变换特性研究方面,国外对驾驶员行为特征的研究集中在视点变化规律上,但是对不同驾驶员特性、不同类型车辆性能和道路指标下车道变换行为特性研究不足;国内积极开展了相关的基础性、前期性研究工作,但是还没有形成系统成熟的理论和方法。研究难点在于车道变换过程中驾驶员行为特性的检测和驾驶员车道变换特性与影响因素的相关性研究。

车道变换模型的研究已经取得了一定的成果,但也存在一些局限性。大多数模型在进行车道变换可行性检测时,都只是考虑目标车道前后空档是否大于最小安全间隙,若满足则执行车道变换,没有考虑在前后空档不充足的情况下,驾驶员自身特性以及由此带来的竞争博弈行为。

对于车道变换仿真的研究,国外车道模型研究经历了跟驰模型、可插车间隙模型和避让模型的发展进程,从简单的物理模型进化到涉及驾驶员心理活动的概率模型,但是具有仿生算法的强制性和选择性车道变换模型的研究还不深入。国内研究的内容和方向与国外大体相同,但是对一体化车道变换仿真环境的研究有待深入。国内、外研究热点是拥挤条件下车道变换过程分析和驾驶员车道变换意图的数学描述,研究难点在于驾驶员车道变换行为模拟和基于驾驶员避让模块一体化环境的开发。

对于车道变换对交通运行影响的研究,国内外集中在车道变换对交通流影响层面上,一般采用跟驰理论、可接受间隙理论等传统研究方法研究车道变换对目标车道通行能力、时间延误的影响。少数学者采用博弈论分析拥挤条件下强制车道变换交通流特征,研究驾驶员配合对交通安全的影响。但是对车道变换过程中存在的风险性因素及其与交通安全之间的内在关系的研究亟待深入。研究热点问题是车道变换对时间延误、通行能力和交通安全的影响,车道变换安全运行指标模型和安全性评价函数的建立。研究成果的验证也是难以解决的问题之一。

综上,国内外对车道变换行为的研究主要是基于驾驶员行为特性的研究,并集中于驾驶员特性的微观车道变换层面,但是对驾驶员的综合特性和交通环境影响下的车道变换行为研究不足。同时,关于车道变换行为特性,主要是做定性的分析,对于在车道变换过程中驾驶员行为特性的检测和车道变换行为与影响因素的定量关系的研究很少。

可以看出,今后关于车道变换行为的研究将向驾驶员综合特性和交通影响这两个方面定性与定量相结合的方向发展。

第7章 交通排队理论

7.1 排队系统

排队是指因车辆数量超过服务设施的容量,致使车辆得不到及时服务而等候的现象。排队论则是研究排队现象及其规律性的理论,是运筹学中以概率论为基础的一个重要分支,通过研究各种服务系统在排队等待中的概率特性,解决系统的最优设计和最优控制,也称为随机服务系统理论。

7.1.1 排队系统基本组成

排队系统是等候服务的车辆、正在接受服务的车辆和服务设施的总称。尽管排队系统是各种各样的,但从决定排队系统进程的主要因素看,它主要由三部分组成:输入过程,排队规则和服务方式。

1. 输入过程

输入过程是指各种类型接受服务的顾客(车辆或行人等)按怎样的规律到达,是描述顾客来源按怎样的规律抵达排队系统,一般包括顾客总体数、到达的类型、相继顾客到达的间隔时间服从什么样的概率分布、分布的参数是什么、到达的间隔时间之间是否独立。

常见的输入过程有:

(1)定长输入:车辆均匀到达,车头时距相同。

(2)泊松输入:车辆到达符合泊松分布,车头时距服从负指数分布,这种输入过程最容易处理,应用最广泛。

(3)爱尔朗输入:车辆到达的车头时距符合爱尔朗分布。

2. 排队规则

排队规则是指到来的车辆按怎样的次序接受服务,是指服务是否允许排队,顾客是否愿意排队,在排队等待的情形下服务的顺序是什么。常见的排队规律有:

(1)等待制。

车辆到达时,若所有服务台均被占用,则该车辆便排队等候服务,称为等待制。服务规则有先到先服务、后到先服务、随机服务和有优先权的服务多种。

(2)损失制。

车辆到达时,若所有服务台均被占用,则该车辆不排队等候,称为损失制。例如:汽车司机去停车场停放车辆,当停车场无空位时就离去。

(3)混合制。

混合制是损失制和等待制混合组成的排队系统。车辆到达时,若队长小于等于可接受的排队长度,就加入排队队伍;若队长大于可接受的排队长度,车辆就离去。

对等待制和混合制排队规则又可以分为以下两种类型:

(1)先到先服务:按车辆到达的先后次序给予服务。如先到交叉口的车辆先通过交叉口,这是最常见的情况。

(2)优先服务:即按事情的轻重缓急给予服务。例如在铁路与公路的交叉口,火车拥有通过交叉口的优先权;在无信号交叉口,主路上的车辆具有通过交叉口的优先权等。

3. 服务方式

服务方式也称为输出方式,是指同一时刻有多少服务台可接纳车辆,每一车辆服务了多少时间。服务方式包括服务台的数目和顾客所需的服务时间服从什么样的概率分布,每个顾客所需的服务时间是否独立,是成批服务还是单个服务。常见的服务方式分布有:

(1)定长分布:每一车辆的服务时间都相等。

(2)负指数分布:每一车辆的服务时间相互独立,且都服从相同的负指数分布。

(3)爱尔朗分布:每一车辆的服务时间相互独立,具有相同的爱尔朗分布。

7.1.2 排队系统的主要特征指标

排队论中的性能指标分为两种类型:一是瞬时性能指标,指在任意时刻排队系统的状态特征;二是稳定性能指标,它是指在经过足够长的运行时间后,排队系统所处的状态,这时各性能指标不再随时间而发生变化,处于稳定工作状态。

(1)服务率:它为单位时间内被服务的车辆均值。

(2)交通强度:单位时间内被服务的车辆数和请求服务车辆数之比。

(3)系统排队长度:可分为系统内的平均车辆数(L_s)和排队等待服务的平均车辆数(L_q)。常用于描述排队系统的服务水平。

(4)等待时间:从车辆到达时起到它开始接受服务时止这段时间。在任何排队系统中,车辆在系统内的时间都等于车辆排队等待时间与接受服务时间之和。

(5)忙期:即服务台连续繁忙的时间长度,用于描述服务台的工作强度和利用效率。

排队系统的组成如图 7.1 所示。排队问题就是计算该排队系统的各项基本数量指标,研究该系统的状态即系统中的顾客数,以便分析系统的运行效率,估计系统的服务状况,确定系统特征量的最优值,对系统实行最优设计、最优运营或最优控制。排队服务系统可分为单通道排队服务系统和多通道排队系统。

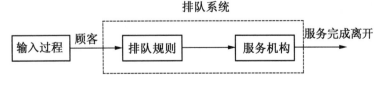

图 7.1 排队系统的组成

7.2 排队模型

7.2.1 M/M/1 排队模型

对于单通道排队系统,设车辆随机单个到达,平均到达率为 λ,则两次到达时间的平均间隔为 $1/\lambda$。从单通道接受服务后出来的输出率(即系统的服务率)为 μ,则平均服务时间为 $1/\mu$。比率 $\rho = \lambda/\mu$ 称为交通强度或利用系数。如 $\rho < 1$ 并且时间充分,每个状态将会按一定的概率反复出现。如 $\rho \geq 1$,排队长度将会变得越来越长,则系统状态是不稳定的。因此,要保持系统稳定的条件是 $\rho < 1$。

以 E_n 表示在 M/M/1 系统中有 n 个车辆时的状态。假设时间间隔 $\Delta t \to 0$,则在 Δt 内有两个及两个以上车辆接受服务或者两个以及两个以上车辆到达的概率为 Δt 的高阶无穷小,可以不考虑。这样在时刻 t 经 Δt 时间后的时刻,E_n 所处状态可能为:

(1) 在时刻 t 内为 E_{n-1} 状态,在 Δt 时间内有一个车辆到达。

(2) 在时刻 t 内为 E_n 状态,在 Δt 时间内没有车辆到达,服务也没有完成。(在 Δt 时间内,同时到达和离去的概率认为是零)

(3) 在时刻 t 内为 E_{n+1} 状态,在 Δt 时间内无车辆到达,服务已结束,减少了一个车辆。

在时刻 Δt 内,有一个车辆到达系统的概率为 $\lambda \Delta t$,有一个车辆接受完服务后离开的概率为 $\mu \Delta t$,则没有车辆到达、服务也没有完成的概率为

$$(1 - \lambda \Delta t)(1 - \mu \Delta t) = 1 - \lambda \Delta t - \mu \Delta t + \lambda \mu \Delta t^2 = 1 - (\lambda + \mu)\Delta t + o(\Delta t)$$

因此,在时刻 $(t + \Delta t)$ 系统状态为 E_n 的概率 $P_n(t + \Delta t)$ 为

$$P_n(t + \Delta t) = \lambda \Delta t P_{n-1}(t) + (1 - \lambda \Delta t - \mu \Delta t) P_n(t) + \mu \Delta t P_{n+1}(t) \tag{7.1}$$

将式(7.1)右边的 $P_n(t)$ 移项至左边,再用 Δt 去除两边,当 $\Delta t \to 0$ 时,根据导数定义得

$$\frac{\mathrm{d}P_n(t)}{\mathrm{d}t} = \lim_{\Delta t \to 0} \frac{P_n(t + \Delta t) - P_n(t)}{\Delta t} \tag{7.2}$$

从而导出导数差分方程为

$$\frac{\mathrm{d}P_n(t)}{\mathrm{d}t} = \lambda P_{n-1}(t) - (\lambda + \mu) P_n(t) + \mu P_{n+1}(t) \tag{7.3}$$

当 $n \geq 1$ 时,则上式成立;当 $n = 0$ 时,由于与 E_{n-1} 状态对应的时间不存在,因此有

$$P_0(t + \Delta t) = (1 - \lambda \Delta t) P_0(t) + \mu \Delta t P_1(t)$$

与前面处理相同,则得

$$\frac{\mathrm{d}P_0(t)}{\mathrm{d}t} = -\lambda P_0(t) + \mu P_1(t) \tag{7.4}$$

给定初始条件,根据式(7.3)和(7.4)即可求解 $P_n(t)$,这里的 P_n 是与 t 无关的平衡状态下的 P_n,即 $P_n = \lim_{t \to \infty} P_n(t)$。

将式(7.3)和(7.4)中的 $P_n(t), P_0(t), P_1(t)$ 分别改写为 P_n, P_0, P_1,并令其导数为 0,则得到平稳状态下的差分方程:

$$-\lambda P_0 + \mu P_1 = 0 \tag{7.5}$$

$$\lambda P_{n-1} - (\lambda + \mu) P_n + \mu P_{n+1} = 0 \quad (n \geq 1) \tag{7.6}$$

令 $\rho < 1$,将其代入式(7.5)和(7.6),求解 P_n,得到

$$P_n = \rho^n P_0 \quad (n \geq 1) \tag{7.7}$$

为了确定 P_0 的值,可利用所有概率之和为 1 的条件,即

$$\sum_{n=0}^{\infty} P_n = 1 \tag{7.8}$$

将式(7.7)代入式(7.8),得

$$\sum_{n=0}^{\infty} P_n = \sum_{n=0}^{\infty} \rho^n P_0 = 1 \tag{7.9}$$

由于 $\rho < 1$,则有

$$P_0 = \frac{1}{\sum_{n=0}^{\infty} \rho^n} = \frac{1}{\frac{1}{1-\rho}} = 1 - \rho \tag{7.10}$$

代入式(7.7)得

$$P_n = \rho^n (1 - \rho) \tag{7.11}$$

在 $\rho \geq 1$ 时,由于式(7.10)分母级数发散,所以没有平稳解。

利用求出的 P_n,即可计算出下列系统特征量。

(1) 系统中车辆为 k 辆以上的概率 $P(n > k)$:

$$P(n > k) = \sum_{n=k}^{\infty} P_n = \left(\frac{\lambda}{\mu}\right)^{k+1} \tag{7.12}$$

(2) 系统内的平均车辆数 L_s(包括正在接受服务的车辆):

$$L_s = \sum_{n=0}^{\infty} n \rho^n (1 - \rho) = \frac{\rho}{1 - \rho} = \frac{\lambda}{\mu - \lambda} \tag{7.13}$$

(3) 车辆在系统内的平均时间 W_s:

在 W_s 时间内到达的平均车辆数为 λW_s,由于这个数与系统内车辆平均数 L_s 相等,则得

$$L_s = \lambda W_s \tag{7.14}$$

因此 W_s 为

$$W_s = \frac{L_s}{\lambda} = \frac{1}{\mu - \lambda} \tag{7.15}$$

(4) 系统内的平均排队长度 L_q(不包括正在服务中的车辆):

$$L_q = \sum_{n=2}^{\infty} (n - 1) P_n = \frac{\rho^2}{1 - \rho} = \frac{\lambda^2}{\mu(\mu - \lambda)} \tag{7.16}$$

(5) 系统内车辆的平均等待时间 W_q:

由于 $L_q = \lambda W_q$,则

$$W_q = \frac{L_q}{\lambda} = \frac{\rho}{\mu(1 - \rho)} = \frac{\lambda}{\mu(\mu - \lambda)} = W_s - \frac{1}{\mu} \tag{7.17}$$

(6) 车辆在系统内大于时间 t 的概率 $P(T > t)$:

$$P(T > t) = e^{-(\mu - \lambda)t} \tag{7.18}$$

7.2.2 M/M/N 排队模型

排队系统 M/M/N 表示车辆的到达服从参数为 λ 的泊松分布,系统内并排 N 个服务台,各服务台服务能力相同,服务时间服从参数为 $1/\mu$ 的负指数分布,车辆在系统内仅排成一队等待。与单一服务台的情况相同,在平稳状态下,M/M/N 系统的微分方程组为

$$\frac{\mathrm{d}P_0(t)}{\mathrm{d}t} = -\lambda P_0(t) + \mu P_1(t) \tag{7.19}$$

$$\frac{\mathrm{d}P_n(t)}{\mathrm{d}t} = \lambda P_{n-1}(t) - (\lambda + n\mu)P_n(t) + (n+1)\mu P_{n+1}(t) \quad (1 \leq n \leq N) \tag{7.20}$$

$$\frac{\mathrm{d}P_n(t)}{\mathrm{d}t} = \lambda P_{n-1}(t) - (\lambda + N\mu)P_n(t) + N\mu P_{n+1}(t) \quad (N \leq n) \tag{7.21}$$

令 $\rho = \lambda/\mu$,根据式(7.19),(7.20),(7.21)即可求出稳定解。在平稳状态下,令其导数为 0,则得到如下差分方程:

$$-\lambda P_0 + \mu P_1 = 0 \tag{7.22}$$

$$\lambda P_{n-1} - (\lambda + n\mu)P_n + (n+1)\mu P_{n+1} = 0 \quad (1 \leq n < N) \tag{7.23}$$

$$\lambda P_{n-1} - (\lambda + n\mu)P_n + N\mu P_{n+1} = 0 \quad (N \leq n) \tag{7.24}$$

将 $\rho = \lambda/\mu$ 逐个代入上述方程组,利用 P_0 即可求得状态概率 P_n:

$$P_n = \frac{\rho^n P_0}{n!} \quad (0 \leq n < N) \tag{7.25}$$

$$P_n = \frac{\rho^n P_0}{N! \, N^{n-N}} \quad (n \geq N) \tag{7.26}$$

利用全概率之和为 1 的条件,即

$$\sum_{n=0}^{\infty} P_n = 1 \tag{7.27}$$

将式(7.25)和式(7.26)代入(7.27),即可求得 P_0:

$$P_0 = \frac{1}{\sum_{n=0}^{N-1} \frac{\rho^n}{n!} + \frac{\rho^N}{N!(1-\rho/N)}} \tag{7.28}$$

利用式(7.25),(7.26),(7.28)可求出系统特征量。

(1) 系统中车辆为 N 人以上的概率 $P(n>N)$:

$$P(n>N) = \sum_{n=N}^{\infty} P_n = \frac{\rho^{N+1} P_0}{(N+1)!(1-\rho/N)} \tag{7.29}$$

(2) 系统内车辆的平均数 L_s(包括接受服务的车辆):

$$L_s = \sum_{n=0}^{\infty} nP_n = \rho + \frac{\rho^{N+1} P_0}{N!N(1-\rho/N)^2} \tag{7.30}$$

(3) 车辆在系统内的平均时间 W_s:

$$W_s = \frac{L_s}{\lambda} \tag{7.31}$$

(4) 系统内的平均排队长度 L_q(不包括正在服务中的车辆):

$$L_q = \sum_{n=N+1}^{\infty}(n-N)p_n = \frac{\rho^{N+1}P_0}{N!N(1-\rho/N)^2} = L_s - \rho \tag{7.32}$$

(5) 系统内车辆的平均等待时间 W_q：

$$W_q = \frac{L_q}{\lambda} = W_s - \frac{1}{\mu} \tag{7.33}$$

(6) 车辆在系统内大于时间 t 的概率 $P(T>t)$：

$$P(T>t) = e^{-\mu t}\left\{1 + \frac{\rho^N P_0[1-e^{-\mu(N-1-\rho)}]}{N!\left(1-\frac{\rho}{N}\right)(N-1-\rho)}\right\} \tag{7.34}$$

7.2.3 M/M/1(N)排队模型

排队系统 M/M/1(N)表示队长受限制的排队系统。设车辆相继到达间隔分布是参数为 λ 的泊松分布，服务时间服从参数为 $1/\mu$ 的负指数分布，服务台为 1 个，车辆在服务台前仅排成一队，排队空间为 N。在这种情况下，由于一个服务台一次仅能为一个车辆服务，所以最多有 $(N-1)$ 个人在排队等待，如果正在这时车辆到达，则到达的车辆就是超员车辆。如果 $N=\infty$，则说明排队空间无限，服务台前车辆可无限排队，此时，本系统就变成 M/M/1(∞)系统。

假设时刻 t 系统内有 n 个车辆的概率为 $P_n(t)$。由于系统内仅能容纳 N 个车辆，所以 n 的取值为 $0,1,2,\cdots,N-1,N$。则 M/M/1(N)系统的微分方程为

$$\frac{dP_0(t)}{dt} = -\lambda P_0(t) + \mu P_1(t) \tag{7.35}$$

$$\frac{dP_n(t)}{dt} = \lambda P_{n-1}(t) - (\lambda+\mu)P_n(t) + \mu P_{n+1}(t) \quad (1 \leq n \leq N-1) \tag{7.36}$$

$$\frac{dP_n(t)}{dt} = \lambda P_{N-1}(t) - \mu P_N(t) \tag{7.37}$$

在求出平稳状态下的 $P_n(t)$ 之后，可将 $P_n(t)$ 改写为 P_n，令式(7.35),(7.36),(7.37)的导数为0，则可得到下列平稳状态下的差分方程式：

$$-\lambda P_0 + \mu P_1 = 0 \tag{7.38}$$

$$\lambda P_{n-1} - (\lambda+\mu)P_n + \mu P_{n+1} = 0 \quad (1 \leq n < N-1) \tag{7.39}$$

$$\lambda P_{n-1} - \mu P_n = 0 \tag{7.40}$$

令 $\rho = \lambda/\mu$，可将式(7.38),(7.39),(7.40)改写为

$$-\rho P_0 + P_1 = 0 \tag{7.41}$$

$$\rho P_{n-1} - (\rho+1)P_n + P_{n+1} = 0 \tag{7.42}$$

$$\rho P_{n-1} - P_n = 0 \tag{7.43}$$

根据式(7.41),(7.42),(7.43)，用 P_0 求解 P_n，则得

$$P_n = \rho^n P_0 \quad (n=0,1,2,\cdots,N) \tag{7.44}$$

其次，为了求出 P_0，利用

$$\sum_{n=0}^{\infty} P_n = 1 \tag{7.45}$$

即所有状态概率之和为1的条件,将式(7.44)代入上式得:

当 $\rho \neq 1$ 时,得到

$$P_0 = \frac{1}{\sum_{n=0}^{N} \rho^n} = \frac{1}{\frac{1-\rho^{N+1}}{1-\rho}} = \frac{1-\rho}{1-\rho^{N+1}} \tag{7.46}$$

$$P_0 = \frac{\rho^n(1-\rho)}{1-\rho^{N+1}} \quad (0 \leq n \leq N) \tag{7.47}$$

在无限排队的情况下,ρ 必须小于 1;在有限排队情况下,则允许 $\rho \geq 1$;但是当 $\rho = 1$ 时,不能使用式(7.47),而由式(7.46)得

$$P_0 = \frac{1}{\sum_{n=0}^{N} \rho^n} = P_0 = \frac{1}{\sum_{n=0}^{N} 1^n} = \frac{1}{N+1} \tag{7.48}$$

由式(7.44)得

$$P_N = \frac{1}{N+1} \quad (0 \leq n \leq N) \tag{7.49}$$

利用上述公式,可计算出系统特征量:

① 系统中车辆的平均等待数 L_q:

当 $\rho \neq 1$ 时

$$L_q = \sum_{n=0}^{N}(n-1)P_n = \frac{\rho^2[1-N\rho^{N-1}+(N-1)\rho^N]}{(1-\rho)(1-\rho^{N+1})} \tag{7.50}$$

当 $\rho = 1$ 时

$$L_q = \frac{N(N-1)}{2(N-1)} \tag{7.51}$$

② 系统内车辆的平均数 L:

$$L = \sum_{n=0}^{N} nP_n \tag{7.52}$$

L_q 与 L 存在如下关系:

$$L_q = \sum_{n=2}^{N}(n-1)P_n = \sum_{n=2}^{N}nP_n - \sum_{n=2}^{N}P_n = \sum_{n=2}^{N}nP_n - (1-P_0) = L - 1 + P_0 \tag{7.53}$$

式(7.53)左边的 L_q,在 $\rho \neq 1$ 时,可以利用式(7.50)计算;在 $\rho = 1$ 时,可以利用式(7.51)计算,取 $L = N/2$。

③ 有效到达率 λ_{eff}:

在排队系统 M/M/1(N)中,当服务台前等待的空间为空白时,平均到达率为 λ;当系统内所能容纳的车辆数满员时,平均到达率为 0。因此,计算有效到达率 λ_{eff} 是很有实际意义的。由 $L_q = l - (\lambda_{eff}/\mu)$ 得

$$\lambda_{eff} = \mu(L - L_q) \tag{7.54}$$

根据式(7.53)求出 L 代入式(7.54),则有

$$\lambda_{eff} = \mu(1-P_0) \tag{7.55}$$

④车辆的平均等待时间 W_q:

$$W_q = \frac{L_q}{\lambda_{\text{eff}}} \tag{7.56}$$

7.2.4 M/M/C(N)排队模型

排队系统 M/M/C(N)表示排队空间是有限的,即在服务台前排队的队长是有限的,并排多个服务台的系统。设各服务台的服务能力相等,共计并排有 C 个服务台,车辆在并列的多个服务台前仅排成一队等待服务,系统内最多可容纳 N 个车辆,服务台的排队等待空间内最多可容纳 $(N-C)$ 个车辆,当在系统内有 $(N-C)$ 个车辆在排队等待时,系统就已满员。此时如有车辆到达,则到达的车辆即为超员车辆,超员车辆因不能排队等待而立即离去。车辆到达分布是参数为 λ 的泊松分布,服务台服务时间服从参数为 $1/\mu$ 的负指数分布,在并列的 C 个服务台中,一旦有空闲或刚刚服务完,下一个车辆立即接受服务。

在排队系统 M/M/C(N)中,设 $P_n(t)$ 为在时刻 t 系统内有 n 个车辆的概率,采用与单一服务台相同的方法,推导出如下微分状态方程:

$$\frac{dP_0(t)}{dt} = -\lambda P_0(t) + \mu P_1(t) \tag{7.57}$$

$$\frac{dP_0(t)}{dt} = \lambda P_{n-1}(t) - (\lambda + n\mu)P_n(t) + (n+1)\mu P_{n+1}(t) \quad (1 \leq n \leq C-1) \tag{7.58}$$

$$\frac{dP_0(t)}{dt} = \lambda P_{n-1}(t) - (\lambda + C\mu)P_n(t) + C\mu P_{n+1}(t) \quad (C \leq n \leq N-1) \tag{7.59}$$

将式(7.57),(7.58),(7.59)中的 $P_n(t)$ 改写为 P_n,令其导数为 0,则求出平稳状态下的状态方程为

$$-\lambda P_0 + \mu P_1 = 0 \tag{7.60}$$

$$\lambda P_{n-1} - (\lambda + C\mu)P_n + (n+1)\mu P_{n+1} = 0 \quad (1 \leq n < C-1) \tag{7.61}$$

$$\lambda P_{n-1} - (\lambda + C\mu)P_n + C\mu P_{n+1} = 0 \quad (C \leq n < N-1) \tag{7.62}$$

$$\lambda P_{n-1} - C\mu P_n = 0 \tag{7.63}$$

利用 P_0 求出状态概率 P_n 为

$$P_n = \frac{1}{n!}\left(\frac{\lambda}{\mu}\right)^n P_0 \quad (n \leq C) \tag{7.64}$$

$$P_n = \frac{1}{C! \, C^{n-C}}\left(\frac{\lambda}{\mu}\right)^n P_0 \quad (C+1 \leq n \leq N) \tag{7.65a}$$

再利用全概率之和为 1 的条件,即

$$\sum_{n=0}^{\infty} P_n = 1 \tag{7.65b}$$

将式(7.64)和式(7.65a)代入(7.65b),即可求得

$$P_0 = \frac{1}{\sum_{n=0}^{C}\left(\frac{1}{n!}\right)\left(\frac{\lambda}{\mu}\right)^n + \left(\frac{1}{C!}\right)\left(\frac{\lambda}{\mu}\right)^C \sum_{n=n+1}^{N}\left(\frac{\lambda}{\mu C}\right)^{n-C}} \tag{7.66}$$

利用式(7.66),即可计算出系统特征量(设 $\lambda \neq C\mu$)。

① 车辆的平均等待数 L_q:

$$L_q = \frac{P_0 \left(\frac{\lambda}{\mu}\right)^C \left(\frac{\lambda}{\mu C}\right)}{C!\left(1 - \frac{\lambda}{\mu C}\right)^2} \left[1 - \left(\frac{\lambda}{\mu C}\right)^{N-C} - (N-C)\left(\frac{\lambda}{\mu C}\right)^{N-C}\left(1 - \frac{\lambda}{\mu C}\right)\right] \quad (7.67)$$

② 系统内车辆的平均数 L:

$$L = L_q + C + \sum_{n=0}^{C-1}(C-n)P_n \quad (7.68)$$

③ 有效到达率 λ_{eff}:

$$\lambda_{\text{eff}} = \mu\left[C - \sum_{n=0}^{C-1}(C-n)P_n\right] \quad (7.69)$$

④ 车辆在系统内的平均时间 W_q:

$$W_q = \frac{L_q}{\lambda_{\text{eff}}} \quad (7.70)$$

⑤ 系统内车辆的平均等待时间 W:

$$W = \frac{\lambda}{\lambda_{\text{eff}}} \quad (7.71)$$

7.2.5　M(N)/M/1 排队模型

排队系统 M(N)/M/1 是表示车辆源有限(即输入源为 N)的排队系统。下面以交叉口信号控制机修理为例,研究建立 M(N)/M/1 排队模型的方法。假设正在工作着的信号控制机有 N 台,各信号控制机属于同一机种。运行的信号控制机难免发生故障,假设每台信号控制机发生故障都是相互独立的,任何一台信号控制机的故障发生率都服从参数为 λ 的泊松分布。设修理信号控制机的修理工为 1 人,修理信号控制机的时间服从参数为 $1/\mu$ 的负指数分布。如果修理工一次只能修理 1 台信号控制机,那么,当有两台或多台信号控制机故障时,不能立即被修理,并规定修理好的信号控制机立即运行工作。

设在时刻 t 有 n 台信号控制机出故障的状态概率为 $P_n(t)$,则 n 的取值为 $0,1,2,\cdots,N$。与前面的排队系统同样,推导出 M(N)/M/1 系统状态的微分方程:

$$\frac{dP_0(t)}{dt} = -N\lambda P_0(t) + \mu P_1(t) \quad (7.72)$$

$$\frac{dP_n(t)}{dt} = (N-n+1)\lambda P_{n-1}(t) - [(N-n)\lambda + \mu]P_n(t) + \mu P_{n+1}(t) \quad (1 \leq n \leq N-1) \quad (7.73)$$

$$\frac{dP_n(t)}{dt} = \lambda P_{N-1}(t) - \mu P_n(t) \quad (7.74)$$

假设系统处于平稳状态,由式(7.72),(7.73),(7.74)得出下列差分方程:

$$-N\lambda P_0 + \mu P_1 = 0 \quad (7.75)$$

$$(N-n-1)\lambda P_{n-1} - [(N-1)\lambda + \mu]P_n + \mu P_{n+1} = 0 \quad (1 \leq n \leq N-1) \quad (7.76)$$

$$\lambda P_{n-1} - \mu P_n = 0 \quad (7.77)$$

由式(7.75),(7.76),(7.77),利用 P_0 即可求出平稳状态下的状态概率 P_n,即

$$P_n = \frac{N!}{(N-n)!}\left(\frac{\lambda}{\mu}\right)^n \quad (0 \leq n \leq N) \tag{7.78a}$$

利用全概率之和为1的条件,即

$$\sum_{n=0}^{\infty} P_n = 1 \tag{7.78b}$$

将式(7.78a)代入(7.78b),则可求出 P_0,即

$$P_0 = \frac{1}{\sum_{n=0}^{N} \frac{N!}{(N-n)!}\left(\frac{\lambda}{\mu}\right)^n} \tag{7.79}$$

其中,P_0 表示故障信号控制机为0台的概率,即修理工为空闲的状态概率。由式(7.78a),求得 P_n 为

$$P_n = \frac{N!}{(N-n)!}\left(\frac{\lambda}{\mu}\right)^n \frac{1}{\sum_{n=0}^{N} \frac{N!}{(N-n)!}\left(\frac{\lambda}{\mu}\right)^n} \quad (0 \leq n \leq N) \tag{7.80}$$

利用求出的状态概率 P_n,即可计算出下列系统特征量:

① 信号控制机平均出故障的台数 L:

$$L = \sum_{n=0}^{N} nP_n = N - \frac{\mu}{\lambda}(1 - P_0) \tag{7.81}$$

② 信号控制机平均等待修理的台数 L_q:

$$L_q = \sum_{n=2}^{N} (n-1)P_n = N - \frac{\lambda + \mu}{\lambda}(1 - P_0) \tag{7.82}$$

7.2.6 M(N)/M/K 排队模型

排队系统 M(N)/M/K 表示车辆源有限(即输入源为 N)的多个服务台的排队系统。下面仍以信号交叉口的信号控制机修理为例,研究建立 M(N)/M/K 排队系统模型的方法。假设正在工作着的信号控制机有 N 台,各信号控制机属于同一机种。设修理工为 k 人,在修理设施内并排排列。工作着的信号控制机(正在使用的信号控制机)数 N 多于修理工人数,即 $N \geq k$。与修理工为1人的情况相同,各信号控制机的故障发生率服从参数为 λ 的泊松分布,设各修理工的能力相同,修理时间服从参数为 $1/\mu$ 的负指数分布。只要出故障的信号控制机数超过修理工人数,未能得到及时修理的信号控制机就要在修理设施内等待。假设刚修理完的信号控制机立即运行工作。

与修理工为1人(即单一服务台)的情况相同,设在时刻 t 出故障的信号机有 n 台的状态概率为 $P_n(t)$,n 的取值为 $0,1,2,\cdots,N$。设修理工为 k 人(即服务台数为 k)。推导出此系统的微分方程式为

$$\frac{dP_0(t)}{dt} = -N\lambda P_0(t) + \mu P_1(t) \tag{7.83}$$

$$\frac{dP_0(t)}{dt} = (N-n+1)\lambda P_{n-1}(t) - [(N-n)\lambda + n\mu]P_n(t) + (n+1)\mu P_{n+1}(t) \quad (1 \leq n \leq N-1)$$
$$\tag{7.84}$$

$$\frac{dP_n(t)}{dt} = \lambda P_{n-1}(t) - k\mu P_n(t) \tag{7.85}$$

假设系统处于平稳状态,由式(7.83),(7.84),(7.85),即可得出下列差分方程式:

$$-N\lambda P_0 + \mu P_1 = 0 \tag{7.86}$$

$$(N-n-1)\lambda P_{n-1} - [(N-1)\lambda + k\mu]P_n + (n+1)\mu P_{n+1} = 0 \quad (1 \leqslant n \leqslant k-1) \tag{7.87}$$

$$(N-n-1)\lambda P_{n-1} - [(N-1)\lambda + k\mu]P_n + k\mu P_{n+1} = 0 \quad (k \leqslant n \leqslant N) \tag{7.88}$$

$$\lambda P_{n-1} - k\mu P_n = 0 \tag{7.89}$$

由式(7.86),(7.87),(7.88),利用 P_0 即可求出平稳状态下的状态概率 P_n,即

$$P_n = \frac{N!}{n!(N-n)!}\left(\frac{\lambda}{\mu}\right)^n P_0 \quad (0 \leqslant n \leqslant k) \tag{7.90}$$

$$P_n = \frac{N!}{k!(N-n)!\,k^{n-k}}\left(\frac{\lambda}{\mu}\right)^n P_0 \quad (k+1 \leqslant n \leqslant N) \tag{7.91a}$$

利用全概率之和为 1 的条件,即

$$\sum_{n=0}^{\infty} P_n = 1 \tag{7.91b}$$

将式(7.90)和式(7.91a)代入(7.91b),则可求出 P_0,即

$$P_0 = \frac{4}{\sum_{n=0}^{k}\frac{N!}{(N-n)!}\left(\frac{\lambda}{\mu}\right)^n + \sum_{n=k+1}^{N}\frac{N!}{(N-n)!\,k!\,k^{n-k}}\left(\frac{\lambda}{\mu}\right)^n} \tag{7.92}$$

利用求出的状态概率 P_n,即可计算出下列系统特征量。

①信号控制机平均出故障的台数 L:

$$L = \sum_{n=0}^{N} nP_n = \sum_{n=0}^{k+1} nP_n + \sum_{n=0}^{N}(n-k)P_n + k\left(1 - \sum_{n=0}^{k-1} P_n\right) \tag{7.93}$$

②信号控制机平均等待修理的台数 L_q:

$$L_q = \sum_{n=k}^{N}(n-k)P_n \tag{7.94}$$

7.2.7 M/G/1(∞)排队模型

排队系统 M/G/1(∞)与前述排队系统不同,在此系统中,服务台服务时间为一般分布(或称为任意分布)。设服务台为一个,车辆到达服从参数为 λ 的泊松分布,到达的车辆在服务台前排成一队,并且队长无限制。车辆接受服务的规则是先到先服务。

在排队系统 M/G/1(∞)中,服务时间 T(随机变量)的期望值与方差分别用 $E(T)$ 和 $var(T)$ 表示,并假设车辆的平均到达时间 $1/\lambda$ 和 $E(T)$ 的关系满足 $1/\lambda > E(T)$。

任何排队系统,系统中的车辆数都等于系统内排队等待的车辆数与正在接受服务的车辆数之和;车辆在系统内停留的时间等于排队时间与接受服务的时间之和。在平稳状态下,计算出 M/G/1(∞)系统的特征量。

①系统中车辆为 0 的概率 P_0:

$$P_0 = 1 - \lambda E(T) \tag{7.95}$$

②系统内车辆的平均数 L：

$$L = \lambda E(T) + \frac{\lambda^2 var(T) + \lambda E(T)^2}{2[1 - \lambda E(T)]} \tag{7.96}$$

③系统内的平均排队长度 L_q：

$$L_q = L - \lambda E(T) \tag{7.97}$$

④车辆在系统内的平均停留时间 W：

$$W = \frac{L}{\lambda} \tag{7.98}$$

⑤系统内车辆的平均等待时间 W_q：

$$W_q = \frac{L_q}{\lambda} \tag{7.99}$$

7.3 排队理论的应用

众所周知,交通设施的不足或空间(场地)的有限性是造成车辆排队现象出现的主要因素,而诸如交通管理水平、服务机构的效率或车辆运行的无序性也是造成排队现象的又一重要因素,因此,为了更好地进行交通管理和控制,提高道路的服务水平,人们应用排队理论的方法来研究道路交通流的特性,如用于分析道路瓶颈处汽车排队的特性,考虑无信号交叉口的车辆穿插能力及行人延滞问题,考虑车辆可变输入的交通流特征问题,定时信号交叉口的排队特性及排队模型等。

7.3.1 交叉口交通流

道路交叉口是一种具有连接道路使其发挥网络化机能的设施,也是人流、车流的主要集中地,交通拥挤首先反映在交叉口上。在整个路网,交叉口日益成为通行能力与交通安全上的卡口,日常交通堵塞,大部分是由于交叉路口的通行能力不足造成的。交叉口的研究对现有方案进行评价、对交叉口处改善措施的有效性分析等都具有重要意义。

1. 交叉口交通流模拟

应用排队论对交叉口处交通流进行模拟分析,假设道路上的某一个交叉口,在给定流量、单辆车通过时间,并考虑道路、人和交通信号等因素影响的前提下,分析道路上车道的设置,至少要设置多少车道,并对不同的系统进行评估。

交叉口排队分析模型模拟分析法能较好地反映交叉口处的车流运行状态以及车道的影响,是交通分析的有效工具,对交叉路口的规划和评价具有一定的指导作用。

2. 交叉口排队及延误

交叉口通行能力不足将会造成交通堵塞、时间延误等问题,因此对交叉口交通流的研究有重要意义。交叉口车辆排队是产生延误的原因,学者们以多种方法研究交叉口排队与延误,主要方法有排队论和波动论两种。排队论用于建立交叉口延误模型,如自适应信号控制下的延误模型、增量延误模型,这些模型计算的是在较长时间内的平均延误。在模型推导过程中,都假设了一定的条件,如车辆到达率和驶离率恒定,无初始队列,在停车线上垂直方向排队,车辆无加速过程等。

有些假设前提与实际情况明显不符,如车辆到达率一般是随机性的,车辆排队的停车点与停车线之间存在空间,车辆通过这一空间需要时间,这就使得从队列启动的车辆不一定能通过停车线,可能需要二次排队,从而改变了排队状况并增加了延误,因此模型并不能准确反映车辆在交叉口排队的实际延误。在自适应交通控制系统中,需根据交叉口实时延误不断调整信号配时,这些模型不便计算实时延误。

7.3.2 公共交通

1. 公交停靠站评价及优化

(1) 常规公交。

作为公共交通最主要的一种形式,公交在城市交通系统中占有十分重要的位置。作为公交运行的节点,公交车中途停靠站承担了满足公交车辆停靠和乘客上下车要求的任务,如果公交车中途停靠站规划设计不当,不仅不能满足要求,造成公交车辆停靠的混乱,而且会对公交系统外部的交通系统产生不良影响,公交中途站甚至会成为路段交通瓶颈。所以,合理规划设计公交站点对于充分发挥公交车中途停靠站的作用具有重要意义。而公交站点停车位数是公交站点微观优化设计中的一个重要指标。停车位数过少或没有明确设置停车位,不仅不能发挥公交车中途停靠站的作用,还会影响道路的交通状况;停车位数设置过多、站长过长,会浪费道路资源,而且不能引导车辆的有序停靠,不方便乘客上下车,频繁的刹车启动也给乘客带来了不适,同时加剧了中途停靠站附近的环境污染。停靠是公交运营不可或缺的环节,统计资料显示,公交车在停靠站耗费的时间占总运行时间的19%~21%,因此,停车位的计算需要深入研究。

公交车到站的随机性导致车辆到达服从近似的泊松分布,可以把公交站点、停车位以及公交车进站进行上下车再离站的过程看成一个排队系统来进行研究。运用排队模型分析评价现有站点的停车位的合理性,当现有停车位数无法满足公交流量要求时,通过一系列约束条件优化设计满足公交流量需求的停车位数。

公交站点停车位的合理优化既能充分利用道路上的交通设施,满足对公交服务的要求,提高公交系统的效率,又能改善部分通行量较大的公交站点秩序混乱、公交车乱停以及占道等现象,从一定程度上将缓解城市交通压力,为城市居民提供安全便捷的乘车环境。

(2) 快速公交。

快速公交(Bus Rapid Transit,BRT)吸收了轨道交通的运量大、速度快、舒适度高、道路干扰小等优点,同时具备了常规公交系统的线路密度高、站点设置灵活方便、投资小、建设周期短等长处。它利用现代公交技术配合智能交通的运营管理,使传统的公交系统基本达到轨道交通的服务水平,投资及运营成本比轨道交通显著降低。BRT技术是解决我国许多城市交通问题的有效方法之一,这种优良的交通系统将会迅速地在我国得到广泛应用。

专用车道为BRT创造了有利的通行条件,为了保证车辆的快速运营,还需要公交停靠站和交叉口的协调配置。其中,停车位的计算是停靠站设计研究的核心内容之一。停车位设计过多,导致车站长度过长,造价升高,同时也容易造成车辆停放无序,增加行人走向停靠位的时间;若停车位设计不足,则引起车辆站外排队,增加停靠站延误时间,并影响专用道上其他公交车的正常通行。因此,对公交停靠站停靠能力的研究是快速公交技术的重要组成部分。现有的停车位计算方法是根据停靠站的通行能力来计算合理停车位的数量,而车站通行能力取决于车辆占用停车位的时间长短和车辆的加减速性能,这种采用静态指标来计算的方法对一般的情况具有指导意义,与实际情况拟合得不是很好,针对具体的道路条件、公交车流、站点的上下客流需求等情况,停车位的计算需要做相应的调整。

同理,基于排队系统理论的BRT中途停靠站停车位计算法的研究结果与实际情况非常接近,此种研究方法能够为科学决策提供依据,可供相关工程借鉴。

2. 公交车对交通流的影响

将公交车和其他车辆看作一个运动的排队系统,建立公交车影响下的社会车辆延误模型,研究公交车辆对交通流延误的影响。

7.3.3 高速公路收费系统

随着ETC(Electronic Toll Collection)技术的发展,ETC与人工收费方式将长期共存,不同ETC技术使用率情况下,最佳车道配置结果也有所差异,ETC收费车道过多,系统成本增加,人工收费车道缩减,使人工收费车道的使用者因排队等待延误成本增加,ETC收费车道过少,使用者排队等待的延误成本高于人工收费车道,这样会使系统总费用增加,所以收费系统总费用包括两个方面:一是收费车道的服务费用,二是车辆排队等待的延误费用。为使资源合理分配,必须对车道配置进行优化设计。

基于排队论的高速公路收费系统的数学模型研究利用排队理论,建立高速公路收费站汽车排队问题的数学模型,计算各性能参数,以收费系统社会总费用最小为目标建立车道优化模型。

第 8 章 连续流模型

8.1 连续流一般模型

8.1.1 守恒方程的建立

守恒方程比较容易推导,可以采用下面的方法:考虑一个单向连续路段,在该路段上选择两个交通计数站,如图 8.1 所示,两站间距为 Δx,两站之间没有出口或入口(即该路段上没有交通流产生或离去)。

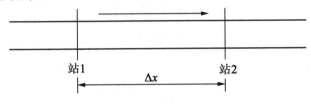

图 8.1 路段示意图

设 N_i 为 Δt 时间内通过 i 站车辆数,q_i 是通过 i 站的流量,Δt 为站 1 和站 2 同时开始计数持续时间。令 $\Delta N = N_2 - N_1$,则有:$N_1/\Delta t = q_1$,$N_2/\Delta t = q_2$,$\Delta N/\Delta t = \Delta q \Rightarrow \Delta N = \Delta q \cdot \Delta t$。如果 Δx 足够短,使得该路段内的密度 k 保持一致,那么密度增量可以表示如下:

$$\Delta k = \frac{-(N_2 - N_1)}{\Delta x} \tag{8.1}$$

式(8.1)中$(N_2 - N_1)$前面之所以加上" $-$ ",是因为如果$(N_2 - N_1) > 0$,说明从站 2 驶离的车辆数大于从站 1 驶入的车辆数,也就是两站之间车辆数减少,即密度减小。即 ΔN 与 Δk 符号相反,得出$(\Delta k)(\Delta x) = -\Delta N$。

同时,根据流量关系,有

$$-(\Delta q)(\Delta t) = (\Delta k)(\Delta x) \tag{8.2}$$

因此

$$\frac{\Delta q}{\Delta x} + \frac{\Delta k}{\Delta t} = 0 \tag{8.3}$$

假设两站间车流连续,且允许有限的增量为无穷小,那么取极限可得

$$\frac{\partial q}{\partial x} + \frac{\partial k}{\partial t} = 0 \tag{8.4}$$

式(8.4)描述了交通流守恒规律,并说明当流量随距离增大而降低时,车流密度则随时

间增加而增大。

如果路段上有车辆的产生或离去,那么守恒方程采用如下更一般的形式:

$$\frac{\partial q}{\partial x} + \frac{\partial k}{\partial t} = g(x,t) \tag{8.5}$$

这里的 $g(x,t)$ 是指车辆的产生(离去)率(每单位长度、每单位时间内车辆的产生或离去数)。

8.1.2 守恒方程的解析解法

守恒方程(8.4)和(8.5)可用于确定道路上任意路段的交通流状态,它把两个互相依赖的基本变量——密度 k 和流率 q 与两个相互独立的量——时间 t 和距离 x 联系起来。但是,如果没有另外的附加方程或假设条件,对方程(8.5)的求解是不可能的。为此,把流率 q 当作密度 k 的函数,即 $q=f(x)$。下面介绍守恒方程的解析解法。为了简化求解过程,只考虑没有交通产生和离去的影响,即 $g(x,t)=0$ 的情况,由此可将守恒方程化为如下形式:

$$\frac{\partial}{\partial x}(ku) + \frac{\partial k}{\partial t} = \frac{\partial}{\partial x}[kf(k)] + \frac{\partial k}{\partial t} = f(k)\frac{\partial k}{\partial x} + k\frac{\mathrm{d}f}{\mathrm{d}k}\frac{\partial k}{\partial x} + \frac{\partial k}{\partial t} = 0 \tag{8.6}$$

或

$$[f(x) + k\frac{\mathrm{d}f}{\mathrm{d}k}]\frac{\partial k}{\partial x} + \frac{\partial k}{\partial t} = 0 \tag{8.7}$$

$f(k)$ 可以是任一函数,无须构造条件使得结果通用,例如采用格林希尔治速度 – 密度线性模型,式(8.6)就变为

$$[u_\mathrm{f} - 2u_\mathrm{f}\frac{k}{k_\mathrm{j}}]\frac{\partial k}{\partial x} + \frac{\partial k}{\partial t} = 0 \tag{8.8}$$

式中 u_f——自由流速度;

k_j——阻塞密度。

式(8.6)为一阶拟线性偏微分方程,可以通过特征曲线方法求出其解析解。

8.1.3 守恒方程的数值解法

根据以上介绍,可以看出解析解法的主要缺点是推导过程中要求的条件过于简化,包括简单初始交通流条件、车辆到达和离开模型、没有出口和入口、简单流率 – 密度关系等。尤其是在真实条件下经常遇到很复杂的情况,如存在转向车道和出入口匝道等,因此要求得精确的解析解是非常困难的。通常对于可压缩流体的类似问题,可以通过对状态方程进行数值求解来解决。该方法考虑到的情况包括在实际中可能遇到的复杂情况,即对真实到达和离开模型的处理、更复杂的 $u-k$ 模型以及实验条件等。

数值计算思路如下:首先把道路离散成若干微小的路段 Δx,并按连续时间增量 Δt 来更新离散化的网络中每一节点的交通流参数值。

如图 8.2 所示,首先对路段进行离散化处理,然后再将时间离散,即

$$T = n\Delta t \tag{8.9}$$

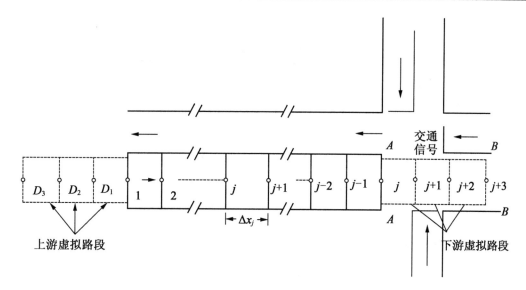

图 8.2 道路空间离散实例

T 为观测周期,并满足下面的方程:

$$k_j^{n+1}=0.5(k_{j+1}^n+k_{j-1}^n)-\frac{\Delta t}{2\Delta x}(q_{j+1}^n-q_{j-1}^n)+\frac{\Delta t}{2}(g_{j+1}^n+g_{j-1}^n) \tag{8.10}$$

式中 k_j^n,q_j^n——在 j 路段中 $t=t_0+n\Delta t$ 时刻的密度、流量;

t_0——初始时刻;

$\Delta t,\Delta x$——时间和空间的增量,要求 $\Delta x/\Delta t$ 大于自由流速度;

g_j^n——在 j 路段, $t=t_0+n\Delta t$ 的净流率(产生率减去离去率)。

如果密度确定,在 $t=t_0+n\Delta t$ 时刻的速度由平衡态速度-密度关系获得,即

$$u_j^{n+1}=u(k_j^{n+1}) \tag{8.11}$$

例如,对于格林希尔治线性模型有

$$u_j^{n+1}=u_f\left(1-\frac{k_j^{n+1}}{k_{jam}}\right) \tag{8.12}$$

式中 u_f——自由流速度;

k_{jam}——阻塞密度。

需要指出的是,式(8.11)适用于任何速度-密度模型,包括不连续模型;如果无法获得 u 的解析表达式,那么可以从 $u-k$ 曲线通过数值方法获得其数值解。$t=t_0+n\Delta t$ 时刻的流率可从以下基本关系式获得:

$$q_j^{n+1}=k_j^{n+1}u_j^{n+1} \tag{8.13}$$

数值解法所需的基本数据可以由检测设备获得。数值解法的应用比较广泛,比较有代表性的应用是分析多车道交通流的动态特征。

8.1.4 多车道流体力学模型

1. 模型设计

考虑一个同向两车道路段,如图 8.3 所示。假定每一条车道都满足守恒方程,两车道之

间车流的交换代表研究车道车辆的产生和离去。

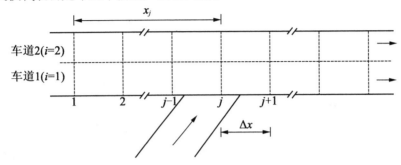

图 8.3　同向两车道高速公路空间离散图示

对每一车道分别写出守恒方程：

$$\frac{\partial q_1}{\partial x} + \frac{\partial k_1}{\partial t} = Q_1 \tag{8.14}$$

$$\frac{\partial q_2}{\partial x} + \frac{\partial k_2}{\partial t} = Q_2 \tag{8.15}$$

式中　$q_i(x,t)$——第 i 车道的流率（$i=1,2$）；

$k_i(x,t)$——第 i 车道的密度（$i=1,2$）；

$Q_i(x,t)$——车道交换率（$i=1,2$）（i 车道之间的车辆变化率），正值表示进入，负值表示离开。

从上述条件可得 $Q_1 = \alpha[(k_2 - k_1)(k_{20} - k_{10})]$，$Q_2 = \alpha[(k_1 - k_2)(k_{10} - k_{20})]$。这里 α 是敏感系数，单位是时间的倒数，k_{i0} 是第 i 车道的平均密度。由于系统封闭，流量守恒，因此 $Q_1 + Q_2 = 0$。

2. 模型改进

上面的模型并没有考虑入口或出口匝道引起的车辆产生或减少。此外，当两车道密度相等时，如果平衡密度 $k_{10} \neq k_{20}$，根据这一模型判断将产生车辆改变车道的现象，而事实上，当两车道密度值相差不大时，车辆一般不会改道行驶。因此，要想使这个模型更符合实际情况，必须对其加以改进，可从以下方面考虑：(1) 敏感系数 α 是可变的，它随两车道之间密度的不同而不同；(2) 进出口问题；(3) 时间滞后影响。由此式(8.14)和(8.15)改为

$$\frac{\partial q_1}{\partial x} + \frac{k_1}{\partial t} = g + Q_1 \tag{8.16}$$

$$\frac{\partial q_2}{\partial x} + \frac{k_2}{\partial t} = Q_2 \tag{8.17}$$

这里 g 为车道 1（右侧车道）内的匝道口净流率，驶入为正，驶出为负，且有

$$Q_1 = \alpha\{[k_2(x,t-\tau) - k_1(x,t-\tau)] - (k_{20} - k_{10})\} \tag{8.18}$$

$$Q_2 = \alpha\{[k_1(x,t-\tau) - k_2(x,t-\tau)] - (k_{10} - k_{20})\} \tag{8.19}$$

式中　$\alpha = \begin{cases} 0 & (|k_2(x,t-\tau) - k_1(x,t-\tau)| \leq k_A) \\ \dfrac{\alpha_{\max}}{k_{\text{jam}} - k_A}(|k_2(x,t-\tau) - k_1(x,t-\tau)| - k_A) & (|k_2(x,t-\tau) - k_1(x,t-\tau)| > k_A) \end{cases}$

k_A 是恒定值,如果密度值低于 k_A,车流将不变换车道;τ 是相互作用滞后时间;k_{jam} 是阻塞密度。在此模型里假设在车道1车辆可以驶入或离开,该模型可以通过时间和空间离散数值求解。图 8.3 给出了包括一个入口匝道的两车道高速公路路段的空间离散过程,由此求出的数值解是

$$k_{1,j}^{n+1} = \frac{1}{2}(k_{1,j+1}^n + k_{1,j-1}^n) - \frac{\Delta t}{2\Delta x}(G_{1,j+1}^n - G_{1,j-1}^n) + \frac{\Delta t}{2}(g_{1,j+1}^n + g_{1,j-1}^n) + \frac{\Delta t}{2}(Q_{1,j+1}^n + Q_{1,j-1}^n)$$
$(j = 1, 2, \cdots, J)$ \hfill (8.20)

$$k_{2,j}^{n+1} = \frac{1}{2}(k_{2,j+1}^n + k_{2,j-1}^n) - \frac{\Delta t}{2\Delta x}(G_{2,j+1}^n - G_{2,j-1}^n) + \frac{\Delta t}{2}(Q_{2,j+1}^n - Q_{2,j-1}^n) \quad (j = 1, 2, 3, \cdots, J)$$
\hfill (8.21)

式中　$Q_{1,j}^n = \alpha_{1,j}^{n-s}[(k_{2,j}^{n-s} - k_{1,j}^{n-s}) - (k_{20} - k_{10})]$;

$Q_{2,j}^n = \alpha_{2,j}^{n-s}[(k_{1,j}^{n-s} - k_{2,j}^{n-s}) - (k_{10} - k_{20})]$;

$Q_{i,j}^n = k_{i,j}^n u_{i,j}^n = k_{i,j}^n \cdot u_e(k_{i,j}^n) (i = 1, 2)$;

$u_e(k_{i,j}^n)$——与 $k_{i,j}^n$ 相对应的平衡速度;

s——车辆在第 i 车道的第 j 节点进行车道变换所延迟的时段数;

$k_{i,j}^n$——$t = t_0 + n\Delta t$ 时刻在 i 车道的第 j 节点密度。

如果使用格林希尔治线性模型,则很容易证明 $G_{i,j}^n = k_{i,j}^n \cdot u_f[(1 - k_{i,j}^n/k_j)]$。每一时间的密度、流率 $q_{i,j}^{n+1}$ 和速度 $u_{i,j}^{n+1}$ 可以从以下两式得到:$u_{i,j}^{n+1} = u(k_{i,j}^{n+1})$ 和 $q_{i,j}^{n+1} = k_{i,j}^{n+1} u_{i,j}^{n+1}$。求解所需的上游或下游边界条件应与车辆的到达和离开对应,它们可以是常数,可以是变量(随时间变化),也可以是随机值,随机值可以使用模拟技术产生。初始条件可以是恒定的,也可以根据所考虑的实际情况随距离而变化。在确定下游边界条件时,如果交通流情况不详且 Δx 充分小,可以假定:$k_{i,j}^n = k_{i,j-1}^{n-1}, \forall n; i = 1, 2$。

最后,在初始时期 $0 \le t \le \tau$ (即当 $n - s \le 0$ 时),可以假设 $\alpha_{i,j}^{n-s} = 0$,即表示没有变换车道的现象发生。可将多车道模型扩展到多于两个车道的情况,如果 I 代表车道数,每一车道的一般守恒方程是

$$\frac{\partial q_i}{\partial x} + \frac{\partial k_i}{\partial t} = g_i + Q_i \quad (i = 1, 2, \cdots, I)$$ \hfill (8.22)

式中　$Q_i = \alpha_{1,j-1}\{[k_{i-1}(x, t-\tau) - k_i(x, t-\tau)] - (k_{i-1,0} - k_{i0})\} + \alpha_{1,j+1}\{[k_{i+1}(x, t-\tau) - k_i(x, t-\tau)] - (k_{i+1,0} - k_{i0})\}$

对于所有的内侧车道,即对于 $i = 2, 3, \cdots, I-1, g_i = 0$,上式中:

$$\alpha_{i,j\pm 1} = \begin{cases} 0 & (|k_i(x,t-\tau) - k_{i\pm 1}(x,t-\tau)| \le k_A) \\ \dfrac{\alpha_{\max}}{k_{jam} - k_A}(|k_i(x,t-\tau) - k_{i\pm 1}(x,t-\tau)| - k_A) & (|k_i(x,t-\tau) - k_{i\pm 1}(x,t-\tau)| > k_A) \end{cases} \quad \text{或}$$

$\alpha_{i,j\pm 1} =$ 常数。

上面的公式对最外侧和最内侧车道(即 $i = 1$ 和 $i = I$)也适用。此时,应进行如下变换:$i = 1$,令 $i - 1 = i; i = I$,令 $i + 1 = I$,并且 $g_i = f(x, t)$。

与前面的记法类似,式(8.22)总的求解结果是

$$k_{i,j}^{n+1} = \frac{1}{2}(k_{1,j+1}^n + k_{1,j-1}^n) - \frac{\Delta t}{2\Delta x}(G_{1,j+1}^n - G_{1,j-1}^n) + \frac{\Delta t}{2}(g_{1,j+1}^n + g_{1,j-1}^n) + \frac{\Delta t}{2}(Q_{1,j+1}^n + Q_{1,j-1}^n)$$

$$(j = 1,2,3,\cdots,J)$$

式中

$Q_{1,j}^n = \alpha(k_{i,j}^{n-s}, k_{i-1,j}^{n-s})[(k_{i-1,j}^{n-s} - k_{i,j}^{n-s}) - (k_{i-1,0} - k_{i0})] + \alpha(k_{i,j}^{n-s}, k_{i+1,j}^{n-s})[(k_{i+1,j}^{n-s} - k_{i,j}^{n-s}) - (k_{i+1,0} - k_{i0})]$

$$G_{i,j}^n = k_{i,j}^n u_{i,j}^n = k_{i,j}^n \cdot u(k_{i,j}^n)$$

$$\alpha(k_i^{n-s}, k_{i\pm 1}^{n-s}) = \begin{cases} 0 & (|k_{i,j}^{n-s} - k_{i\pm 1,j}^{n-s}| \leq k_A) \\ \dfrac{\alpha_{\max}}{k_{\mathrm{jam}} - k_A}(|k_{i,j}^{n-s} - k_{i\pm 1,j}^{n-s}| - k_A) & (|k_{i,j}^{n-s} - k_{i\pm 1,j}^{n-s}| > k_A) \end{cases}$$

以上讨论的模型并未明显包含车道宽度 y，即未对 y 方向进行空间离散。由于已经把道路划分成了多条车道，所以 y 方向的空间是离散的。原则上，一个二维空间模型能更准确地描述交通流行为。下面是一个满足守恒定律的简单二维连续方程：

$$\frac{\partial k}{\partial t} + \frac{\partial(ku_x)}{\partial x} + \frac{\partial(ku_y)}{\partial y} = g(x,y,z) \tag{8.23}$$

式（8.23）中 x,y,z 分别是空间和时间坐标；$k = k(x,y,z)$ 为交通流密度；$u_x = u_x(x,y,z)$ 是速度向量沿 x 方向的分量（与道路中心线平行）；$u_y = u_y(x,y,z)$ 是速度向量沿 y 方向的分量；$g(x,y,z)$ 是车辆的产生率。

由于式（8.23）有三个未知量，因此它必须和以下两个状态联合来求解：

$$u_x = u_x(x,y,z) = u(k), \quad u_y = u_y(x,y,z) = v(k)$$

在新方程中，密度代表每单位区域内的车辆数，其中阻塞密度定义为

$$\bar{k}_{\mathrm{jam}} = \frac{1}{s_x s_y} \tag{8.24}$$

式中 s_x, s_y——分别代表 x 和 y 方向的最小车头时距。

式（8.23）的一般形式为 $k_t + (ku_x)_x + (ku_y)_y = g$，可以采用数值法求解得到交通流密度 $k = k(x,y,z)$，$u(k)$ 和 $v(k)$ 的表达式也能得到。

简单连续流模型把速度看成是密度的函数，即 $u = f(x)$，使得求解析解简单化。但是实际上，交通流的平均速度不可能瞬时跟随密度 k 发生变化，所以在动态交通条件下使用 $q(k)$ 的稳态关系不能准确表示 $q-u$ 动态过程，且驾驶员总是根据前方密度来调整车速。

8.2 连续流高阶模型

8.2.1 加速度干扰

设交通流的速度为 u，由数学微分可证以下公式成立：

$$\mathrm{d}u = \frac{\partial u}{\partial t}\mathrm{d}t + \frac{\partial u}{\partial x}\mathrm{d}x \tag{8.25}$$

$$\frac{\mathrm{d}u}{\mathrm{d}t} = \frac{\partial u}{\partial t} + \frac{\partial u}{\partial x}$$

这里 $\mathrm{d}u/\mathrm{d}t$ 是观测车随交通流行驶的加速度。$\partial u/\partial t$ 是观测者在路边固定点观测到的

交通流的加速度,如果假设 u 是 k 的函数,即
$$u = u(k)$$
$$\begin{cases} \dfrac{\partial u}{\partial t} = \dfrac{\mathrm{d}u}{\mathrm{d}k}\dfrac{\partial k}{\partial t} \\ \dfrac{\partial u}{\partial x} = \dfrac{\mathrm{d}u}{\mathrm{d}k}\dfrac{\partial k}{\partial x} \end{cases}$$

得
$$\frac{\mathrm{d}u}{\mathrm{d}t} = \frac{\mathrm{d}u}{\mathrm{d}k}\frac{\partial k}{\partial t} + u\frac{\mathrm{d}u}{\mathrm{d}k}\frac{\partial k}{\partial x} \tag{8.26}$$

由于
$$q = ku = ku(k) = q(k)$$

得出
$$\frac{\partial q}{\partial x} = \frac{\mathrm{d}q}{\mathrm{d}k}\frac{\partial k}{\partial t} = u_\mathrm{w}\frac{\partial k}{\partial x} \tag{8.27}$$

此处 $u_\mathrm{w} = \dfrac{\mathrm{d}q}{\mathrm{d}k}$,现结合式(8.27)和式(8.4):
$$\frac{\partial k}{\partial t} = -\frac{\partial q}{\partial x} = -u_\mathrm{w}\frac{\partial k}{\partial x} \tag{8.28}$$

其中 $q = ku$,u_w 可以表示为
$$u_\mathrm{w} = \frac{\mathrm{d}q}{\mathrm{d}k} = \frac{\mathrm{d}}{\mathrm{d}k}(ku) = u + k\frac{\mathrm{d}u}{\mathrm{d}k} \tag{8.29}$$

将式(8.28)代入式(8.26),得
$$\frac{\mathrm{d}u}{\mathrm{d}t} = \frac{\mathrm{d}u}{\mathrm{d}k}\left(-u_\mathrm{w}\frac{\partial k}{\partial x}\right) + u\frac{\mathrm{d}u}{\mathrm{d}k}\frac{\partial k}{\partial x} = \frac{\mathrm{d}u}{\mathrm{d}k}\frac{\partial k}{\partial x}[-u_\mathrm{w} + u] \tag{8.30}$$

把式(8.29)代入式(8.30),得
$$\frac{\mathrm{d}u}{\mathrm{d}t} = -k\left(\frac{\mathrm{d}u}{\mathrm{d}k}\right)^2\frac{\partial k}{\partial x} \tag{8.31}$$

式(8.31)表示观测车随着交通流行驶的加速度是密度梯度 $\partial k/\partial x$ 的函数,由于平方项恒为正,交通流观测中的加速度 $\mathrm{d}u/\mathrm{d}t$ 取决于密度梯度 $\partial k/\partial x$。具体来说,当 $\partial k/\partial x > 0$,即前方密度增大时,$\mathrm{d}u/\mathrm{d}t < 0$,即车流开始减速;当 $\partial k/\partial x < 0$,即前方密度减小时,$\mathrm{d}u/\mathrm{d}t > 0$,即车流开始加速。以此从理论上证明了车流的加速和减速行为与车流前方密度的关系。

8.2.2 速度动态模型

进一步研究表明,对于速度的调整,驾驶员有一个反应过程,车辆本身的动力、传动装置等都有一个调整时间,故车速的变化总比前方 Δx 处密度的变化滞后一个时间 τ,即
$$u(x, t + \tau) = u[k(x + \Delta x, t)]$$

将上式左侧对 τ、右侧对 Δx 进行泰勒级数展开并略去高阶项,得到
$$u(x,t) + \tau\frac{\mathrm{d}u(x,t)}{\mathrm{d}t} = u[k(x,t)] + \frac{\mathrm{d}u[k(x,t)]}{\mathrm{d}k}\frac{\partial k}{\partial x}\Delta x \tag{8.32}$$

通过实际观察与研究发现,取 Δx 为平均车头时距为宜,即 $\Delta x = s = 1/k$,再把 $\mathrm{d}u/\mathrm{d}k$ 近

似看作常数且小于零,引入一个大于零的常数 γ,即

$$\gamma = -\frac{du}{dk}$$

同时把全导数: $\frac{du}{dt} = \frac{\partial u}{\partial x}u + \frac{\partial u}{\partial t}$ 代入式(8.32),得到连续的速度动态模型:

$$\frac{\partial u}{\partial t} = -u\frac{\partial u}{\partial x} + \frac{1}{\tau}\left[u(k) - u - \frac{\gamma}{k}\frac{\partial k}{\partial x}\right] \tag{8.33}$$

对式(8.33)进行空间离散化处理(差分处理),即把道路划分为若干路段,并假设第 i 路段内交通情况保持一致,其交通流参数为 $u_i(t), k_i(t)$,则有

$$u_i(j+1) = u_i(j) + \frac{T}{\tau}[u(k_i) - u_i(j)] + \frac{T\varepsilon}{\Delta i}u_i(j)[u_{i-1}(j) - u_i(j)] - \frac{\gamma T}{\tau\Delta i}\frac{k_{i+1}(j) - k(j)}{k_i(j) + \lambda}$$

$$(i = 1,2,\cdots; j = 1,2,\cdots) \tag{8.34}$$

式(8.34)中 T 是周期长, j 指第 j 采样周期。式中右端第三项引入一个调整系数,是为了便于调整该项权重,使模型更容易适合实际交通情况。第二、四两项的权重可以通过适当估计 τ, γ 的值加以调整。

式(8.34)为实用的速度动态模型,能够精确地描述道路交通流空间平均速度的动态变化,包括交通拥挤情况、交通从顺畅过渡到拥挤的过程,式(8.34)还表明,在动态过程中,平均速度由四个方面决定:

(1)前一时刻的速度。

(2)平均速度朝着稳态方向变化,即朝着与 $u[k_i(j)]$ 相一致的数值趋近,且驾驶员反应越快,这一作用越大。

(3)平均速度值与上游相邻路段内的速度有关。

(4)平均速度值与下游相邻路段内的交通密度有关。

研究表明,上述模型对于车道数目单一、出入口匝道无太大进出流量冲击的公路,能够以令人满意的精确度描述各种不同交通状况以及相互间转变的过程、常发性与偶发性交通拥挤现象的出现及其消除过程。但在车道数目有所改变或匝道流量较大的情况下,需要对模型加以扩展,即引入适当的修正项才能使用。

上述平均速度动态模型并没有充分反映匝道流量的影响。事实上,匝道上的高流量不仅通过路段密度变化影响本路段及其上游相邻路段的平均速度,而且大量的进出车辆在邻近匝道一带速度较低,又存在大量的交织行驶,必然影响到干线的车流速度。

设 t 时刻在 x 点处存在侧向驶入、驶出项 r, s(其中 $r = r_i/\Delta i, r_i$ 为匝道流入率, $s = s_i/\Delta i$, s_i 为匝道流出率, r 与 s 的单位为辆每小时每千米),设这些车辆速度为 u_e,低于干线车流速度 u。它们汇入或驶离干道车流时必然有个加速或减速过程,这会影响到干道的速度,为此连续模型式(8.33)应引入修正项:

$$\frac{r+s}{k}(u_e - u) = -\delta u\frac{r+s}{k}$$

其中 $\delta = (u - u_e)/u$,该修正项代表单位时间内由于 r, s 引起的干线车流速度的下降。于是式(8.33)应修正为

$$\frac{\partial u}{\partial t} = -u\frac{\partial u}{\partial x} + \frac{1}{\tau}\left[u(k) - u - \frac{v}{k}\frac{\partial k}{\partial x}\right] - \delta u \frac{r+s}{k}$$

由于 $r = r_i/\Delta i, s = s_i/\Delta i$，故离散模型式的修正项为

$$\frac{-\delta u_i r_i}{\Delta i(k_i + \lambda)} \quad \text{或} \quad \frac{-\delta u_i s_i}{\Delta i(k_i + \lambda)}$$

对时间离散后，式(8.34)应引入修正项：

$$\frac{-\delta T u_i(j) r_i(j)}{\Delta i(k_i(j) + \lambda)} \quad \text{或} \quad \frac{-\delta T u_i(j) s_i(j)}{\Delta i(k_i(j) + \lambda)}$$

下面研究车道数目改变时应引入的修正项。设第 i 路段车道数为 l_i，其下游相邻路段 $i+1$ 车道数目减至 $l_{i+1} < l_i$，则车流从路段 i 进入路段 $i+1$ 时相当于增加了进口道，流量为

$$(l_i - l_{i+1})\frac{k_i u_i}{l_i}$$

于是在这种情况下应在式中引入修正项：

$$-\frac{T}{\Delta i}\frac{l_i - l_{i+1}}{l_i}\frac{k_i(j)u_i(j)}{k_{\text{jam}}}\frac{u_i(j)k_i(j)}{k(j)+\lambda} \approx -\varphi\frac{T}{\Delta i}\frac{l_i - l_{i+1}}{l_i}\frac{k_i(j)u_i^2(j)}{k_{\text{jam}}} \quad (8.35)$$

式中　φ——待定系数，起调整作用；

k_{jam}——阻塞密度，$\dfrac{k_i(j)}{k_{\text{jam}}}$ 代表合流难度。

8.3　交通波模型

实际交通观测中，经常会发现交通流某些类似流体波的行为。例如图8.4是八车道路段过渡到六车道路段的半幅平面示意图。由图可以看出，由八车道向六车道过渡的那段路段，车流出现了拥挤、紊乱，甚至阻塞。这是因为车流在即将进入瓶颈时会产生一个与车流运行方向相反的波，类似声波碰到障碍物时的反射，或者管道内的水流突然受阻时的后涌那样。这个波导致在瓶颈之前的路段上车流出现紊流现象，下面详细研究交通的波动行为。

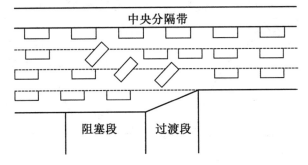

图 8.4　八车道路段过渡到六车道路段的半幅平面示意图

8.3.1　模型建立

如图8.5所示，假设一条公路上有两个相邻交通流密度不同的区域(k_1 和 k_2)，用垂线

S 分隔这两种密度,称 S 为波阵面,设 S 的速度为 u_w,并规定交通流按照图中箭头正方向运行。

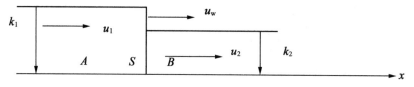

图 8.5　两种密度的车辆运行情况

由交通流量守恒可知,在时间 t 内通过界面 S 的车数 N 为 $N = u_{r_1} k_1 t = u_{r_2} k_2 t$,即

$$(u_1 - u_w) k_1 = (u_2 - u_w) k_2$$

式中　$u_{r_1} = (u_1 - u_w)$——在 A 区相对于垂直界线 S 的车辆的速度;

$u_{r_2} = (u_2 - u_w)$——在 B 区相对于垂直界线 S 的车辆的速度;

整理得 $u_2 k_2 - u_1 k_1 = u_w (k_2 - k_1)$,由 $q = ku$ 有 $q_1 = k_1 u_1, q_2 = k_2 u_2$,代入即得波速公式:

$$u_w = \frac{q_2 - q_1}{k_2 - k_1} \quad \text{或} \quad u_w = \frac{\Delta q}{\Delta k}, \quad u_w = \frac{\mathrm{d}q}{\mathrm{d}k} \tag{8.36}$$

8.3.2　模型描述

交通波描述了两种交通状态的转化过程,u_w 代表了转化的方向和进程。$u_w > 0$ 表明波的传播方向与交通流的运动方向相同;$u_w = 0$ 表明波面维持在原地不动;$u_w < 0$ 则说明波的传播方向与交通流的运动方向相反。在图 8.6(a) 中,A,B 两点代表两种交通流状态,当这两种交通流状态相遇时,便产生交通波,其波速为 AB 连线的斜率。图 8.6(b) 是在时空坐标系中描述的交通波,明显可以看出交通波的含义。

由式 (8.36) 可知 $u_w > 0$,即

$$\begin{cases} q_2 - q_1 > 0 \\ k_2 - k_1 > 0 \end{cases} \quad \text{或} \quad \begin{cases} q_2 - q_1 < 0 \\ k_2 - k_1 < 0 \end{cases}$$

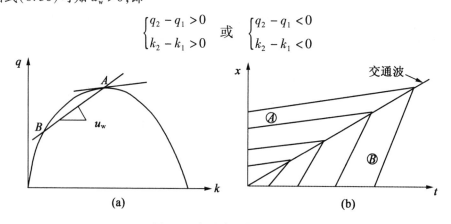

图 8.6　交通波的含义示意图

前一种情况如图 8.7(a) 所示,后一种情况如图 8.7(b) 所示。图 8.7(a) 表示交通流从低流量、低密度、高速度区进入到高流量、高密度、低速度区,但两种交通流界面向下游运动,即高密度区并未向上游扩展,如当两条四车道支路汇集到一条六车道主路时会出现这

种状况。图 8.7(d)表示交通流从高流量、高密度、低速度区进入低流量、低密度、高速度区,下游交通状态变好,但因交通波向前运动,并不改善上游交通状态,如当交通流从一条六车道的主干道分成两条四车道的支路时会出现这种状况。

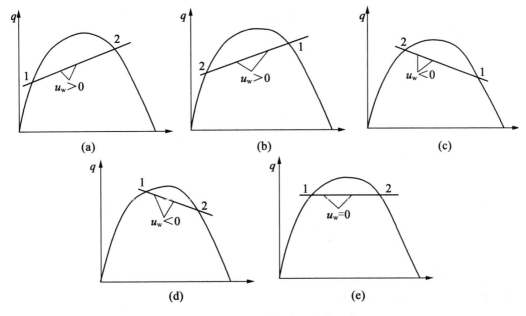

图 8.7　各种交通流状态下的交通波

图 8.7(e)表示 $u_w=0$ 的情形,此时只有 $q_2-q_1=0$。这是一种流量相同、速度和密度不同的两种交通流状态的转换,如当交通流量不大,道路由多车道变为少车道或反之,都会出现这种状态。此时的交通波发生在瓶颈处,既不前移,也不后退。

当 $u_w<0$ 时,意味着

$$\begin{cases} q_2-q_1>0 \\ k_2-k_1<0 \end{cases} \text{ 或 } \begin{cases} q_2-q_1<0 \\ k_2-k_1>0 \end{cases}$$

这两种情况都是交通波向后传播,前一种情况如图 8.7(d)所示,交通流从高流量、低密度、较高速度进入低流量、高密度、较低速度状态。由于此时交通波向后运动,所以上游交通流状态将受到影响而变差,即交叉的情况。后一种情况如图 8.7(c)所示,交通流状态将向上游扩展,如当交通流前方遇到阻碍时会出现这种状况,这是一种交通流从高密度、低流量、低速度状态进入到低密度、高流量、高速度状态的情形。由于交通波向后运动,将对上游交通状况有所改善,如前方阻碍解除时会出现这种状况。

8.3.3　模型分析

1. 模型的变化

已知格林希尔治线性模型为 $u_i=u_f(1-k_i/k_j)$,为了便于推导,把密度标准化,令

$$\eta_i=k_i/k_j \tag{8.37}$$

式中　η_i——i 车流的标准化密度。

代入格林希尔治线性模型有

$$u_1 = u_f(1 - \eta_1), \quad u_2 = u_f(1 - \eta_2) \tag{8.38}$$

式中 u_f——自由流速度；

η_1, η_2——分界线 S 两侧的标准化密度。

将以上关系代入式(8.37)，得波速为

$$u_w = \frac{[k_1 u_f(1 - \eta_1) - k_2 u_f(1 - \eta_2)]}{k_1 - k_2} \tag{8.39}$$

用式(8.37)得到 η_1 和 η_2 的关系，简化波速公式得

$$u_w = u_f[1 - (\eta_1 + \eta_2)] \tag{8.40}$$

式(8.40)是用标准化密度表示的波速公式，下面就利用该式分析交叉口车流由于交通信号影响而产生的停车和启动现象。

2. 停车波

现假设车队以区间平均速度 u_1 行驶，在交叉口停车线遇到红灯停车，此时，$k_2 = k_j$，即 $\eta_2 = 1$。根据式(8.40)有

$$u_w = u_f[1 - (\eta_1 + 1)] = -u_f \eta_1 \tag{8.41}$$

上式说明，由于车辆运动时而产生的波，以 $u_f \eta_1$ 的速度向后方传播。经过 t s 以后，将形成一列长度为 $u_f \eta_1 t$ 的排队车辆。

3. 启动波

下面考察车辆启动时的情况，当车辆启动时，$k_1 = k_j, \eta_1 = 1$，因为

$$u_2 = u_f(1 - \eta_2), \quad \eta_2 = 1 - \left(\frac{u_2}{u_f}\right) \tag{8.42}$$

代入式(8.40)得到

$$u_w = u_f[1 - (\eta_2 + 1)] = -u_f \eta_2 = -(u_f - u_2) \tag{8.43}$$

由于 u_2 是刚刚启动时的车速且很小，同 u_f 相比可以忽略不计，因此，这列排队等待车辆从一开始启动，就产生了启动波，该波以接近 u_f 的速度向后传播。

8.3.4 模型解析

1. 图解法

交通流与其他流体相比，一个明显的特点是它的可压缩性，因此在研究交通波时必须考虑这一特点。现在考察一列在信号控制交叉口排队等待的车队。如果此时车队的车辆数是 x，平均车头间距是 s，那么，可以估计车队长度是 xs。假设绿灯刚刚开始时，后面 N_1 辆车加入了车队，而前面的 N_2 辆车释放。按照同样的逻辑，排队长度是 $[x + (N_1 - N_2)]s$。然而，一般来讲事实并非如此，因为绿灯刚刚开始时，无论 N_1 和 N_2 是否相等，排队长度都在发生变化。例如，如果 $N_1 = N_2$，那么有效排队大小仍为 x，但是排队长度不能再用 xs 的结果估计了，因为平均车头间距减小了。简单连续流模型由于认为速度和密度有一定的函数关系，即 $u = f(k)$，因此体现了车队的这种可压缩性。

图8.8是由信号控制交叉口检测设备获得的，该图中 x, t 分别代表距离和时间。假设

从停车线开始的 L 距离内没有出口和入口,并且认为 L 足够长,车队没有延伸过这一路段,还假设停车线下游的交通流顺畅,没有阻塞现象。图中 L_1 和 L'_1 分别代表信号周期 c 开始和结束时的排队初始长度和最终长度。

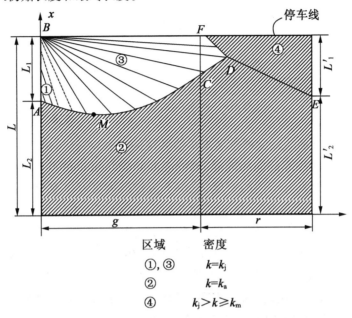

图 8.8 信号控制交叉口在一个饱和周期内排队的形成过程

沿着图 8.8 的 x 轴,点 B 对应停车线,点 A 对应有效绿灯间隔开始时车队的队尾;$t=0$ 对应有效绿灯开始的时刻,在 AB 段内交通流达到阻塞密度,流率为零;A 的上游(L 段的剩余部分 L_2)车辆以平均流率 q_a 到达,这样 L_2 上的密度是 k_a,假定周期内平均到达流率为 q_a,密度为 k_a,用 c 代表周期长度,$c=g+r$,g 和 r 分别代表有效绿灯时间和红灯时间。最后,假设周期达到饱和,即绿灯时从点 B 到点 F 停车线,车流释放达到最大通行能力的流率 q_m 和密度 k_m,而在有效红灯期间(从点 F 到周期结束),停车线处阻塞(即 $q=0,k=k_j$)。从 $x=0,t=0$ 开始到 $x=L$ 所画出的射线也即特性曲线,是基于定义和边界条件画出的。这些直线是流率-密度关系曲线对应点的切线。

例如,在 AB 内特性曲线的斜率是负值,与流率-密度曲线在点 $(0,k_j)$ 的切线一致,这里 k_j 代表阻塞密度。点 B 的密度由 k_j 很快变成 k_m,这里 k_m 指最大通行能力时的密度。这样特性曲线在 B 点呈扇形展开(即斜率历经从 $(dq/dk)_{0,k_j}$ 到 0 的所有可能值),在斜率等于 0 时达到最佳状态。按照这一方式,可以画出如图 8.8 所示剩下的特性曲线,此段解释如图 8.9 所示。

如图 8.8 所示,从边界发出的特性曲线把整个时空区域 $[0 \leq x \leq L_0 \leq t \leq c]$ 分成四个流率-密度状况截然不同的区域。特性曲线相交线,即为交通波曲线。在图 8.8 所示的一个周期内,交通波线为 $AMCDE$(车队队尾),这条线代表了车队队尾的轨迹,并且它到停车线的垂直距离代表车队长度(由 $y(t)$ 表示)。曲线 $AMCDE$ 上任意点处切线的斜率代表交通波(或车队队尾)沿道路向上游或下游传播的速度。

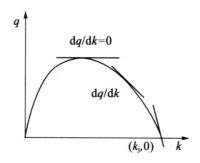

图 8.9 流率－密度关系曲线

可以通过考察特性曲线的交线推演出车队队尾的轨迹。首先,由图 8.8 可以看到 A 点产生的线性交通波相对停车线向后传播,该波在 C 点处结束。在 C 点之后,由于区域③内呈扇形放射的特性曲线具有不同的密度,波向下游传播的密度是变化的,而向上游传播的密度恒为 k_a。这就是交通波 MCD 呈非线性的原因。事实上,正如曲线 MCD 的斜率所示,它以变化的速度传播。在有效绿灯结束(点 F)时,交通波动产生,在 D 点与车队队尾相遇,并产生新的交通波面。交通波再一次形成波面下游的阻塞区。在下游(区域④)密度恒定为 k_j,距离 L'_1 代表了最终排队长度,也就是下一周期的初始排队长度。

需要指出的是,如果周期内车流未饱和,曲线 AMCD 在绿灯时与停车线相交,点 D 落在停车线上,点 D 之后排队长度为零。在这种情况下,对于剩下的绿灯时间,车辆没有延误离开,在点 F 排队长度又开始线性增长直到周期结束。

2. 解析结果

曲线 AMCDE 的每一段以及点 C,M,D,E 的坐标都能用解析法得到。为获得解析结果,必须假设流率和密度或等价的速度和密度之间有特定的关系。为了简单起见,采用格林希尔治速度－密度线性模型,但应该指出的是,类似的结果可从任何模型得到。假设 x 的方向为正向,B 点的坐标为 $(0,L)$,即 $X_B = L$。下面是推导图 8.8 中各参量的方法和模型。

先来考察 C 点的坐标位置,从 B 点考察 C 点坐标,根据启动波原理,有

$$X_{BC} = X_C = L - u_f t \tag{8.44}$$

从 A 点考察 C 点坐标,根据停车波原理,有

$$X_{AC} = X_C = (L - L_1) - [k_a u_f / k_j] t \tag{8.45}$$

由式(8.44)和式(8.45)解得

$$X_C = L - [k_j L_1 / (k_j - k_a)] \tag{8.46a}$$

$$t = t_c = [k_j L_1 / (k_j - k_a)] \tag{8.46b}$$

设 y 表示排队长度,对于 C 点

$$y_C = L - X_C = k_j L_1 / (k_j - k_a) \tag{8.47}$$

对于曲线 MCD,则有

$$y_{MCD} = [u_f + h(k_a)](t_c)^{1/2} - h(k_a) t \tag{8.48}$$

式中 $h(k_a) = u_f [1 - (2k_a / k_j)]$。

$$t_M = [u_f + h(k_a)]^2 t_c / 4[h(k_a)]^2 \tag{8.49}$$

$$y_M = [u_f + h(k_a)]^2 t_c / 4[h(k_a)] \tag{8.50}$$

对于 FD 曲线,有

$$y_{FD} = u_f t - u_f (tg)^{1/2} \tag{8.51}$$

$$t_D = \{(t_c)^{1/2} + [u_f(g)^{1/2}/u_f + h(k_a)]\}^2 \tag{8.52}$$

$$y_D = u_f\{t_c - [u_f h(k_a)g]/[u_f + h(k_a)]^2 + [u_f - h(k_a)](gt_c)^{1/2}/[u_f + h(k_a)]\} \tag{8.53}$$

对于曲线 DE,有

$$Y_{DE} = y_D + [u_f k_a (t - t_D)/k_j] \tag{8.54}$$

$$Y_E = L'_1 = L_1 + [(k_a u_f c)/k_j] - [k_j u_f g]/4(k_j - k_a) \tag{8.55}$$

$$t_E = c \tag{8.56}$$

在车流未饱和的周期里,车队消散的最短时间是

$$T_{\min} = [(y_c/t_c) + h(k_a)^2] t_c / h(k_a)^2 \tag{8.57}$$

这是解决排队长度 L_1 所需要的最小时间。在这样的周期里,最终排队长度 L'_1 与初始队长 L_1 无关,由下式给出:

$$Y_E = L'_1 = (c - g)(k_a u_f)/k_j \tag{8.58}$$

这样通行能力逐渐变化和下降的情况也能考虑进去。

3. 排队长度稳定性分析

上面推出的初始排队和最终排队的解析关系可以应用于饱和周期的稳定性分析。式(8.55)可写为

$$L'_1 = L_1 + b \tag{8.59}$$

式中 $b = (k_a u_f c/k_j) - [k_j u_f g/4(k_j - k_a)]$。

如果 c 和 g 已知,则 b 是常量,即它与初始排队长度 L_1 无关。因此,式(8.59)可以推广到任何周期 N,形式为

$$L_{N+1} = L_N + b \tag{8.60}$$

式(8.60)中 L_N 和 L_{N+1} 是指周期 N 和 $N+1$ 开始时的排队长度。显然,如果 L_N 或 $L_N = L_N + b$,即 $b = 0$,则存在稳定状态。因此,解稳定状态:

$$(k_a u_f c/k_j) - [k_j u_f g/4(k_j - k_a)] = 0 \tag{8.61}$$

得绿信比 $\lambda = g/c$ 为

$$g/c = [k_j g/4(k_j - k_a)] = \lambda \tag{8.62}$$

因为 λ 是正的,所以容易看出如果 $g/c < \lambda$,周期尾部的排队长度将随着这种情况的延续持续增加。否则,如果 $b < 0$ 或 $g/c > \lambda$,周期尾部的排队长度将会减少。应该指出的是式(8.60)和式(8.62)对于饱和周期,即绿灯时间小于式(8.57)给出的值,很有意义。对于非饱和状态,则 L_{N+1} 与 L_N 无关,由式(8.58)给出排队长度。如果 $b = 0$,交通需求的一个微小变动将会使平衡状态改变,出现亚稳定状态。因此,每一个信号周期开始时的排队长度将随着 b 值的波动而波动,这主要取决于实际交通需求的变化。

8.3.5 交通波模型应用

考虑三个相邻的交叉口信号对交通流的影响。假设三个交叉口信号的绿信比相同,红灯时长均为 t_r,忽略绿灯间隔时间,周期长均为 c,绿灯起步时差为 t_0,应用上述理论分析交叉口间的交通流状态变化情况。设交叉口 n 与 $n-1$ 间距离为 x_1,交叉口 n 与 $n+1$ 间距离为 x_2,交通流初始平均速度为 u_0,排队车辆的启动速度为 u。初始时刻路段上的交通流处于平衡状态,其密度 $f(x)=k_0$ 设为常数,交叉口 n 停车线位于 x_0 处,$t=0$ 时刻信号灯由绿灯变为红灯,下面分别分析三个交叉口的情况。

1. 孤立交叉口车辆运行状况的分析

(1)车辆在交叉口处排队过程的分析。

以交叉口 n 为例,在 $t=0$ 时刻,$k(x,0)=f(x)=k_0$,路段上各处密度相等,这是稀疏流的情况。当交叉口 n 处信号变为红灯时,车队在交叉口 n 形成停车波,其波阵面记为 S_1,而已经驶离停车线的车辆继续以原有速度 u_0 行驶,按照前面的停车波分析。在 $t=t_T$ 时刻,一列长度 $u_f\eta_1 t$ 的车队停在 x_0 之后形成排队,如图 8.10 所示。

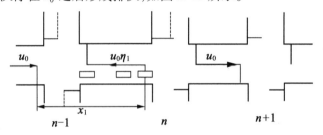

图 8.10 交叉口车辆的排队过程

(2)车队交叉口处消散过程的分析。

在 $t_r<t<c$ 时刻,交叉口 n 处信号变为绿灯,交叉口 n 处排队车辆启动,形成启动波,其波阵面记为 S_2,按照前面的启动波分析。启动波 S_2 以速度 u_f 运行。排队车辆从前向后传播,以 u 的速度通过交叉口 n,波传过后车队密度记为 k_1,设 T_d 为排队车辆完全消散时间(即车队开始启动),则有

$$u_f\eta_1(T_d+t_r)=u_f T_d, \quad T_d=\frac{t_r\eta_1}{(1-\eta_1)} \tag{8.63}$$

若 $T_d<c-t_r$,则排队车辆在一个周期内可以完全消散;否则车队在一个周期内将无法完全消散,此时记 T_a 为排队车辆完全通过交叉口 n 的时间,则有

$$T_a=\frac{u_f\eta_1(T_d+t_r)}{u}$$

若 $T_a<c-t_r$,则排队车辆在一个周期内可以完全通过交叉口 n,否则排队车辆在交叉口 n 处形成二次排队,此时周期内可通过的车辆数为 $k_1 u(c-t_r)$ 而滞留排队车辆数为 $k_j u_f\eta_1 t_r - k_1 u(c-t_r)$,这些车辆必须等待下一个周期通过交叉口,若足够长,排队车辆也可能出现三次、四次排队,如图 8.11 所示,此时可用同样的方法分析。

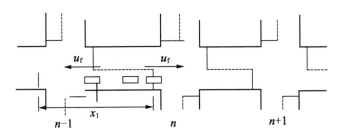

图 8.11 交叉口车队的消散过程

2. 上游交叉口对下游交叉口影响的分析

以相邻交叉口 n 和 $n+1$ 为例分析。在 $0<t<t_0$ 时刻,交叉口 $n+1$ 处信号为绿灯。此时驶出交叉口 n 处停车线的车辆以初始速度 u_0 驶向下游交叉口 $n+1$,当 $t_0 \leqslant t<t_0+t_r$ 时,交叉口 $n+1$ 处信号为红灯,若 $x_2<u_0 t_0$,则已驶出交叉口 n 的车辆可顺利通过下游交叉口 $n+1$,从而不形成排队;若 $x_2 \geqslant u_0 t_0$,则驶出交叉口 n 的车辆将在下游交叉口 $n+1$ 处形成排队,车辆排队长度为 $(x_2-u_0 t_0)k_0/k_j$。此时,设 T_{d1} 为交叉口 $n+1$ 排队车辆消散时间,则有

$$\frac{(x_2-u_0 t_0)k_0}{k_j}=T_{d1}u_f, \quad T_{d1}=\frac{(x_2-u_0 t_0)k_0}{k_j u_f} \tag{8.64}$$

在交叉口 n 停车线处排队的车辆在绿灯启亮后以 u 的速度通过交叉口 n 追赶前面的车辆,若 $x_2<u_0 t_0$,则前方车辆已驶出下游交叉口 $n+1$,故无法追上。另一方面,设

$$d=u(T_{d1}+t_0)+\frac{(x_2-u_0 t_0)k_0}{k_j}$$

若 $x_2 \leqslant d$,则在交叉口 $n+1$ 处排队车辆全部通过该交叉口之前,交叉口 n 上一周期所释放的车辆可以追上该排队车辆的尾车;若 $x_2>d$,则在交叉口 n 处释放车辆到达下游交叉口 $n+1$ 之前,在 $n+1$ 处排队的车辆已经释放完毕,故无法追上,如图 8.12 所示。

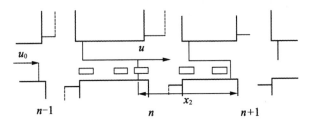

图 8.12 上游交叉口车队释放对下游交叉口的影响

3. 下游交叉口对上游交叉口影响的分析

以相邻交叉口 n 和 $n-1$ 为例分析。在 $0<t \leqslant t_r$ 时,停车波 S_1 以速度 $u_f \eta_1$ 沿交叉口 n 处的排队车辆从前向后传播。在 $t_r<t \leqslant c$ 时,启动波 S_2 以速度 u_f 沿交叉口 n 处排队车辆从前向后传播,又 $\eta_1=k_1/k_j$,则 $u_{s1}<u_{s2}$,即启动波 S_2 将在某一时刻追上停车波 S_1,该时刻即为交叉口 n 车辆消散时刻 t_r+T_d,若 $x_1<u_f \eta_1 (T_c+t_r)$,且上游交叉口 $n-1$ 在此方向上也为绿灯,则在启动波追上停车波之前,停车波已延伸至上游交叉口 $n-1$,即交叉口 n 的排队车辆将堵塞交叉口 $n-1$,此时若交叉口 $n-1$ 发生灯色转换,则将产生所谓的"多米诺"现象,

严重影响相交道路交通流的通行,如图 8.13 所示。

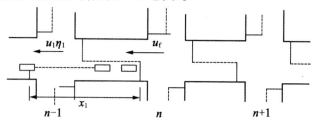

图 8.13　下游交叉口排队车辆对上游交叉口的影响

以上详细分析了连续交叉口受信号干扰而产生的车辆排队和消散过程,此法可用于计算机模拟交叉口信号配时效果,具有很高的应用价值。

近些年来,随着交通流理论的不断完善,有人提出了更复杂的高阶模型、随机模型,由于篇幅有限本文未做介绍,感兴趣的读者可以进一步参阅有关文献。

第9章 交通流宏观模型

9.1 交通流宏观模型综述

流体力学模拟理论是一种宏观的模型,假定在车流中各单个车辆的行驶状态与它前面的车辆完全一样,这与车流是不相符的。尽管如此,该理论在"流"的状态较为明显的场合,如分析瓶颈路段的车辆拥挤问题时,有其独特的用途。近年来,对城市交叉口、干线交通设施的运行效果研究较多,这些方法主要从微观与中观方面评价交通效果。随着智能交通的迅速发展,如何对一个城市道路网络的宏观交通效果进行评价则显得尤为重要,因此,有必要建立符合城市道路网络宏观交通特性的评价体系,以分析评价交通网络的总体建设水平、交通网络布局质量、路网总体容量等。

当前,社会经济的迅速发展与交通建设的相对滞后,已经构成非常突出的世界性的矛盾。交通拥挤带来的经济损失和环境污染愈演愈烈。如何充分有效地利用有限的交通资源,以科学的理论及模型来指导交通规划、设计、控制和管理,以缓解失衡的交通供求关系,成为亟待解决的问题。现代交通流模型理论的研究应运而生。宏观连续模型又称为流体力学模型,它将交通流视作由大量车辆组成的可压缩连续流体介质,把大量车辆看作可压缩连续介质,研究车辆集体的综合平均行为,该类模型以车辆的平均密度 k、平均速度 v 和流量 q 来刻画交通流,其中单个车辆的个体特性并不显式体现。交通流的宏观模型主要有流体力学模型和以气体动力学为基础的动力学模型。

9.1.1 LWR(Lighthill – Whitham – Richards)模型

流体运动学理论首次应用于交通流是20世纪50年代。1955年,Lighthin 和 Whitham 发表了具有里程碑意义的论文《论运动学波》。1956年,Richards 独立地提出了类似的理论,这是流体运动学理论应用于交通流的成功之作,后人将建立在这个理论上的模型简称 LWR 模型。用 $k(x,t)$ 和 $u(x,t)$ 表示 t 时刻位于 x 处交通流的密度和平均速度,满足式(8.4)流体力学的连续性方程:

$$\frac{\partial k}{\partial t} + \frac{\partial ku}{\partial x} = 0$$

该方程反映了车辆数守恒。当所研究的路段中有车辆出入时,可在上式右端加上源汇项。对于平均速度 $u(x,t)$,LWR 模型假设了一个平衡的速度 – 密度关系方程 $u = u_e(k)$ 得以封闭。由于 $q = ku = ku_e(k) = q_e(k)$,故式(8.4)可写为守恒形式:

$$\frac{\partial k}{\partial t} + q'_e(k)\frac{\partial k}{\partial x} = 0 \qquad (9.1)$$

其中 $u'_e(k) = \mathrm{d}q_e/\mathrm{d}k$。这是一个关于密度 k 的一阶双曲型方程,代表了非线性密度波的传播。由于速度 u 随密度的增大而减小,即 $u'(k) < 0$,小扰动以 $c = q'_e(k) = u_e(k) + \rho u'_e(k) < u_e(k)$ 的特征速度传播,说明该模型是各向异性的。

LWR 模型的优点是只含有一个连续方程,比较简单,便于解析分析和数值模拟,能够描述交通波的形成以及交通阻塞的疏导等非线性波特性。但该模型假设车辆运动始终满足平衡速度 – 密度关系式,所以不能正确描述实际上大多数处于非平衡态的交通流,无法模拟停止 – 启动波(stop-start waves)和拥塞交通时扰动的向前传播。交通处于非平衡态时,观测不到平衡曲线 $(v, v_e(k))$,Treiterer 等人早期的交通实测证实了这一点,而且加速流和减速流在 (k, v) 相图上循着不同的路径,这些路径通常形成一个或多个滞后环,表明非平衡态时出现的非线性现象,因此为了准确地描述和解释这些交通现象,必须考虑交通流的动力学过程。

9.1.2 动力学模型

交通流动力学模型包含两个方程:连续性方程和运动性方程。连续性方程反映了车辆数的守恒定律,与 LWR 理论完全相同;运动性方程描述车辆相互作用导致速度变化的动态过程,从而代替 LWR 模型中的平衡速度 – 密度关系。

1. Payne 模型

1971 年,Payne 根据车辆跟驰理论,将流体动力学的动量方程引入交通流理论,其模型是一个交通流动力学模型,它考虑车辆相互作用导致速度变化的动态过程,用流体力学的动量方程代替 LWR 模型中的平衡速度 – 密度关系,得到车流所满足的动力学方程。

Payne 考虑车流改变速度时需要一个延迟过程,引入驰豫时间 T;其次考虑到驾驶员行车时的前瞻效应,即认为在考察点 (x, t) 的车流速度取决于前方某点 $(x + \Delta x, t)$ 的密度值。因此有 $u(x, t+T) = u_e(k(x+\Delta x, t))$,其左右两边分别作关于 T 和 Δx 的 Taylor 展开,有

$$\frac{\mathrm{d}u}{\mathrm{d}t} = \frac{\partial u}{\partial t} + u\frac{\partial u}{\partial x} = \frac{u_e(k) - u}{T} + \frac{\Delta x}{T}\frac{\mathrm{d}u_e}{\mathrm{d}k}\frac{\partial k}{\partial x} \tag{9.2}$$

取 $\Delta x = 0.5/k$,相当于考察车辆与前车车距的一半;同时 $v = -0.5\mathrm{d}u_e/\mathrm{d}k > 0$,称为期望指数。由此可得到方程如下:

$$\frac{\partial u}{\partial t} + u\frac{\partial u}{\partial x} = \frac{u_e(k) - u}{T} + \frac{v}{kT}\frac{\partial k}{\partial x} \tag{9.3}$$

式(9.3)右边第一项为期望项,v 为期望指数,反映驾驶员对前方交通状态改变的反应过程;第二项是弛豫项,描述车流速度在 T 时间内向平衡速度的调整,T 称为弛豫时间或延迟时间;最优速度函数 $u_e(k)$ 和其他参数一般通过对所考察的道路实测和参数辨识来确定。Payne 在引入连续性方程时考虑了源汇项:

$$\frac{\partial k}{\partial t} + \frac{\partial ku}{\partial x} = s(x, t) \tag{9.4}$$

在入口匝道和出口匝道 $s(x, t)$ 分别为正和负。方程(9.3),(9.4)即为 Payne 模型的控制方程。相对于 LWR 模型,Payne 模型能更准确地描述实际车流,既可描述诸如交通激波形成以及阻塞消散,又能够分析任意小扰动引起的交通失稳、交通迟滞、时停时走的交通形

成现象等。Payne 据此编制了 FREFLO 软件程序，但在实际应用时却不理想，主要表现在 Payne 模型用于实际数值模拟时会出现不稳定性，临界密度过高，而且车流从一般速度达到平衡速度的调节过程过于缓慢。

2. 各向异性的流体力学模型

1995 年，美国加州大学伯克利分校的著名交通理论专家 Daganzo 对交通流的流体力学模型提出了质疑。他认为，这类模型存在"类气体行为"问题和车辆倒退问题两个主要问题。基于这些反常的，甚至不符合物理规律的结果，Daganzo 认为，交通流的二方程模型反而不如单方程模型（即 LWR 模型）好。一些学者（如 Del Castilio）认同他的观点，但 Aw A. 和 Rascle M. 等人则建立了另一个新的各向异性的流体力学模型，用对速度梯度项的修正来代替密度梯度项，从而解决了 Daganzo 提出的两大问题。

Aw A. 等人利用欧拉坐标将对空间变量 x 的导数项替换为对流导数项，得出了新的交通流动力学模型：

$$\frac{\partial u}{\partial t} + (u - kp(k))\frac{\partial u}{\partial x} = 0 \tag{9.5}$$

式中 $p(k)$——平滑增函数且假定 $p(k) = k^\gamma, \gamma > 0$。

矢量流的 Jacobi 矩阵的本征值为 $\lambda_1 = u - kp(k) \leq \lambda_2 = u$，对应的本征矢量为

$$\boldsymbol{\gamma}_1 = \begin{pmatrix} 1 \\ -p(k) \end{pmatrix}, \quad \boldsymbol{\gamma}_2 = \begin{pmatrix} 1 \\ 0 \end{pmatrix}$$

由于模型中的两个特征速度最大为车流速度，故该模型也是各向异性的，从而摒弃了大多数"二阶"模型的缺陷。此外，该模型可以很好地预测出畅行交通条件下的不稳定性。但是，这种模型的建立缺少令人信服的物理诠释。此后，国内一些学者也对此做了进一步的研究，从不同的角度建立了各向异性流体力学交通流模型。

Zhang H. M. 对高阶连续介质模型做了新的改进，提出一种新的非平衡交通流模型，此模型的推导基于 Pipes 的跟驰思想，运动学方程如下：

$$\frac{\partial V}{\partial t} + V\frac{\partial V}{\partial x} = -\alpha k(V_e'(k))^2 \frac{\partial k}{\partial x} \tag{9.6}$$

其中参数 α 用来定义扰动的传播速度 $V_c = \alpha k V_e'(k)$，通过新模型与 LWR 理论的对比确定其值。假设 $V = V_e(k)$，得到

$$\frac{\partial V}{\partial t} = V_e'(k)\frac{\partial k}{\partial t} \tag{9.7a}$$

$$\frac{\partial V}{\partial x} = V_e'(k)\frac{\partial k}{\partial x} \tag{9.7b}$$

将方程(9.7a),(9.7b)代入方程(9.6)，并考虑 $V = V_e(k)$，有

$$\frac{\partial k}{\partial t} + (V + \alpha k(V_e'(k)))\frac{\partial k}{\partial x} = 0 \tag{9.8}$$

当 $\alpha = 1$ 时，上述方程退化为 LWR 模型，此时扰动传播速度为 $V_c' = kV_e'(k)$，意味着后面的车辆不会对前方车辆有影响。

在一定的假设条件下，Zhang H. M. 模型既是 LWR 模型的推广，又克服了高阶连续模型车辆倒退问题。相关研究考虑两种不同的延迟时间尺度，提出新的各向异性的流体力学模

型。根据跟驰模型理论,车流状态的调整是在一定的迟滞时间内进行的。因此,假设平衡速度 $V_e(k)$ 只与车流密度有关,驾驶员期望在一定程度上在迟滞时间 T 内调整速度到期望速度,对应的车流密度是 $t+T$ 时刻位置 $x+VT$ 处的密度。考虑到驾驶员的时间 – 位置的前瞻性预期行为,车辆的实际延迟时间不同于期望速度的调整时间,得到如下的动力学方程:

$$\frac{\partial V}{\partial t}+\left(V+k\frac{T}{\tau}\frac{\mathrm{d}V_e}{\mathrm{d}k}\right)\frac{\partial V}{\partial x}=\frac{V_e(k)-V}{\tau} \tag{9.9}$$

在国内,同济大学针对我国低速混合型交通提出了一个一维管流模型,引入了交通压力、交通状态指数等新概念,并通过数值模拟较好地分析了交通阻塞的形成和疏导过程,与实测定性相符,其动力学方程如下:

$$\begin{cases}\dfrac{\partial(kuA)}{\partial t}+u\dfrac{\partial(ku^2A)}{\partial x}+A\dfrac{\partial P}{\partial x}+\tau_w=0\\[2mm]\dfrac{\partial(kA)}{\partial t}+u\dfrac{\partial(kuA)}{\partial x}=0\end{cases} \tag{9.10}$$

式中 A——车道数;

τ_w——车流经过单位面积路面所受的阻力;

P——交通流压力,假设为 $p=ck^n(n\geqslant 1)$,其中 c 和 n 为交通状态参数。调整其值就可使模型适应不同的情况。

其后有学者考虑速度变化的影响,建立了新的宏观交通动力学模型,该模型包含了面积可变项,考虑了自行车、公交车站、收费站、交通事故、道路等级等因素,此模型已经成功地应用于公交站点对交通流的影响分析。

9.2 一般网络模型

9.2.1 网络通行能力

1966 年,Smeed 提出考察城市中心区通行能力的方法,定义 N 为单位时间内进入中心区的车辆数。一般来说,N 取决于路网形态,包括道路宽度、交叉口控制类型、交通分布和车辆类型等。设城区面积为 A,道路占地比例为 f,通行能力为 C(单位时间单位道路宽度通过的车辆数),建立模型如下:

$$N=\alpha fC\sqrt{A} \tag{9.11}$$

其中 α 是常数。一般把 f 与 $(N/\alpha\sqrt{A})$ 的关系按三种路网类型划分,如图 9.1 所示。

图 9.1 中,曲线 1 包含环路,曲线 2 为放射线道路,曲线 3 为放射弧线道路,曲线 4 为不包含环线的道路。Smeed 运用 Wardrop 的速度 – 流量模型在伦敦对 C 值进行了估计。

Wardrop 模型如下:

$$q=2\,440-0.220u^3 \tag{9.12}$$

式中 u——速度,km/h;

q——平均流量,pcu/h。

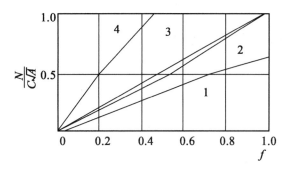

图 9.1 城市交通系统理论通行能力

用式(9.12)除以道路宽度(本例为 12.6 m),并将道路宽度折算成英尺,得到
$$C = 58.2 - 0.005\ 24u^3 \tag{9.13}$$

注意:不同的流量 – 速度模型得到 C 值的估计模型也不同,所以前者的选择非常重要。通过多个城市的数据可以标定 α 值(或得到经验值),从而得到网络通行能力的测算模型。

9.2.2 速度和流量的关系

1976 年,Tomason 用伦敦中心区的数据建立了一个流量 – 速度的线性模型。他 2 年采集一次数据,共持续 14 年,数据的采集考虑了网络范围的平均速度和平均流量。平均速度是车辆反复通过中心区预定路线的速度平均值,平均流量为标准车辆(经过换算)通过不同长度道路的流量的加权平均值。数据采集侧重于高峰期和平峰期的对比。

从图 9.2 中可以看出,所有两点连线的斜率都是负值,说明流量的增加导致了速度的下降。同时也可以看出,各年的曲线有向右移动的趋势,说明网络通行能力逐年提高,这是由于交通管理水平的提高和车辆性能的改进。

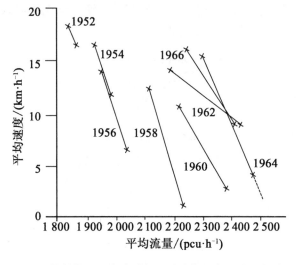

图 9.2 伦敦中心区高峰时间和平峰期速度 – 流量的关系(一)

两点确定的连线不足以说明流量与速度的关系。现在把 16 个点放在一起进行观察,就可以得出一个线性关系,如图 9.3 所示,考虑了数据并采用线性回归方法获得的模型如下:

$$u = 30.2 - 0.008\ 6q \tag{9.14}$$

式中　u——平均速度,mi/h(英里每小时,1 mi = 1.609 344 km);
　　　q——平均流量,pcu/h。

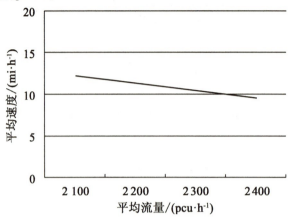

图 9.3　伦敦中心区高峰时间和平峰期速度 – 流量的关系(二)

按照式(9.14)计算,自由流速度(回归曲线在速度坐标的截距)应为 48.3 km/h,但是回归所用的数据都不小于 2 200 pcu/h,因此对自由流速度还需要进一步研究。研究人员用采集的星期日低流量数据(同一年)所绘制的曲线,与式(9.14)所绘制的曲线对比情况如图 9.4 所示,从图上不难看出自由流速度。

实际上,速度与流量的关系与所处的地理位置关系很大,在市中心交叉口多的地方和在郊区交叉口较少的地方获得的研究成果差别很大,下面就给出两个这种例子。

图 9.5 绘制了伦敦市内区和外区的速度 – 流量关系图。内区信号控制交叉口的密度为每英里 7.5 个,外区信号控制交叉口的密度为每英里 2.6 个。从图中可以看出,这两个区所获得的曲线差别明显,它们的回归曲线差别也很大。

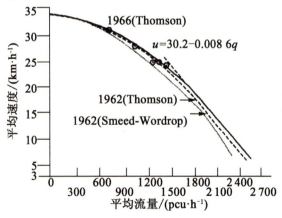

图 9.4　低流量时的速度 – 流量关系

内区回归方程为

$$u = 24.3 - 0.007\ 5q \tag{9.15}$$

外区回归方程为

$$u = 34.0 - 0.0092q \tag{9.16}$$

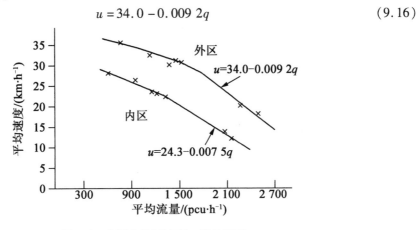

图9.5 内区和外区速度－流量关系

1968年,沃德洛尔在研究平均速度和平均流量时,直接把平均道路宽度和平均交通信号控制间距考虑了进去。这里的平均速度是指平均行程速度,包括车辆停车时间,而行驶速度定义为车辆行驶时间内的平均速度。由此,有

$$\frac{1}{u} = \frac{1}{u_r} + fd \tag{9.17}$$

式中　u——平均速度,mi/h;
　　　u_r——行驶速度,mi/h;
　　　d——每个交叉口的平均延误,h;
　　　f——每英里信号交叉口数。

假定

$$u_r = a(1 - q/Q) \tag{9.18}$$
$$d = b/(1 - q/(\lambda S)) \tag{9.19}$$

式中　a,b——参数;
　　　Q——通行能力,pcu/h;
　　　λ——绿信比,$\lambda = g/c$;
　　　g——有效绿灯时间;
　　　c——信号周期时长;
　　　S——饱和流率。

于是式(9.17)可以写成

$$\frac{1}{u} = \frac{1}{a(1 - q/Q)} + \frac{fb}{1 - q/(\lambda S)} \tag{9.20}$$

式(9.20)为考虑了多种因素后的速度与流量的关系。如果把道路宽度也考虑进来,则

$$u_r = 31 - \frac{0.70q + 430}{3w} \tag{9.21}$$

式中　w——道路宽度,ft(英尺,1 ft = 0.3048 m)。伦敦市中心的道路平均宽度为42 ft,所以伦敦市中心 $u_r = 28 - 0.0056q$,后根据经验调整为 $u_r = 28 - 0.0058q$。仍以伦敦市为例,

取 $Q = 2\,610$ puc/h, $fb = 0.005\,07$(估计值),则有

$$\frac{1}{u} = \frac{1}{28 - 0.005\,8q} + \frac{0.005\,07}{1 - \dfrac{q}{2\,610}}$$

化简后

$$\frac{1}{u} = \frac{1}{28 - 0.005\,8q} + \frac{1}{197 - 0.077\,5q} \tag{9.22}$$

根据伦敦市的数据,将式(9.21)进一步修正为

$$u_r = 31 - \frac{140}{w} - \frac{0.024\,4q}{w} \tag{9.23}$$

研究人员认为,交叉口的通行能力与停车线的宽度(道路宽度)存在比例关系,因此,式(9.19)可以改写为

$$fd = \frac{fb}{1 - q/(k\lambda w)} \tag{9.24}$$

其中 k 为常数。

对于伦敦市, $w = 42$ ft, $\lambda = 0.45$,则 $k\lambda w = Q = 2\,770$,这样 $k = 147$,所以

$$fd = \frac{fb}{1 - q/(147\lambda w)} \tag{9.25}$$

当 $f = 5$ 时, $fb = 0.005\,07$,所以 $b = 0.001\,01$,于是式(9.25)写成

$$fd = \frac{f}{1\,000 - 6.8q/(\lambda w)} \tag{9.26}$$

将式(9.23),(9.25)代入式(9.17),则有

$$\frac{1}{u} = \frac{1}{31 - \dfrac{140}{w} - \dfrac{0.024\,4q}{w}} + \frac{f}{1\,000 - \dfrac{6.8q}{\lambda w}} \tag{9.27}$$

9.2.3 网络模型与网络参数

在使用模型定量评价路网服务质量时,必须定义一些参数。这里,有两个主要模型要讨论,一个是 α 关系模型,另一个是城市交通的双流理论模型。

20世纪70年代初,有关研究人员选择下面几个变量进行了研究,并建立了模型:

I——交通强度,单位时间内单位面积上所有车辆运行距离的总和;

R——道路密度,单位面积上道路长度或面积;

u——加权区间平均速度。

$$I = \alpha(u/R)^m \tag{9.28}$$

其中 α, m 为参数,式(9.28)是通过英国和美国的多个城市观测数据建立起来的,这里 α, m 的标定非常关键。各城市的数据标定结果是 m 值接近 -1,因此式(9.28)可以写成

$$I = \alpha R/u \tag{9.29}$$

α 在不同的城市、不同的地区获得的值是不同的。研究发现对一个城市或一个地区,诸如道路宽度、交叉口密度等路网特征对 α 值的影响很大。这样 α 就可以作为度量路网特征和交通行为关系的特征值,进一步说它是路网服务水平的指标器,道路服务水平随 α 值增加而提高。

9.3 双流理论

Prigogine 和 Herman 提出包含两种不同流量模式的交通流动力学理论后,Herman,Prigogine(1979)及 Herman,Ardekani(1984)基于处理多车道交通的动力学理论提出了描述城市道路网络中密集流模式的城市交通双流理论(Two Fluid Theroy),也称二流理论。

9.3.1 基本理论

交通流中的车辆可以分成两类车流,一类是运动车辆,一类是停止车辆。停止车辆是指在交通流中停顿下来的车辆,停车的原因包括交通信号、交通标志、临时装卸货、临时上下客、拥护等,但不包括车流以外的停车,如停车场的停车、路旁停车位的长时间停车等。将交通流划分成双流的目的就是要定量地描述路网的服务水平。双流模型基于以下两条假设:

(1)车辆在路网中的平均行驶速度与运行车辆所占的百分比成比例。
(2)路网中循环试验车辆(即交通观测车)的停车时间比例与路网中同期运行车辆的停车时间比例相等。

第一个假设关系到行驶车辆的平均行驶速度 u_r 和行驶车辆比例 f_r,并有

$$u_r = u_m f_r^n \tag{9.30}$$

这里 u_m 为最大平均行驶速度,n 是表示道路交通服务质量的参数。下面就这两个参数进行讨论。

定义平均行程速度 $u_t = u_r f_r$,则有

$$u_t = u_m f_r^{n+1} \tag{9.31}$$

因为 $f_r + f_s = 1$,这里 f_s 为停止车辆比例,式(9.31)可以写成

$$u_t = u_m (1 - f_s)^{n+1} \tag{9.32}$$

边界条件为:$f_s = 0$ 时,$u_t = u_m$;$f_s = 1$ 时,$u_t = 0$。

上述关系也可以表述成平均行程时间的关系。用 T_t 表示平均行程时间,T_r 表示平均行驶时间,T_s 表示停止时间。对于单位距离来说,$T_t = 1/V_t$,$T_r = 1/u_r$,$T_m = 1/u_m$,这里 T_m 为平均最短行驶时间,代入以上各式即可。

双流理论的第二条假设把试验车在路网中的停车时间与全部车辆的停车时间联系在一起,根据前述可以得出

$$f_s = \frac{T_s}{T_t} \tag{9.33}$$

由式(9.32)可得

$$T_t = T_m (1 - f_s)^{-(n+1)} \tag{9.34}$$

与式(9.33)结合

$$T_t = T_m [1 - (T_s/T_t)]^{-(n+1)} \tag{9.35}$$

由于 $T_t = T_r + T_s$,解得

$$T_r = T_m^{\frac{1}{n+1}} T_t^{\frac{n}{n+1}} \tag{9.36}$$

相应地有

$$T_s = T_t - T_m^{\frac{1}{n+1}} T_t^{\frac{n}{n+1}} \tag{9.37}$$

很多实际研究结果证实了双流理论模型，表明用参数 n 和 T_m 能很好地反映城市路网的交通状况。为了便于模型标定，对式(9.36)两边同时取自然对数，得到

$$\ln T_r = \frac{1}{n+1}\ln T_m + \frac{n}{n+1}\ln T_t \tag{9.38}$$

9.3.2 双流模型参数

1. 参数 T_m, T_s

T_m 为单位距离上平均最短行驶时间，为车辆在路网上没有任何停顿且行驶通畅时所耗时间。理想的条件是路上只有一辆车，这样理想的参数很难直接测得，因为即便是只有一辆车行驶，在城市道路上也难免遇到信号灯的制约。因此一般情况下，T_m 是指在低流量下测得的最小平均行驶时间。T_m 值若大，则说明路网条件差；反之则说明路网条件好。

T_s 为单位距离上平均停止时间，T_s 随着 n 值增加而增加，同时，总的平均行程时间也增加。因为 $T_t = T_r + T_s$，所以总的行程时间 T_t 至少与停止时间 T_s 以同样的速度增加。从式(9.36)可知，如果 $n=0$，T_r 等于常数，总行程时间与停止时间等速增加。如果 $n>0$，总行程时间增加速度大于停止时间的增加速度。从直观上看，n 值一定大于0，因为停止时间的增加是拥挤所致，而拥挤的交通必然导致车速减缓，这必然导致总的行驶时间增加更多。实际研究表明，n 值在 0.8~3.0 之间变化。从上面的分析可以得出结论：n 值的大小，代表了路网环境变化的快慢。如果 n 值较大，随着交通需求的增加，路网环境变差的速度也就较快。正因为双流模型参数反映了路网对交通需求的敏感性，所以常被用来评价各种交通需求状态下的路网状况。

图 9.6 是 1984 年美国休斯顿、奥斯汀等城市实地研究结果。休斯顿：$T_m = 2.70$ min/mi，$n = 0.80$；奥斯汀：$T_m = 1.78$ min/mi，$n = 1.65$。前一个城市当 T_s 较小时，T_t 较大，但随着 T_s 的增加，T_t 的增加相对较慢（因为 n 值较小）；相反，后一个城市则当 T_s 较小时 T_t 较小，但随着 T_s 的增加，T_t 的增加相对较快（因为 n 值较大），这个实例说明了上述结论。

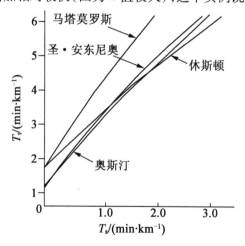

图 9.6 T_t 与 T_s 关系实例(1984)

2. 驾驶员行为的影响

估计双流模型参数的数据通过跟车试验获得,让跟驰车辆的驾驶员随机地跟随一辆车,直到被跟车辆停车或离开预设的路网,然后就近再选择一辆车跟随。跟驰车辆驾驶员在跟驰过程中要尽可能地模仿其他驾驶员的行为,以便真实地反映其他驾驶员所花的停车时间。选择的路网也是常用道路,这样可以使样本更具真实性。跟驰车辆的行驶路程以 1 mi 为单位分割,记载(或计算)每个单位的 T_r 和 T 值,这些 (T_r, T) 观测值用于参数估计。

跟车试验最重要的一点是驾驶员行为,包括跟驰车辆驾驶员和被跟车辆驾驶员。在同一路网中,对于跟驰车辆,分别利用鲁莽驾驶员和保守驾驶员所获得的数据绘制出双流曲线,试验研究发现驾驶员的行为对双流模型参数有很大的影响。

3. 路网形态的影响

路网的地理形态和交通控制状况对路网的交通服务水平有相当重要的影响。如果能够建立这些因素与双流模型参数之间的定量关系,便可从中体会出改进交通流的办法,并能提供不同改进措施的定量比较手段。

20 世纪 80 年代后期以来,研究人员在这方面做了许多工作。有人选择下列数据进行了研究:①每平方英里的车道长度(C_1);②每平方英里的交叉口数(C_2);③单向交通街道的比例(C_3);④平均信号周期长度(C_4);⑤平均街区长度(C_5);⑥平均每条街道的车道数(C_6);⑦街区的平均长宽比(C_7)。通过 4 个城市的数据并进行实地研究,有 3 个变量被确定有用,并选择模型如下:

$$T_m = 3.59 - 0.54 C_6 \tag{9.39}$$

$$n = -0.21 + 2.97 C_3 + 0.22 C_7 \tag{9.40}$$

另有人对更多因素进行了研究,选择的因素包括:①平均街区长度(X_1);②单向交通街道比例(X_2);③平均每条街道的车道数(X_3);④交叉口密度(X_4);⑤信号控制交叉口密度(X_5);⑥速度限制(X_6);⑦平均信号周期长度(X_7);⑧允许路边停车的道路长度比例(X_8);⑨感应式信号交叉口比例(X_9);⑩信号控制交叉口人口占全部人口的比例(X_{10})。通过 10 个城市的实地研究,确定 7 个变量有用,并建立了如下模型:

$$T_m = 3.93 + 0.0035 X_5 - 0.047 X_6 - 0.433 X_{10} \tag{9.41a}$$

$$n = 1.73 + 1.124 X_2 - 0.180 X_3 - 0.0042 X_5 - 0.271 X_9 \tag{9.41b}$$

上述两组研究中相关系数 r 差别较大,式(9.39),(9.40)都接近于 1,而式(9.41)和(9.42)分别为 0.85 和 0.87,这说明变量选择和数据选择的重要性。这些模型只能为我们提供一个研究思路,不能直接套用。

研究结论:用多元线性回归方法可以建立路网形态与双流模型参数之间的关系模型,但变量的选择和数据的获得比较困难。

目前对双流模型参数的标定普遍采用计算机模拟的方法,有很多软件都可用于此目的。计算机模拟的优点是可以变换路网形态,利用设想的路网形态,改变控制方案等,且成本低廉。存在的问题是模拟软件本身需要不断地改进,使其更能反映不同条件下的真实交通状况。事实上,交通流理论的研究成果与交通仿真软件有互动效应,即交通流理论的研究成果改善了仿真软件,而交通仿真软件又有助于交通流理论的进一步研究。

9.4 双流模型与网络交通模型

计算机模拟技术的发展为宏观上研究平均速度 U、平均流量 Q 和平均密度 K 之间的关系提供了条件,以往这种研究需要进行同时间全部路网的交通观测,这种观测很难实现,而计算机仿真技术可以通过模拟的方法来实现这种数据采集。本节介绍运用计算机模拟技术建立的 3 个模型体系,这些模型的假设前提是 $Q=KU$,并承认双流模型。模型体系的基本模型如下:

$$U = f(K) \tag{9.42}$$

$$Q = g(K) \tag{9.43}$$

$$f_s = h(K) \tag{9.44}$$

9.4.1 模型体系 1

因为 $f_s > 0$,所以对式(9.44)进行如下改进:

$$f_s = f_{(s,\min)} + (1 - f_{(s,\min)})(K/K_j)^\pi \tag{9.45}$$

式中 $f_{s,\min}$——最小停车比例;

K_j——阻塞密度;

π——反映路网服务质量的参数。

将式(9.32)代入式(9.45)可得

$$U = U_m (1 - f_{(s,\min)})^{n+1} [1 - (K/K_j)^\pi]^{n+1} \tag{9.46}$$

由于 $Q = KU$,所以

$$Q = KU_m (1 - f_{(s,\min)})^{n+1} [1 - (K/K_j)^\pi]^{n+1} \tag{9.47}$$

式(9.45),(9.46),(9.47)是模型体系 1 的模型,符合模拟数据,如图 9.7 所示。图中的模型 1 和模型 2 是根据密度不同而采用了不同的模型,lane 代表车道。

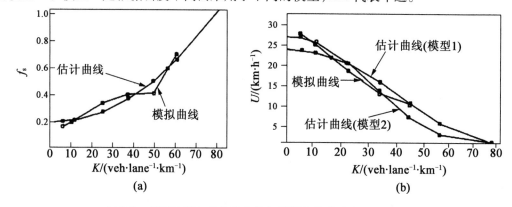

图 9.7 模型体系 1 的估计曲线与模拟曲线的对比(1987 年)

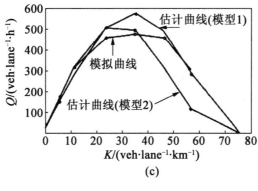

续图 9.7

9.4.2 模型体系 2

根据格林希尔治模型:

$$U = U_f(1 - K/K_j) \quad (9.48)$$

式中 U_f 为自由流速度($U_f \leq U_m$),将式(9.32)代入可得

$$f_s = 1 - [(U_f/U_m)(1 - K/K_j)]^{1/(n+1)} \quad (9.49)$$

由于 $Q = KU$,所以

$$Q = U_f(K - K^2/K_j) \quad (9.50)$$

式(9.48)、式(9.49)和式(9.50)是模型体系 2 的模型,通过模拟技术拟合如图 9.8 所示。

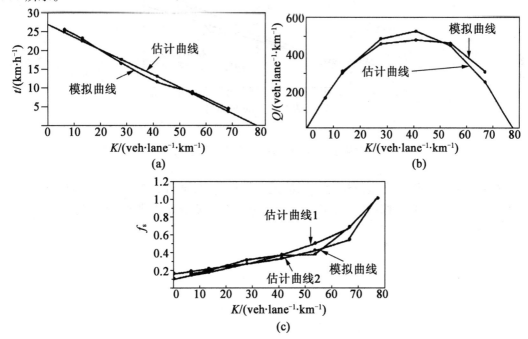

图 9.8 模型体系 2 的估计曲线与模拟曲线的对比(1987 年)

9.4.3 模型体系3

模型体系3用非线性的钟形线建立 U–K 模型，模型如下：

$$U = U_f \exp[-\alpha(K/K_m)^d] \tag{9.51}$$

式中 K_m——最大流量时的密度；

α 和 d——参数。

根据式(9.32)得到

$$f_s = 1 - \{(U_f/U_m)\exp[-\alpha(K/K_m)^d]\}^{1/(n+1)} \tag{9.52}$$

又 $Q = KU$，所以

$$Q = KU_f \exp[-\alpha(K/K_m)^d] \tag{9.53}$$

式(9.51),(9.52)和(9.53)为模型体系3的模型，计算机模拟拟合情况如图9.9所示。

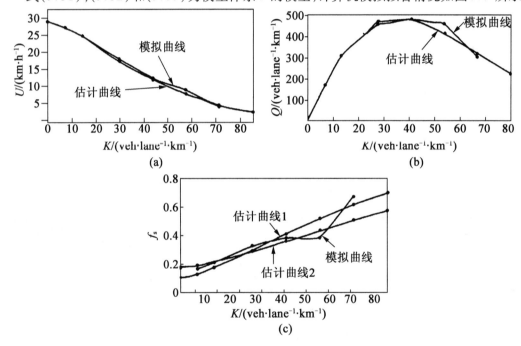

图9.9　模型体系3的估计曲线与模拟曲线的对比(1987年)

宏观交通流理论是交通流理论体系的重要组成部分,随着城市交通问题的日益突出,交通科学对宏观交通流理论的需求日益迫切。就目前的研究水平来看,还有待于进一步深入研究。

第 10 章 无信号交叉口交通模型

10.1 无信号交叉口交通流特性

10.1.1 无信号交叉口交通流特点

无信号交叉口的一个特点是交通流的等级问题,所有无信号交叉口的交通流都有等级之分,一些交通流有优先权,优先等级低的车辆要让优先等级高的车辆先行,有时,第一股交通流要让第二股交通流先行,而第二股交通流又要让第三股交通流先行。因此,把交通流分为不同的优先等级是十分必要的。将车流分为四个优先级,各级车流优先权如下:

第一级车流:具有绝对的优先权,不需要将路权让给其他车流;
第二级车流:必须给第一级车流让路;
第三级车流:必须让路给第二级车流,并依次让路给第一级车流;
第四级车流:必须为第三级车流让路,并依次让路给第二级和第一级车流。

10.1.2 无信号交叉口交通流分析程序特征

无信号交叉口对驾驶员没有确定的指示或控制,也不规定驾驶员何时驶入或驶离交叉口,驾驶员必须自己判断何时进入交叉口是安全的。驾驶员在交通流中所寻求的进入交叉口的安全机会或"间隙"称为可接受间隙,它用时间来度量,并且等于某一车头时距。在无信号交叉口中,驾驶员必须考虑其他车辆的优先权问题。如果有一辆车试图进入交叉口,但此时存在优先级高于它的交通流,那么它必须让路给这些交通流。

所有分析程序在某种程度上都依赖于可接受间隙理论,即使有些程序没有明确地运用该理论,但程序运行的基础也是可接受间隙理论。一般来说,可接受间隙理论比较容易理解,可分为两部分基础内容:首先是驾驶员在试图进入交叉口时寻找可穿越的间隙或机会;其次是有供驾驶员穿越的足够大小的间隙。因此,提供给驾驶员的可穿越间隙的比例就很重要。

本章运用这一理论先对两股交通流的交叉口进行分析,然后推广到多股交通流的情况。

10.2 无信号交叉口交通流分析理论基础

10.2.1 可接受间隙理论

可接受间隙理论是分析无信号交叉口的基本理论,理解该理论必须先理解可利用间隙的概念。例如,次路驾驶员能否在主路连续到达车辆时间间隔是 10 s 的情况下驶离停车线,有多少驾驶员能够在这 10 s 的间隔内驶离。

次路车流中所有驾驶员在相似的位置所能接受的最小间隙称为临界间隙,用 t_c 来表示。根据通常假设的驾驶员行为模式,只有在主路车流的可利用间隙至少等于临界间隙时,次路车流的驾驶员才能进入交叉口。例如,若临界间隙是 4 s,那么次路车流的驾驶员要驶入交叉口至少需要主路车流车辆间有一个 4 s 的间隙,并且他在其他任何时候通过同一个交叉口都需要4 s的时间。

在可接受间隙理论中,通常假设在一个非常长的间隙中会有多名驾驶员从次路上进入交叉口。通常,这种在较长时间间隙中进入交叉口的次路车流车辆间的车头时距称为"跟随时间",用 t_f 来表示。

研究者们对临界间隙和跟随时间有不同定义,McDonald,Armitage(1978)和 Siegloch(1973)描述了一个概念,即主路车流间隙时间中减去损失时间剩下的时间被看作是可利用的,这个被饱和流分开的可用时间可以用来估计次路车流的通行能力。

无信号交叉口理论通常都假设驾驶员行为方式具有一致性和相似性。研究表明,在这种假设条件下,其预测结果与实际情况只有几个百分点的偏差。即这种假设的影响非常小,为方便起见,一般均采取这种假设。

1. 可接受间隙参数

可接受间隙参数主要是指临界时间 t_c 和跟随时间 t_f,这两个参数受主路车流的影响(Harders1976 和 Troutbeck1988),同时也受驾驶员操作的影响,操作难度越大,临界间隙和跟随时间越长。当通过不同的车流时,驾驶员需要的临界间隙也不同。

2. 临界参数估计

可接受间隙理论中的两个参数 t_c 和 t_f 需要估计。这两个参数的估计在技术上分为两类:一类是基于接受间隙驾驶员数和间隙大小的回归分析;另一类是分别估计跟随时间分布和临界间隙分布。

(1)回归方法。

如果在次要道路上有连续的车队,可采用回归方法,因为在可接受间隙理论中结果与假设相符合,对于这种方法,在观测期间次路排队中至少应有一辆车,其过程如下:

① 记录主路上每个间隙的大小 t 和在该间隙中次路进入的车辆数 n;
② 对于每个只被 n 个驾驶员接受的间隙,计算平均间隙的大小 $E(t)$;
③ 以平均间隙中进入的车辆数 n 对该平均间隙(作为相关变量)进行线性回归;
④ 假设斜率是 t_f,间隙轴的截距是 t_0,则临界间隙 t_c 可写成如下形式:

$$t_c = t_0 + t_f/2 \tag{10.1}$$

线性回归的结果如图 10.1 所示,但是根据之前假设驾驶员行为具有一致性和相似性,线性回归曲线应类似于图 10.2 所示的阶梯形曲线。

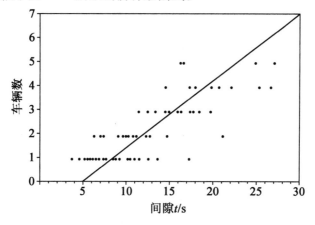

图 10.1　线性回归曲线

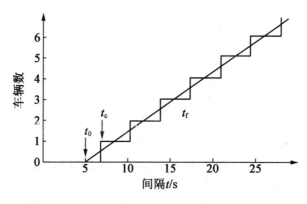

图 10.2　阶梯形曲线

(2)临界间隙和跟随时间的独立估计。

如果次路车流不是连续排队,那么回归的方法就不能使用,此时用概率的方法更为合适。

临界间隙的估计更困难一些,因为它不能直接测量,只已知一个驾驶员的临界间隙大于最大拒绝间隙而小于该驾驶员接受的间隙。如果驾驶员接受了一个小于最大拒绝间隙的间隙值,那么这个驾驶员被看作是疏忽的,应将该接受值改为刚好低于接受间隙的值。

两种较好的估计临界间隙的方法是极大似然估计法和 Ashworth(1968)方法。此外,Probit 或 Logit 方法也较适用,尤其在估计可接受间隙的概率时(Abou-Henaidy 1994),但还需要考虑其他因素;Hewitt 法对于大流量的主要道路和次要道路比较适用。

①极大似然估计法。用极大似然估计法来估计临界间隙需要假设一群驾驶员临界间隙值的概率分布,一般取对数正态分布。设 a_i 是被第 i 个驾驶员接受的间隙的对数(如果没有间隙被接受则为 ∞);r_i 是被第 i 个驾驶员拒绝的最大间隙的对数(如果没有间隙被拒

绝则为0);μ 和 σ^2 分别为各驾驶员临界间隙对数的均值和方差(假设服从对数正态分布);f 和 F 分别为正态分布的概率密度函数和累积分布函数。

单个驾驶员的临界间隙在 r_i 和 a_i 之间的概率是 $F(a_i) - F(r_i)$,考虑所有驾驶员,则 n 个驾驶员接受间隙和最大拒绝间隙(a_i, r_i)的样本似然函数是

$$\prod_{i=1}^{n}[F(a_i) - F(r_i)] \tag{10.2}$$

该似然函数的对数为

$$L = \sum_{i=1}^{n}\ln[F(a_i) - F(r_i)] \tag{10.3}$$

μ 和 σ^2 的极大似然估计值可使 L 取最大值,可从下述方程中求解出来:

$$\partial L/\partial \mu = 0 \tag{10.4}$$

$$\partial L/\partial \sigma^2 = 0 \tag{10.5}$$

$$\partial F(x)/\partial \sigma = -f(x) \tag{10.6}$$

$$\partial F(x)/\partial \sigma^2 = -[(x-\mu)/2\sigma^2]f(x) \tag{10.7}$$

根据式(10.3)~(10.7)可用迭代的方法得出(10.8)和(10.9)两个方程。

假设已知 σ^2 的值,应用下面方程来估计 μ 值:

$$\sum_{i=1}^{n}\frac{f(r_i) - f(a_i)}{F(a_i) - F(r_i)} = 0 \tag{10.8}$$

σ^2 的初始值是所有 a_i 和 r_i 值的方差。利用式(10.8)得出的 μ 估计值,从下面方程中得到一个更好的 σ^2 估计值,其中 $\hat{\mu}$ 是 μ 的估计值:

$$\sum_{i=1}^{n}\frac{(r_i - \hat{\mu})f(r_i) - (a_i - \hat{\mu})f(a_i)}{F(a_i) - F(r_i)} = 0 \tag{10.9}$$

然后,再用 σ^2 的估计值 $\hat{\sigma}^2$ 从式(10.8)中求出一个更好的 μ 估计值,重复这个过程直到连续得到的 μ 和 σ^2 值达到足够的精度。

临界间隙分布的均值 $E(t_c)$ 和方差 $var(t_c)$ 是对数正态分布参数的函数,即

$$E(t_c) = e^{\mu + 0.5\sigma^2} \tag{10.10}$$

$$var(t_c) = E(t_c)^2(e^{\sigma^2} - 1) \tag{10.11}$$

那么在可接受间隙计算中所用的临界间隙等于 $E(t_c)$,其值应该小于可接受间隙的平均值。

极大似然估计法比较复杂,但它能得到可接受的结果。该方法用到了大量的信息,考虑了大量拒绝间隙的影响,这使得结果不会出现明显的偏差,同时也考虑了主路车流车头时距分布的影响,如果交通流量较小,则大多数驾驶员都会接受较长的间隙;如果交通流量大,次要道路驾驶员就会接受较短的间隙。所以可接受间隙的分布与主要道路车流量有关。极大似然估计考虑了这些条件,但如果驾驶员接受了第一个提供的间隙,并没有拒绝任何间隙,那么式(10.8)和(10.9)的结果作用不大,应采集更多的数据进行计算,或选用下面将要介绍的另一种方法——Ashworth 法。

②Ashworth 法。Ashworth 法要求使用者注意可接受间隙占总间隙比例的分布概率的特性,通常用 Probit 分析法来分析可接受间隙的概率,应用对数正态分布函数。如果分布的期

望和方差是 $E(t_a)$ 和 $var(t_a)$，那么 Ashworth 给出的临界间隙公式为

$$E(t_c) = E(t_a) - q_p var(t_a) \tag{10.12}$$

式中 q_p ——主路车流量，veh/s。

如果运用对数正态分布函数，那么可用方程（10.10）和（10.11）来得到 $E(t_a)$ 和 $var(t_a)$ 的值。这种方法比较实际，且效果较好。

10.2.2 车头时距分布理论

无信号交叉口运行状况的主要影响因素是不同车流中车辆间隙的分布，由于较小的间隙通常会被拒绝，因此要着重考虑那些较大的间隙即有可能被接受的间隙的分布。普通的模型常应用随机车辆到达方式，也就是到达时间服从负指数分布。在高流量时，负指数分布不适用，宜用移位负指数分布，该分布假设车辆的车头时距至少为 t_m。

更好的模型使用二分分布，这些模型假设有一部分"自由"车辆不受相互间的影响，并以大于 t_m s 的车头时距运行，其比例是 α，自由车辆有一个车头时距分布。其他的车辆在队列中运行，并且这些聚集在一起的车辆也有一个车头时距分布。科万（Cowan 1975）的 M3 模型就是这样一个二分车头时距模型，它假设比例为 α 的车辆是自由车辆，并且有一个移位负指数车头时距分布，剩余的 $1-\alpha$ 的聚集车辆只有相同的车头时距 t_m。

在这一节中，"排队车辆"指停成一条线等候的车辆，而队列指车头时距是 t_m 的一组运行车辆。当描述队列长度时，通常包括有较长车头时距的队列头车。单个车辆是指没有其他车辆跟随的车，通常用来区分自由车辆（或队列头车）和那些在队列头车之后的车辆，跟随这一组车辆称为聚集车辆，下面讨论它们不同的车头时距分布模型。

1. 车头时距的负指数分布

最普遍的车头时距分布是负指数分布，也称指数分布。这种分布假设车辆随机到达，与前车的到达时间没有任何关系，并假设车辆在一个小的时间间隔 $(t, t+\delta t)$ 到达的概率是定值。Poisson 分布给出了在时间 t 内到达 n 辆车的概率为

$$P(n) = (qt)^n \frac{e^{-qt}}{n!} \tag{10.13}$$

式中 q ——流量，veh/s。

当 $n=0$ 时，式（10.13）表示在时间 t 内没有车辆到达的概率，则车头时距 h 大于 t 的概率为

$$P(h > t) = e^{-qt} \tag{10.14}$$

车头时距的累积频率函数为

$$P(h \leq t) = 1 - e^{-qt} \tag{10.15}$$

概率分布函数为

$$f(t) = \frac{d[P(h \leq t)]}{dt} = q e^{-qt} \tag{10.16}$$

这是负指数分布的方程，流量 q 由平均车头时距的倒数得出。例如，在半小时内观测到的 228 个车头时距，那么流量就是 228/1 800，即 $q=0.127$ veh/h。车头时距大于 5 s 的概率是：$P(h>5) = e^{-qt} = e^{-5*0.127} = 0.531$，则半小时内大于 5 s 的车头时距数就是 $0.531 \times 228 = 116$。若流量是 1 440 veh/h 即 0.4 veh/h，小于 0.1 s 的车头时距数就是 $q \times [P(h >$

0.1)] × 3 600 = 56 veh/h。说明负指数会预测到很小的车头时距,这与现实交通流不符。

2. 移位负指数分布

移位负指数分布假设车辆间有一个最小的车头时距 t_m,它可以被看作是其他车辆不能进入的时间,如果车流量是 q(veh/h),则车辆通过时的损失时间就是 $t_m \cdot q$。剩下的时间分配到每辆车上,则每辆车的平均时间为 $(1 - t_m \cdot q)/q$ s,车头时距的累积概率分布为

$$F(h) = 1 - e^{-\lambda(h - t_m)} \tag{10.17}$$

$$\lambda = \frac{q}{1 - t_m q} \tag{10.18}$$

这里,需要估计 λ 和 t_m,可从分布的期望和方差进行估计,车头时距的期望 $E(h)$ 为

$$E(h) = 1/q = t_m + \frac{1}{\lambda} \tag{10.19}$$

车头时距的方差是 $1/\lambda^2$,则这两个公式可以估计 λ 和 t_m。此分布在概念上优于负指数分布,但并没有考虑高交通流量时的排队问题,二分车头时距分布提供了更好的解决办法。

3. 二分车头时距分布

大部分交通流中存在两种类型的车辆,第一种是聚集车辆,它们紧紧地跟随着前车;第二种是自由车辆,它们的运行与前边的车辆不存在相互影响。目前,已有许多二分车头时距分布模型,例如,Schuhl(1955)提出的这个分布:

$$p(h \leq t) = 1 - \alpha e^{-t/\bar{h}_f} + (1 - \alpha) e^{-(t - t_m)/(\bar{h}_b - t_m)} \tag{10.20}$$

式中 α——自由车辆(不排队车辆)的比例,$1 - \alpha$ 是聚集车辆的比例;

$\bar{h}_f$——自由流车辆平均车头时距;

$\bar{h}_b$——约束流聚集车辆平均车头时距;

t_m——负指数分布曲线的偏移量。

较好的可接受间隙车头时距分布模型是由科万(Cowan 1975)提出的 M3 分布模型,该模型旨在建立较大间隙的车头时距模型,这种车头时距模型的累计概率分布为

$$\begin{cases} p(h \leq t) = 1 - \alpha e^{-\lambda(t - t_m)} & (t > t_m) \\ p(h \leq t) = 0 & (其他) \end{cases} \tag{10.21}$$

式中 λ——常数,由如下方程给出:

$$\lambda = \frac{\alpha q}{(1 - t_m q)} \tag{10.22}$$

M3 分布模型十分普遍,当 $\alpha = 1.0$ 时会得到移位负指数分布;当 $\alpha = 1.0$,$t_m = 0$ 时,则会得到负指数分布。自由车辆的比例可用下式估计:

$$\alpha = e^{-Aq} \tag{10.23}$$

式中 A——定值,取值范围为 6~9。

不同车道和不同车道宽度的 A 值不同,见表 10.1。自由车辆的比例值如图 10.3 所示。

表 10.1 不同车道宽度的 A 值

车道位置 车道宽度/m	内侧车道	其他车道
<3.0	7.5	6.5
3.0~3.5	7.5	5.25
>3.5	7.5	3.7

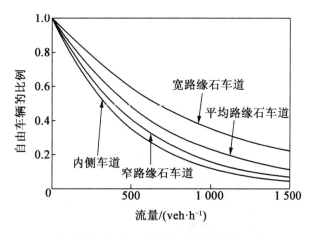

图 10.3 自由车辆比例的典型值

爱尔朗分布也是一种二分车头时距分布,也能很好地拟合车头时距数据,在模拟程序中是很有用的,一种爱尔朗分布如下:

$$p(h \leq t) = 1 - \alpha e^{-(t-t_{mf}/\bar{h}_f - t_{mf})} + (1-\alpha)e^{-(t-t_{mb}/\bar{h}_b - t_{mb})}\sum_{x=0}^{k-1}\frac{k\left[\frac{t-t_{mb}}{\bar{h}_b - t_{mb}}\right]^x}{x!} \quad (10.24)$$

式中各参数的意义见前述公式。

4. 不同车头时距模型的数据拟合

若平均车头时距是 21.5 s,标准偏差是 19.55 s,那么流量为 1/21.5 = 0.046 5 veh/s (167 veh/h),将该数据代入负指数分布曲线有:$p(h \leq t) = 1 - e^{-0.046 5t}$。

估计移位负指数分布的参数,偏移量取均值和标准偏差的差值,即 t_m = 21.49 - 19.55 = 1.94(s)。式(11.21)中用到的常数 λ 为标准偏差的倒数,本例中 λ = 1/19.55 = 0.051 2 veh/s,则该方程是

$$p(h \leq t) = 1 - e^{-0.051 2(t - 1.94)} \quad (10.25)$$

这些数据和方程拟合如图 10.4 所示,图中给出了两种分布的曲线形式。从数值的分布中不能得到合适的结论,但是可以根据收集的数据测试模型的适宜性。

在很多情况下有大量非常短的车头时距,这时用二分车头时距分布比较好。由于只有较大的间隙可能被驾驶员接受,所以没有必要对较短的间隙进行详细的建模。

图 10.5 给出了从某条干道上获得的车头时距数据,图 10.6 是应用同一组数据的爱尔

朗分布拟合。

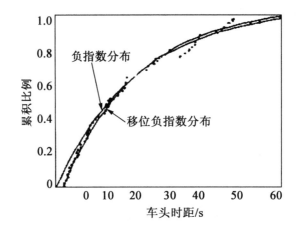

图 10.4 负指数分布和移位负指数分布曲线(低流率情况)

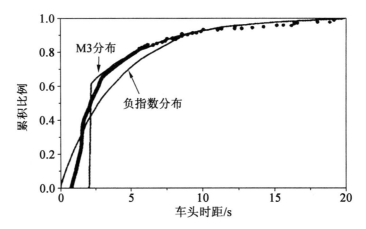

图 10.5 干道数据和 M3 二分车头时距分布

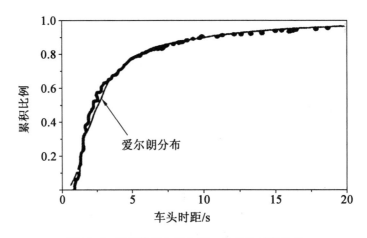

图 10.6 干道数据和爱尔朗二分车头时距分布

$$p(n) = (1-\alpha)^{n-1}\alpha \tag{10.26}$$

这种情况下的平均排队长度是

$$\bar{n} = \frac{1}{\alpha} \tag{10.27}$$

方差是

$$var(n) = \frac{1-\alpha}{\alpha^2} \tag{10.28}$$

10.3 两路停车控制交叉口

为了更容易理解无信号交叉口的交通运行状况,首先研究最简单的情况,即只有两股车流交叉的交叉口,所有无信号交叉口交通分析方法都是从一个简单的排队模型得出的,在该模型中包括流量为 q_p 的优先车流(主路车流)和流量为 q_n 的非优先交通流(次路车流)。主路车流中的车辆可以没有任何延误地通过冲突区域,而次路车流中的车辆只有当主路车流中两辆车的到达间隔大于临界间隙 t_c 时,才被允许进入冲突区域,否则它们将停车等待,并且次路车流中的车辆只有在前车离开跟随时间 t_f 后才能进入交叉口。

10.3.1 次路车流通行能力

次路车流通行能力 q_m 的数学推导:设 t 为主路车流的间隙,$g(t)$ 是利用 t 能够进入的次路车流的车辆数,预期每小时 t s 间隙的数量为 $3\,600q_p f(t)$,$f(t)$ 是主路车流间隙分布的密度函数,q_p 为主路车流量。因此,每小时的 t s 间隙所提供的通行能力为 $3\,600q_p f(t)g(t)$。为了获得用 veh/s 表示的总通行能力,必须在主路车流间隙的整个范围内求积分:

$$q_m = q_p \int_0^\infty f(t) \cdot g(t) \, dt \tag{10.29}$$

式中 q_m——次路车流离开停车线的最大交通流量,veh/s;

q_p——主路车流量,veh/s;

$f(t)$——主路车流间隙分布的密度函数;

$g(t)$——能够穿越主路车流间隙的次路车流车辆数量。

基于可插车间隙模型,基本的两路停车控制交叉口(图 10.7)次路车流通行能力可以利用基本的概率方法来估计。

假设如下:

a. t_c 和 t_f 的值为常数;

b. 对优先车流车头时距(比较式(10.15))应用负指数分布;

c. 每股车流有稳定的流量。

在假设 a 中,需要辨别用两种不同公式表述的 $g(t)$,第一种通行能力方程假设 $g(t)$ 为阶跃分布函数(图 10.2):

$$g(t) = \sum_{n=0}^{\infty} n \cdot p_n(t) \tag{10.30}$$

式中 $p_n(t)$——n 辆次路车流车辆进入持续时间为 t 的主路车流间隙的概率;

$$p_n(t) = \begin{cases} 1 & (t_c + (n-1)t_f \leq t \leq t_c + nt_f) \\ 0 & (\text{其他}) \end{cases}$$

第二种通行能力方程假设 $g(t)$ 为连续线性函数,即

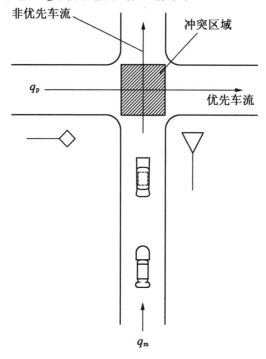

图 10.7 基本排队系统示意图

$$g(t) = \begin{cases} 0 & (t < t_o) \\ \dfrac{t - t_o}{t_f} & (t \geq t_o) \end{cases} \quad 其他 \; t_o = t_c - \dfrac{t_f}{2} \tag{10.31}$$

需要强调的是,假设式(10.30)和(10.31)中的 t_c 和 t_f 是定值。由 $g(t)$ 的两种定义得到的次路车流通行能力公式计算结果差别很小,实际应用时一般可忽略。将式(10.29),(10.30)结合起来,得到如下通行能力公式:

$$q_m = q_p \dfrac{e^{-q_p t_c}}{1 - e^{-q_p t_f}} \tag{10.32}$$

将式(10.29)和(10.31)结合起来,可以得到

$$q_m = \dfrac{1}{t_f} e^{-q_p t_c} \tag{10.33}$$

可知理想化假设 a,b,c 不现实。进一步研究表明:

(1) 如果用实际分布来代替固定的 t_c 和 t_f 的值,通行能力将下降。

(2) 驾驶员行为可能不一致,也就是说同一个驾驶员在不同的时间有不同的临界间隙;驾驶员在一种情况下拒绝的间隙在另外的情况下却可能接受,这些影响通行能力的大小。

(3) 用更实际的车头时距分布来代替主路车流间隙的负指数分布,通行能力将增加。

(4) 许多无信号交叉口具有复杂的驾驶员行为方式,运用 t_c 和 t_f 的方差分布或复杂的车头时距分布都不能得到,但通过模拟技术显示,这些影响会相互补偿,因此这些简单的通行能力方程(式(10.32),(10.33))也能在实践中得到比较接近实际的结果。

通过更现实的分布,如二分分布来代替在假设 b 中用到的负指数车头时距分布,会得到更一般的解决办法,方程为

$$q_m = \frac{\alpha q_p e^{-\lambda(t_c - t_m)}}{1 - e^{-\lambda d t_f}} \tag{10.34}$$

$$\lambda = \frac{\alpha q_p}{(1 - t_m q_p)} \tag{10.35}$$

当 $\alpha = 1, t_m = 0$ 时,即可得到 Harder 的方程;当 $\alpha = 1 - q_p t_m$ 时,得到如下方程:

$$q_m = (1 - q_p \cdot t_m) \cdot \frac{q_p \cdot e^{-q_p \cdot (t_c - t_m)}}{1 - e^{-q_p t_f}} \tag{10.36}$$

如果运用式(10.31)的 $g(t)$ 线性关系,则次路车流通行能力方程为

$$q_m = \frac{\alpha \cdot q_p \cdot e^{-\lambda(t_o - t_m)}}{\lambda \cdot t_f} \tag{10.37}$$

或

$$q_m = \frac{(1 - q_p t_m) \cdot e^{-\lambda(t_o - t_m)}}{t_f} \tag{10.38}$$

另外假设 a 和 b 可用更现实的分析方法来代替,如

$$q_m = \beta \cdot \frac{q_p \cdot e^{-q_p \cdot t_c}}{1 - e^{-q_p \cdot t_f}} \tag{10.39}$$

$$\beta = 1 + \frac{1}{2} \cdot q_p^2 \left[var(t_c) + \frac{var(t_f)}{(e^{q_p \cdot t_f} - 1)} \right] + \eta_c + \eta_f \tag{10.40}$$

式中 $var(t_c)$ ——临界间隙的方差;
$var(t_f)$ ——跟随时间的方差;
η_c ——增量,当临界间隙的方差趋于 0 时也趋于 0;
η_f ——增量,当跟随时间的方差趋于 0 时也趋于 0。

10.3.2 交叉口交通运行质量

通常交叉口的交通运行状况或质量可以用以下变量表示:平均延误、平均排队长度、延误分布、排队长度分布(也就是在次路排队的车辆数)、停车数和从停车到正常速度的加速度值、系统为空的概率(P_0),这些变量也被称作效果检测量。每种指标的分布情况可以用标准差、百分比和总体分布来描述。

为了便于比较评估,可用排队理论和模拟方法两种工具来解决可接受间隙问题。每一个效果检测量都是 q_p 与 q_n、自由车流百分比、次路车流和主路车流排队长度等参数的函数。

1. 交叉口平均延误

平均延误是评价交叉口交通运行质量的重要指标。国内外学者提出了多种延误模型和延误的计算方法,这些模型或方法通常基于排队理论,由于考虑的因素不同,适用于不同条件下的延误分析。

(1)一般延误模型。

该模型中,每辆车的平均延误方程一般形式为

$$D = D_{\min}\left(1 + \frac{\gamma + \varepsilon x}{1 - x}\right) \tag{10.41}$$

式中 γ, ε——常量;

x——饱和度,$x = q_n/q_m$,其中 q_n 为服务交通量,q_m 为通行能力;

D_{min}——亚当斯(Admas)延误,是当次路车流的流率非常低时次路车流的平均延误,同时也是次路车流经历的最小平均延误。

Troutbeck(1990)在科万的基础上给出了 γ,ε 和 D_{min} 的方程,如果假设次路车流的车辆是随机到达的,那么 $\gamma = 0$;相反,如果次路车流有排队,那么 γ 大于 0。对于随机到达的次路车流,ε 为

$$\varepsilon = \frac{e^{q_p t_f} - q_p t_f - 1 + q_p(e^{q_p t_f} - 1)D_{min}}{q_p(e^{q_p t_f} - 1)D_{min}} \tag{10.42}$$

注意到 $\varepsilon \approx 1.0$,D_{min} 依赖于主路车流的排队特性。如果排队车辆服从几何分布,则有

$$D_{min} = \frac{e^{\lambda(t_c - t_m)}}{\alpha q_p} - t_c - \frac{1}{\lambda} + \frac{\lambda t_m^2 - 2t_m + 2t_m \alpha}{2(t_m \lambda + \alpha)} \tag{10.43}$$

唐纳认为主路车流的排队长度分布是 Borel-Tanner 分布,他给出的 D_{min} 方程为

$$D_{min} = \frac{e^{q_p(t_c - t_m)}}{(1 - t_m q_p)q_p} - t_c - \frac{1}{q_p} + \frac{q_p t_m^2(2t_m q_p - 1)}{2(1 - t_m q_p)^2} \tag{10.44}$$

另一种平均延误求解方法是由 Harders(1968)提出的,方程如下式所示,它并不是完全以排队理论为基础,对非优先车辆的平均延误很适用。

$$D = \frac{1 - e^{-(q_p t_c + q_n t_f)}}{q_m/3\,600 - q_n} + t_f \tag{10.45}$$

其中 q_m 的计算公式运用方程(10.34)。

(2)用 M/G/1 排队理论确定平均延误。

将交叉口处车辆的排队抽象成排队系统,即用 M/G/1 排队系统来代替简单的两车流系统(图 10.7),可以得出一个更适用的排队理论模型。服务台是次要道路上的第一个排队位置,系统的输入是次要街道到达的车辆,其到达为随机的,即到达车头时距(M)为负指数分布。在第一个排队位置上花费的时间是服务时间,它是由主路车流控制的,其服务时间分布未知,G 是一般服务时间。M/G/1 中的"1"代表一个服务通道,即次要道路只有一个车道。

对于 M/G/1 排队系统,可用 Pollaczek-Khintchine 公式计算排队中用户的平均延误。

$$D_q = \frac{xW(1 + C_w^2)}{2(1 - x)} \tag{10.46}$$

式中 W——平均服务时间,即次要道路车辆在第一个排队位置所花费的平均时间;

C_w——服务时间偏差系数,$C_w = \sqrt{var(W)}/W$;

$var(W)$——服务时间方差。

次要道路车辆总平均延误时间为 $D = D_q + W$,对于单通道排队系统,平均服务时间是通行能力的倒数。如果从方程(10.32)中得到通行能力,并且在总延误中包括服务时间 W,则

$$D = \frac{1}{q_m}\left(1 + \frac{x}{1-x}C\right) \quad \left(C = \frac{1 + C_w^2}{2}\right) \tag{10.47}$$

现在估计 C,定义极端情况如下:

①规则的服务:每一辆车在第一个位置花费相同的时间,可得 $var(W)=0$,$C_w^2=0$,$C=0.5$,这是 M/M/1 排队的解;

②随机服务:车辆在第一位置花费时间为负指数分布,可得 $var(W)=E(W)$,$C_w^2=1$ 及 $C=1.0$,这是 M/M/1 排队的解。

这些简单的解任何一个都不能正确地解决无信号交叉口问题,然而作为近似的解,建议用 $C=1.0$ 来应用式(10.47)。而式(10.41)可进一步转化为

$$D = D_{\min}(1+\gamma)\left(1+\frac{\gamma+\varepsilon}{1+\gamma}\frac{x}{1-x}\right) \tag{10.48}$$

若假设次路车流的车辆是随机到达的,则 $\gamma=0$;若次路车流有排队,则 γ 大于 0。ε 由式(10.42)得出。这与式(10.47)的 Pollaczek-Khintchine 公式相似,随机常数 C 由 $(\gamma+\varepsilon)/(1+\gamma)$ 得出,$1/D_{\min}(1+\gamma)$ 项可认为是一个等值的"通行能力"或"服务率"。这两项都是临界间隙参数 t_c 和 t_f 及车头时距分布的函数,需要注意的是 C、ε 和 γ 的值并不是在所有情况下都可用。

对于 M/G/1 系统,排队为零的概率 p_0 由下式给出:

$$p_0 = 1-x \tag{10.49}$$

该公式在无信号交叉口的实际应用中能得到比较接近实际的结果。

(3)用 M/G/2 排队理论确定平均延误。

这种排队系统的服务时间分布可由两种类型来描述,每一种类型都有特殊的分布:W_1 为进入空系统的车辆的服务时间,也就是车辆到达时系统中无排队车辆;W_2 为当存在车辆排队时车辆加入队列的服务时间。

在这两种情况下,服务时间都是车辆在靠近停车线的第一个位置等待所花费的时间,Yeo(1962)给出的用户在这样一个系统中花费的平均排队时间为

$$D_q = \frac{q_n}{2}\left(\frac{E(W_1^2)-E(W_2^2)}{v}+\frac{E(W_2^2)}{y}\right) \tag{10.50}$$

式中 D_q——在排队中位于非第一个位置的车辆的平均延误;

$E(W_1)$——W_1 的期望值;

$E(W_1^2)$——W_1^2 的期望值;

$E(W_2^2)$——W_2^2 的期望值。

$$v = y+z, \quad y = 1-q_n E(W_2), \quad z = q_n E(W_1)$$

系统中排队为零的概率为

$$p_0 = y/v \tag{10.51}$$

如果在总延误中也包括服务时间,则有

$$D = \frac{E(W_1^2)}{v}+\frac{q_n}{2}\left(\frac{yE(W_1^2)+zE(W_2^2)}{vy}\right) \tag{10.52}$$

计算 W_1 和 W_2 期望的公式由 Kremser(1962)得出:

$$E(W_1) = \frac{1}{q_p}(e^{q_p t})$$

$$E(W_2) = \frac{e^{q_p t_c}}{q_p}(1-e^{-q_p t})$$

$$E(W_1^2) = \frac{2}{q_p}(e^{q_p t_c} - 1 - q_p t_c)(\frac{e^{q_p t_c}}{q_p} + t_f - t_c) + t_f^2 - t_c^2$$

$$E(W_2^2) = \frac{2 \cdot e^{q_p t_c}}{q_p^2}(e^{q_p t_c} - q_p t_c)(1 - e^{-q_p t_f}) - q_p t_f \cdot e^{-q_p t_f} \tag{10.53}$$

值得注意的是这些方程的适用性受条件 $t_c = t_f$ 的限制,而这个条件对两路停车控制的无信号交叉口来说是不现实的。另外,公式(10.53)只在本章 10.3.1 节中的假设 a,b,c 下有效,这意味着如果是实际情况,这些方程得到的只是个大约的结果,而且只适用于非饱和流和稳定流。

2. 排队长度

排队长度是评价交叉口运行质量的另一重要指标。在任何排队理论中,平均排队长度(L)都可用利特尔(Little)原则计算出:

$$L = q_n D \tag{10.54}$$

给定一个排队存在的时间比例等于饱和度,那么有排队时的平均长度为

$$L_q = q_n D / x = q_m D \tag{10.55}$$

通常假设排队长度分布为几何分布。然而,更可靠的排队长度分布可由下式确定:

$$p(0) = h_1 \cdot h_3 \cdot (q_p + q_n)$$
$$p(1) = p(0) \cdot h_3 \cdot q_n [e^{q_n t_f} - (t_c - t_f) \cdot h_2] - q_n \cdot h_1 \cdot h_3$$
$$p(n) = p(n-1) \cdot h_3 \cdot q_n [e^{q_n t_f} - (t_c - t_f) \cdot h_2] - h_3 \cdot \sum_{m=0}^{n-2} p(m) \cdot$$
$$\left[h_2 \frac{(t_c - t_f \cdot q_n)^{n-m}}{(n-m)!} + \frac{(-q_n t_f)^{n-m} \cdot e^{q_n t_f}}{t_f \cdot (n-m-1)!} \right] \tag{10.56}$$

式中 $p(n)$——次要道路有 n 辆车排队的概率;

$$h_1 = e^{-q_p t_c} + (e^{-q_p t_f} - 1)\frac{q_n}{q_p}, \quad h_2 = q_p e^{-q_p t_c - q_n(t_c - t_f)}, \quad \frac{1}{h_3} = h_2 \cdot q_n \cdot e^{-q_p t_f}$$

这些也都是基于假设 a,b,c,且在实际应用中比较复杂,且具体的排队长度是期望的结果,而不是概率,所以不能从这些公式中直接计算出来。因此,Wu(1994)提出了与上述方程非常接近的另一组公式:

$$p(0) = 1 - x^a$$
$$p(n) = p(0) \cdot x^{a(b(n-1)+1)} \tag{10.57}$$

式中 $p(n)$——次要道路有 n 辆车排队的概率;

　　　x——饱和度,$x = q_n/q_m$;

　　　q_m——通行能力;

　　　$a = 1/(1 + 0.45 \times q_p \times (t_c - t_f)/t_f)$,$b = 1.51/(1 + 0.68 \times t_c/t_f \times q_p)$,而 $t_c \approx 2t_f$,则 $a = 1/(1 + 0.45 q_p)$,$b = 1.51/(1 + 1.36 q_p)$。

由式(11.57)可得累积分布函数:

$$F(n) = p(L \le n) = 1 - x^{a(b \cdot n + 1)} \tag{10.58}$$

对于给定的百分比 S(如 $S = F(n) = 0.95$),要求这个公式计算的结果最多在 $100(1-S)\%$ 的时间内排队长度超过 n,依此来求解 n。应用于实践时,排队长度可以用 M/M/1 排

队系统及相应的式(11.57)的方程来计算。

3. 停车率

两股车流的无信号交叉口的停车比例是由 Troutbeck(1993)得出的,首先假设次路车流车辆是随机到达的,而主路车流车头时距服从科万(1975)的 M3 分布。假设速度的变化是瞬间的,预测的停车数包括那些本可以通过调整车速以避免停车的车辆。

停车比例 $p(x,0)$ 依赖于饱和度 x、主路车流聚集车辆间的车头时距 t_m、临界间隙 t_c 及主路车流量 q_p:

$$p(x,0) = 1 - (1-x)(1-t_m q_p) e^{-\lambda(t_c-t_m)} \tag{10.59}$$

式中 $\lambda = \alpha q_p/(1-t_m q_p)$。

驾驶员停车超过一个小于跟随时间 t_f 的短时段 t 的比例,随饱和度从 0 到 1 也由最小值 $p(0,t)$ 增加到 1。驾驶员停车超过一个短时段 t 的比例 $p(x,t)$ 由经验方程给出:

$$p(x,t) = p(0,t) + A\{1-p(0,t)\}x + (1-A)\{1-p(0,t)\}x^2 + (1-A)(1-B)(1-x)x \tag{10.60}$$

式中 $B = 1 - (1-\frac{t}{t_f})(1-t_m q_p) e^{-\lambda(t_a-t_m)}$;

$A = 1 - a_0 e^{-\lambda(t_a-t_m)}$。

$$p(0,t) = p(0,0) - q_p t\alpha e^{-\lambda(t_a-t_m)} \text{ 或 } p(0,t) = 1 - (1-t_m q_p + q_p t\alpha) e^{-\lambda(t_a-t_m)} \tag{10.61}$$

如果主路车流随机到达,那么 a_0 等于 1.25;对于主路车流是聚集车辆的交通流,a_0 则等于 1.15。有些车辆可以通过调整车速来避免停车,那么认为这些车辆属于"不完全停车"。

4. 用时变方法求解平均延误

由传统排队理论给出的求解无信号交叉口平均延误的方法都是稳态解决方法,稳态是在一段无限长的时间后出现的状态,此时可以认为交通量与时间无关,并且仅适用于饱和度小于 1 的情况。这意味着在实际条件下,如果 T 远大于下式右边表达式,稳态排队理论才会得出有用的近似值:

$$T > \frac{1}{(\sqrt{q_m} - \sqrt{q_n})^2} \tag{10.62}$$

式中 T——观测时间,基于 T 的平均延误应该用 s 来估计。

不等式应用条件:q_m 和 q_n 在时间间隔 T 中基本上是常数。

由式(10.62)给出的最低限度如图 10.8 所示,图中分别给出了时间间隔 T 为 5,10,15,30 和 60 min 的曲线。如果 q_n 低于相应的 T 值对应的曲线,可以假定为稳定状态;如果该条件即式(10.62)不满足,则应该用与时间相关的解决方法。

在高峰阶段,交叉口交通流量大于其前和其后的时段,甚至超过通行能力。高峰时段的平均延误可以用以下公式估计:

$$D = D_1 + E + \frac{1}{q_m}$$

$$D_1 = \frac{1}{2}(\sqrt{F^2 + G} - F)$$

$$F = \frac{1}{q_{m0} - q_{n0}} \left[\frac{T}{2}(q_m - q_n)y + C\left(y + \frac{h}{q_m}\right) \right] + E$$

$$G = \frac{2Ty}{q_{m0} - q_{n0}} \left[C\frac{q_n}{q_m} - (q_m - q_n)E \right]$$

$$E = \frac{Cq_{n0}}{q_{m0}(q_{m0} - q_{n0})}$$

$$h = q_m - q_{m0} + q_{n0}$$

$$y = 1 - \frac{h}{q_n} \tag{10.63}$$

式中 q_m——持续时间为 T 的高峰阶段的交叉口进口通行能力；

q_{m0}——高峰阶段前后交叉口进口的通行能力；

q_n——持续时间为 T 的高峰阶段的次要街道的流量；

q_{n0}——高峰阶段前后的次要街道的流量。

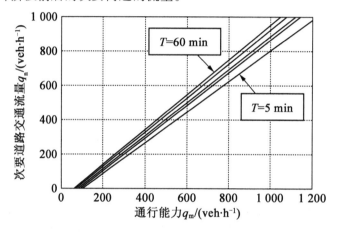

图 10.8 区别稳态和时变状态的时间间隔长度的近似最低值

这些参数的单位为 veh/h，延误用 s 表示。C 与 M/G/1 系统提到的因素 C 相似，其中对无信号交叉口，$C = 1$；对于信号交叉口，$C = 0.5$。这个公式对估计延误非常有效，尤其对于计算暂时过饱和状态的延误。

运用相同的协调转换方法可以得到一个简单的方程，这是更相似的方法，稳态解决方法适用于饱和度低的地点，定数理论的解决方法适用于饱和度高且大于 3 或 4 的地点，协调转换方法是在这两种极端之间估计的一种方法。

车辆平均延误的稳态解法由式(10.41)给出，另一方面，延误 D_d 的定数理论状态方程为

$$D_d = \begin{cases} D_{\min} + \dfrac{2L_0 + (x_d - 1)q_m T}{2q_m} & (x > 1) \\ 0 & (\text{其他}) \end{cases} \tag{10.64}$$

式中 L_0——初始排队；

T——系统运行时间，s；

q_m——进口通行能力。

对于给定的平均延误,协调转换方法给出了新的饱和度 x_t,这与稳态饱和度 x_s 和定数理论状态饱和度 x_d 相关,关系如下:

$$x_d - x_t = 1 - x_s = a \tag{10.65}$$

整理式(10.41)和(10.64),得出作为延误 D_s 和 D_d 的函数 x_s 和 x_d 的两个方程:

$$x_s = \frac{D_s - D_{\min} - \gamma D_{\min}}{D_s - D_{\min} + \varepsilon D_{\min}} \tag{10.66}$$

$$x_d = \frac{2(D_d - D_{\min}) - 2L_0/q_m}{T} + 1 \tag{10.67}$$

应用式(10.65),x_t 由下式给出:

$$x_t = \frac{2(D_d - D_{\min}) - 2L_0/q_m}{T} - \frac{D_s - D_{\min} - \gamma D_{\min}}{D_s - D_{\min} + \varepsilon D_{\min}} \tag{10.68}$$

整理式(10.68),设 $D = D_s = D_d$,$x = x_t$,得出

$$D = \frac{1}{2}\left[\sqrt{A^2 + B} - A\right] \tag{10.69}$$

$$A = \frac{T(1-x)}{2} - \frac{L_0}{q_m} - D_{\min}(2 - \varepsilon) \tag{10.70}$$

$$B = 4D_{\min}\left\{\frac{T(1-x)(1+\gamma)}{2} + \frac{Tx(\varepsilon + \gamma)}{2} - (1-\varepsilon)\left[\frac{L_0}{q_m} + D_{\min}\right]\right\} \tag{10.71}$$

式(10.65)保证转换方程向定数理论方程渐进。

Akcelik 和 Troutbeck(1991)提出一个简单的方程,整理式(10.41)得出结果如下:

$$a = 1 - x_s = \frac{D_{\min}(\gamma + \varepsilon x_t)}{D_s - D_{\min}} \tag{10.72}$$

近似为

$$a \approx \frac{D_{\min}(\gamma + \varepsilon x_t)}{D_s - D_{\min}} \tag{10.73}$$

如果将其代入式(10.65)中,整理后会得到非稳态延误的方程:

$$D - D_{\min} = \frac{1}{2}\frac{L_0}{q_m} + \frac{(x-1)T}{4}\sqrt{\left[\frac{L_0}{2q_m} + \frac{(x-1)T}{4}\right]^2 + \frac{TD_{\min}(\varepsilon x + \gamma)}{2}} \tag{10.74}$$

若置 ε 为 1,γ 为 0,$D_{\min}$ 为 $1/q_m$,则会得到与 M/M/1 排队系统相似的方程:

$$D = \frac{1}{q_m} + \frac{T}{4}\left[(x-1) + \sqrt{(x-1)^2 + \frac{8x}{q_m T}}\right] \tag{10.75}$$

由式(10.74)预测的平均延误依赖于初始排队长度、运行时间、饱和度及稳态方程的系数,利用该方程可以估计过饱和状态下和初始排队不同时的平均延误。

5. 储备通行能力

储备通行能力与平均延误密切相关,表示为

$$R = q_{e\max} - q_n \tag{10.76}$$

Brilon(1995)运用了协调转换的方法在过饱和状态下把储备通行能力转化成平均延误。公式如下:

$$D = -B + \sqrt{B^2 + b} \tag{10.77}$$

$$B = \frac{1}{2}(bR - \frac{L_0}{q_m}) \quad (10.78)$$

$$b = \left\{ \frac{1}{q_m - R_f} \left[\frac{L_0 - R_f T}{2}(1 - \frac{R_f}{R_0}) - \frac{L_0}{q_m} \right] \right\} \frac{1}{|R_f|} \quad (10.79)$$

$$R_f = \frac{100 \cdot 3\,600}{T} \quad (10.80)$$

$$L_0 = \frac{q_{n0}}{R_0} = \frac{q_{m0} - R_0}{R_0} \quad (10.81)$$

式中　T——高峰小时时间间隔；

　　　q_m——高峰小时通行能力；

　　　q_n——高峰小时次要道路交通量；

　　　R——高峰小时储备通行能力，$R = q_{emax} - q_n$；

　　　L_0——高峰阶段前后平均排队长度；

　　　q_{n0}——高峰阶段前后次要街道的流量；

　　　q_{m0}——高峰阶段前后交叉口进口的通行能力；

　　　R_0——高峰阶段前后储备通行能力。

变量的单位分别为 s,veh 和 veh/s。估计 q_m 和 q_{m0} 可用本章 10.3.1 中的公式。这些计算结果和计算复杂度与式(10.75)相当。

6. 随机模拟

如前面提到的,在分析无信号交叉口时需要给出假设,并且由于现实情况下的交叉口很复杂,因此所采用的分析方法往往不能给出满意的答案。然而,现代随机模拟工具能够很容易地解决所有这些问题,模拟的真实性可以达到任何期望的程度。唯一的限制就是人们的努力和运行模型所需要的计算机时间。因此,很早就有人开发无信号交叉口的随机模拟模型(Steierwald 1961a and b；Boehm, 1968),英国(Salter 1982)、德国(Zhang 1988；Grossmann 1988；Grossmann 1991)、加拿大(Chan and Teply 1991)和波兰(Tracz 1991)也做了很多研究。

对于随机模拟,应该区分两种情况：

(1)点处理模拟：这里小汽车被看作点,也就是说其长度是忽略不计的,同时,加速和减速的使用是受限的。小汽车被看作存储在停车线上,根据可接受间隙理论从这里离开。当然,有限的加速和减速影响可以用平均的车辆性能来表示。这类模拟模型的优点是在实际应用中运行模型所需要的计算机时间较短。KNOSIMO(Grossmann 1998,1991)就是这样的模型之一。在交叉口设计中交通工程师可以在自己的电脑上进行操作,最近的一项研究指出,在很多模型中 KNOSIMO 模型对无信号交叉口交通流的模拟最接近实际。

然而对于现在的 KNOSIMO 模型来说最适合德国的条件,条件之一就是主要道路单车道交通流的限制。模型需要经过简单的调整才会适合我国的交通状况和驾驶员习惯。

(2)车辆追踪模型：这些模型结合车辆跟驰过程而不是消耗时间,给出车辆在路上占据空间的情况。Zhang(1988)给出了这种形式模型的例子。

两种类型的模型对于研究都是有用的,这些模型可以用来发展那些由回归或其他经验估计技术描述的关系。

10.3.3 主路上两股或多股车流的相互作用

本节之前所讨论的模型只包括了两股车流:一股是主路车流,另一股是次路车流,次路车流的优先级别比主路车流低。在某些情况下,次路车流驾驶员可能必须为主要道路多个车道的车流让路。本节就此类交叉口分析其次路车流的通行能力和延误。

1. 主要道路多车道车流模型

如果主路车流的车头时距服从负指数分布,那么次路车流的通行能力按单车道方程计算,其中主路车流的流量等于各车道流量的总和。方程如下:

$$q_{\text{emax}} = \frac{3600 q e^{-q t_a}}{1 - e^{-q t_f}} \tag{10.82}$$

式中 q——主路车流量总和。

假设一个具有 n 股主路车流的交叉口,其次路车流每个车道的交通具有二分车头时距分布,一部分车辆成聚集状态,其余车辆无相互影响,且所有聚集状态的车辆车头时距为 t_m,自由车辆车头时距等于 t_m 加上负指数分布(或随机)时间;主路车流每条街道的车头时距分布是独立的,那么次路车流入口通行能力(veh/h)的估计值为:

$$q_{\text{emax}} = \frac{3600[\lambda(1-t_{m1}q_1)(1-t_{m2}q_2)\cdots(1-t_{mn}q_n)e^{-\lambda(t_a-t_m)}]}{1-e^{-\lambda t_f}} \tag{10.83}$$

$$\lambda = \lambda_1 + \lambda_2 + \cdots + \lambda_n \tag{10.84}$$

$$\lambda_i = \alpha_i q_i / (1 - t_m q_i) \tag{10.85}$$

式中 q_i——主路车流 i 的流量,veh/s;

α_i——主路车流 i 中自由车辆的百分比,$\alpha_i = (1 - t_m q_i)$。

式(10.83)基于一个隐含的假设,即自由车辆的百分比是车道流量的函数,并且 λ_i 减小到 q_i。Fisk(1989)在式(10.83)基础上进行了深入研究,他假设驾驶员穿过不同车流时需要不同的临界间隙,得出的次路车流通行能力方程为

$$q_{\text{emax}} = \frac{3600 q [\prod_{i=1}^{n}(1-t_{mi}q_i)e^{-q_i t_{ai}}]e^{q t_m}}{1-e^{-q t_f}} \tag{10.86}$$

式中 $q = q_1 + q_2 + \cdots + q_n$。

2. 多车道车流模型应用的好处

Troutbeck(1986)计算出一股次路车流通过两股具有科万(1975)二分车头时距分布的主路车流时,主路车流的车头时距分布如下:

$$F(t) = \frac{2 q_1 q_2 t}{(q_1 + q_2)} \quad (t < t_m) \tag{10.87}$$

$$F(t) = 1 - \alpha' e^{-\lambda'(t - t_m)} \quad (t > t_m) \tag{10.88}$$

$$\alpha' = \frac{\alpha_1 q_1(1 - q_2 t_m) + \alpha_2 q_2(1 - q_1 t_m)}{(q_1 + q_2)} \tag{10.88a}$$

稍做代数处理即为

$$\alpha' q = \lambda' \prod_{i=1}^{n}(1 - q_i t_m) \tag{10.88b}$$

$$\lambda' = \lambda_1 + \lambda_2 \tag{10.89}$$

例如,如果两股相同的车流,其车辆间的车头时距分布由式(10.87)和式(10.88)给出。可接受间隙理论要求较长的车头时距或者临界间隙能够准确地表示出来,较短的临界间隙只需要注明即可。两车道的车头时距分布能够由具有以下特性的单一科万 M3 模型代替:

$$F(t) = \begin{cases} 1 - \alpha \cdot e^{-\lambda'(t - t_m^*)} & (t > t_m^*) \\ 0 & (其他) \end{cases} \tag{10.90}$$

Troutbeck(1991)提出可用下面的方程来计算 α^* 和 t_m^*,从而实现利用修正的单车道模型来计算与多车道模型相同的通行能力:

$$(1 - t_m^* q_1 - t_m^* q_2) e^{\lambda' t_m^*} = (1 - t_m q_1)(1 - t_m^* q_2) e^{\lambda' t_m} \tag{10.91}$$

$$\alpha^* \cdot e^{\lambda' t_m^*} = \alpha' \cdot e^{\lambda' t_m} \tag{10.92}$$

可用式(10.92)迭代求解 t_m^*

$$t_{m,i+1}^* = \frac{1 - (1 - t_m q_1)(1 - t_m q_2) e^{\lambda'(t_m - t_{m,i}^*)}}{q_1 + q_2} \tag{10.93}$$

式中,$t_{m,i}^*$ 为第 i 次迭代的 t_m^*。

将 t_m^* 代入式(10.92)可求出 α^*。Troutbeck(1991)也指出当用修正的单车道模型代替双车道模型计算亚当斯延误时,误差会很小。亚当斯延误是当次路车流量几乎为零时,次路车流车辆的延误。由于改进的分布很好地估计了亚当斯延误,所以也会很好地估计总延误。

总体来说,运用多车道模型并没有增加计算的复杂度,单车道二分车头时距模型可用来代替单车道和双车道车头时距的分布。

10.3.4 多级别车流的相互作用

1. 两路停车控制交叉口车流的级别

在除了环形交叉口以外的其他无信号交叉口中,车流都有不同的优先级别,这在本章开篇部分已经提到,并将车流分为四个优先级(参看本章10.1节)。

图10.9说明了车辆右侧通行时的优先等级情况,图中指出主路的左转交通必须为主路的直行交通让路;次路的左转交通必须为所有其他车流让路,并且仍受第二级车流排队的影响。

2. 第三级和第四级车流的通行能力

目前还没有精确的分析方法来推导第三级车流的通行能力,如 T 形交叉口次要道路左转车(图10.9中车流7)。这里可接受间隙理论用系数 p_0 作为一个近似值。每个运动方向的 p_0 是在进口处没有车辆排队的概率,这个参数由式(10.49)给出并有足够的精度,或者由式(10.51)给出更好的解。由于道路法规的限制,只有在整个时间的 $p_{0,\text{rank}-2}$ 段,第三级车流的车辆才能进入交叉口。因此对第三级车流,潜在通行能力的基数值 q_m 必须减少到 $p_0 \cdot q_m$,以获得真正的潜在通行能力 q_e:

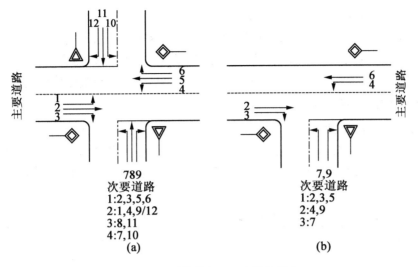

图 10.9 无信号交叉口交通流划分

$$q_{e,\text{rank}-3} = p_{0,\text{rank}-2} \cdot q_{m,\text{rank}-3} \quad (10.94)$$

对于 T 形交叉口,这意味着

$$q_{e,7} = p_{0,4} \cdot q_{m,7} \quad (10.95)$$

对于十字形交叉口,这意味着

$$q_{e,8} = p_x \cdot q_{m,8} \quad (10.96)$$

$$q_{e,11} = p_x \cdot q_{m,11} \quad (10.97)$$

其中 $p_x = p_{0,1} \cdot p_{0,4}$。这里下标数是指图 10.9 所示的运动方向标号。现在 $p_{0,8}$ 和 $p_{0,11}$ 的值可以根据方程(10.49)计算出。

对于第四级车流(例如十字交叉口次要道路的左转车辆),第二级和第三级车流运动方向的 p_0 值都必须使用经验值,无法计算得到。

计算第四级车流最大通行能力(图 10.9 中车流 7 和 10),先要计算辅助系数 $p_{z,8}$ 和 $p_{z,11}$:

$$p_{z,i} = 0.65 p_{y,i} - \frac{p_{y,i}}{p_{y,i}+3} + 0.6\sqrt{p_{y,i}} \quad (10.98)$$

10.3.5 共用车道

1. 次要道路的共用车道

如果在同一条车道上有不只一股次路车流,那么可以应用"共用车道方程"。如果相关车流的通行能力已知,则可以计算共用车道的总通行能力 q_s:

$$q_s = \sum_{i=1}^{m} \frac{b_i}{q_{m,i}} \quad (10.99)$$

式中 q_s——共用车道通行能力,veh/h;

$q_{m,i}$——在一个独立车道上运动方向 i 的通行能力,veh/h;

b_i——共用车道上运动方向 i 的流量占总流量的比例;

m——共用车道上的运动方向数。

不考虑估计 q_m 的公式和三股交通流的优先等级,这个方程通常是有效的。如果要计算一股交通流的总通行能力,而这股交通流是由几股具有不同通行能力的部分交通流形成的,例如不同临界间隙的客车和卡车,Kyte(1996)得出这个公式与实际情况比较相符。

2. 主要道路的共用车道

主要道路上右转车辆和直行车辆(图 10.9 中车流 2 和 3 或 5 和 6)共用的单车道的情况,可以参见表 10.2。如果主要道路左转车辆(图 10.9 中车流 1 和 4)没有单独的转弯车道,优先级为 1 的车辆(图 10.9 中车流 2,3,5 和 6)也可能受车流中排队车辆的影响。

表 10.2 冲突交通流量 q_p 的估计

车流	编号	冲突交通流量 q_p
主路左转	1	$q_5 + q_6$
	4	$q_2 + q_3$
次路右转	9	$q_2 + 0.5q_3$
	12	$q_5 + 0.5q_6$
次路直行	8	$q_2 + 0.5q_3 + q_5 + q_6 + q_1 + q_4$
	11	$q_2 + q_3 + q_5 + 0.5q_6 + q_1 + q_4$
次路左转	7	$q_2 + 0.5q_3 + q_5 + q_1 + q_4 + q_{12} + q_{11}$
	10	$q_2 + 0.5q_6 + q_5 + q_1 + q_4 + q_9 + q_8$

注:q_i 表示冲突的交通流量,其中 i 表示流量方向

系数 $p_{0,1}^*$ 和 $p_{0,4}^*$ 是指在各自的共用车道上没有排队的概率,它们可能充当上述干扰的粗略估计值,近似表示如下:

$$p_{0,i}^* = 1 - \frac{1 - p_{0,i}}{1 - q_j t_{Bj} - q_k t_{Bk}} \tag{10.100}$$

式中 $i = 1, j = 2, k = 3$ 或 $i = 4, j = 5, k = 6$;

q_j——车流 j 的流量,veh/h;

q_k——车流 k 的流量,veh/h;

t_{Bj}, t_{Bk}——车流 j 或 k 中车辆需要的跟随时间,s($1.7\ s < t_B < 2.5\ s$,如 $t_B = 2\ s$)。

为了说明在主要道路车道方向上车辆排队对次要道路车流 7,8,10 和 11 的影响,根据式(10.49)得出的 $P_{0,1}$ 和 $P_{0,4}$ 值必须由式(10.100)得出的值 $p_{0,1}^*$ 和 $p_{0,4}^*$ 代替。

10.3.6 两阶段可插车间隙和优先权

在许多无信号交叉口,主要道路中心有一个可利用的空间。在主要道路两个方向的交通流之间,次要道路的一部分车辆可以暂时停在这里,尤其在多车道主路车流的情况下,交叉口内存储空间使得次要道路驾驶员采用不同的驾驶行为通过主路车流,这个行为有助于增加通行能力,该情况称为两阶段优先。这些较宽交叉口提供的额外通行能力不能由传统

的通行能力计算模型来估计。两阶段可插车间隙示意图如图 10.10 所示。

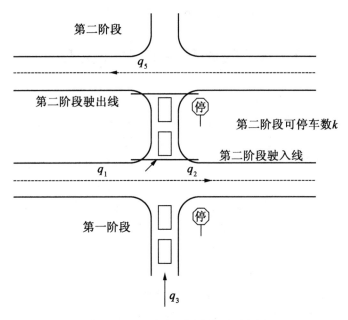

图 10.10 两阶段可插车间隙示意图

Brilon(1996)在 Harder(1968)理论的基础上提出了一个理论来估计两阶段优先情况的通行能力。在该理论中,增加了一个调整系数 α。两阶段优先情况的通行能力公式为

$$\begin{cases} C_T = \dfrac{\alpha}{y^{k+1}-1}\{y(y^k-1)\cdot[c(q_5)-q_1]+(y-1)\cdot c(q_1+q_2+q_5)\} & (y\neq 1) \\ C_{T(y=1)} = \dfrac{\alpha}{k+1}\{k[c(q_5)-q_1]+c(q_1+q_2+q_5)\} & (y=1) \end{cases}$$

(10.101)

式中 C_T——次要道路直行车辆总通行能力(图 10.9 中车流 8);
q_1——第一阶段主要道路左转交通流量;
q_2——第一阶段从左侧进入的主要道路直行车流量;
q_5——第二阶段从右侧进入的所有主要道路流量之和。
$c(q_5)$——第二阶段通行能力;
$c(q_1+q_2+q_5)$——当主路交通流量为 $q_1+q_2+q_5$ 时次要道路直行车辆通行能力。
y,α 计算公式如下:

$$\begin{cases} y = \dfrac{c(q_1+q_2)-c(q_1+q_2+q_5)}{c(q_5)-q_1-c(q_1+q_2+q_5)} \\ \alpha = 1 \quad (k=0) \\ \alpha = 1-0.32\exp(-1.3\cdot\sqrt{k}) \quad (k>0) \end{cases}$$

(10.102)

式中 $c(q_1+q_2)$——第一阶段通行能力;
α,y——辅助变量;
k——第二阶段可停车数。

当然,第二部分所有优先车流的流量都包括在内,图 10.9 中,它们分别是主要道路右转车流(车流 6)、主要道路直行车流(车流 5)和主要道路左转车流(车流 4)。

10.4 四路停车控制交叉口

四路停车控制交叉口(AWSC)模型是基于 M/G/1 排队理论的理查森(1987)模型。该模型认为如果在交叉口没有冲突车流(左转和右转),驾驶员到达的服务时间等于在该方向车辆的跟随车头时距。平均服务时间是到达车流中能够连续离开的车辆间的时间间隔。如果存在冲突车辆,那么到达车流必须等待它们队列前边的冲突车流离开。因此,理查森模型假设如果有冲突车流,那么平均服务时间是冲突车流和到达车流的清理时间之和。为简单起见,理查森模型考虑两股车流:北行向的和西行向的。对于北行向驾驶员,东西向道路上存在冲突车流的概率 ρ_w 由排队理论给出,则北行向驾驶员的平均服务时间为

$$s_n = t_m(1-\rho_w) + T_c\rho_w \qquad (10.103)$$

西行向驾驶员的平均服务时间为

$$s_w = t_m(1-\rho_e) + T_c\rho_e \qquad (10.104)$$

式中 ρ_i ——利用率,等于 $q_i s_i$,其中,i 表示方向,i = e(东),w(西),s(南),n(北);

q_i ——为 i 到达方向的流率;

s_i ——为 i 方向的服务时间;

t_m ——最小车头时距;

T_c ——总的清理时间。

整理后得到 s_n 为

$$s_n = \frac{q_w t_m T_c + t_m - q_w t_m^2}{1 - q_w q_n (T_c^2 - 2t_m T_c + t_m^2)} \qquad (10.105)$$

如果有四个方向的车辆,则在每个冲突车流中均无车辆的平均服务时间为

$$s_n = t_m(1-\rho_{ew}) + T_c\rho_{ew} \qquad (10.106)$$

$$s_s = t_m(1-\rho_{ew}) + T_c\rho_{ew} \qquad (10.107)$$

$$s_e = t_m(1-\rho_{ns}) + T_c\rho_{ns} \qquad (10.108)$$

$$s_w = t_m(1-\rho_{ns}) + T_c\rho_{ns} \qquad (10.109)$$

无冲突车辆的概率 $1-\rho_{ns}$ 为

$$1-\rho_{ns} = (1-\rho_s)(1-\rho_n) \qquad (10.110)$$

则

$$\rho_{ns} = 1 - (1-q_n s_n)(1-q_s s_s) \qquad (10.111)$$

$$\rho_{ew} = 1 - (1-q_e s_e)(1-q_w s_w) \qquad (10.112)$$

假设已知流率 q_n, q_s, q_e, q_w 及估计的服务时间,则可以用式(10.111)和(10.112)估计出 ρ_{ns} 和 ρ_{ew}。用式(10.106)~(10.109)接着进行迭代,可以得到服务时间 s_n, s_s, s_e, s_w 更精确的估计值。理查森模型运用了 Herbert(1963)的结果,即假设 t_m 约为 4 s,T_c 是通过的交叉车流车道数的函数,并且等于冲突车流和到达车流的 t_c 值之和,t_c 按下式计算:

$$t_c = 3.6 \times 0.1 \times \text{车道数}$$

稳态延误可用 Pollaczek-Khintchine 公式和利特尔方程计算:

$$w_s = \frac{2\rho - \rho^2 + q^2 var(s)}{2(1-\rho)w} \quad \text{或} \quad w_s = \frac{\rho}{q}\left[1 + \frac{\rho\left(1 + \frac{q^2}{\rho^2}var(s)\right)}{2(1-\rho)}\right] \tag{10.113}$$

该方程要求估计服务时间的方差。这里理查森模型假设驾驶员的服务时间为 T_m 或 T_c，对于北行向的驾驶员，有 $(1-\rho_{ew})$ 的驾驶员服务时间正好是 t_m，ρ_{ew} 的驾驶员为 T_c，那么方差为

$$var(s)_n = t_m^2(1-\rho_{ew}) + T_c^2 \rho_{ew} - s_n^2 \tag{10.114}$$

其中

$$\rho_{ew} = \frac{s_n - t_m}{T_c - t_m} \tag{10.115}$$

进而可得出北行向交通：

$$var(s)_n = t_m^2 \frac{T_c - s_n}{T_c - t_m} + T_c^2 \frac{s_n - t_m}{T_c - t_m} - s_n^2 \tag{10.116}$$

同样可以得到其他方向的类似方程。理查森方法对于大部分驾驶员不得不排队的重车流是适合的。Horowitz 随后扩展了这项研究，包含了机动车形式数和服务时间值，Horowitz 把修改后的理查森模型与 Kyte(1989) 的研究做了比较，发现这与 Kyte 的经验数据相吻合。

10.5 无信号交叉口通行能力估计的经验模型

经验模型经常使用回归技术来量化描述交叉口运行状况的某一个变量，这些模型能提供好的预测结果，不过有时它们不能提供因果关系。

10.5.1 Kimber-Coomber 经验模型

1. 模型描述

英国的 Kimber 和 Coomber(1980) 运用经验方法估计了简单两车流问题的通行能力，所使用的方法基本思想如下：对于优先控制（有优先控制标志）的简单交叉口，在稳定的排队时间内（也就是说在次要道路至少有一辆车排队）从停车线离开的交通流量就是通行能力，这个通行能力应该依赖于在相同时间段内主路的交通流量 q_p。要得到这个关系，必须在交叉口过饱和阶段进行交通观测，然后将观察的整个时间划分为固定间隔的阶段，例如 1 min。在这些 1 min 的间隔内，记录主路车流和进入次要街道的车辆数。一般来说，这些数据分布在一个较宽的范围内，并且由一条线性回归线来描述。平均起来，数据点方差的一半是由于使用 1 min 的计数间隔而产生的。在实际应用中，不能用超过 1 min（例如 5 min）的估计间隔，这样会使观测资料太少。该方法能产生 q_m 的线性关系：

$$q_m = b - c \cdot q_p \tag{10.117}$$

除了线性函数，也有应用其他的回归类型，例如：

$$q_m = A \cdot e^{-Bx} \tag{10.118}$$

式中回归参数 A 和 B 可以用适当的回归技术估计出来。这个公式与 Siegloch 的通行能力公式（式(10.33)）相似，$A = 3\,600/t_f$。

次要道路通行能力除了受主路交通流影响,还受交叉口的几何特征影响。所以,(10.117)和(10.118)中的参数 b 和 c 或者 A 和 B 可以由道路宽度、视距或者其他几何特征线性回归得出。正如 Kimber 和 Coombe 1980 所做的那样。

2. 模型优缺点

优点：
(1) 不要求建立理论模型。
(2) 应用已公布的经验通行能力。
(3) 可以考虑几何设计的影响。
(4) 自动地考虑优先权转换和强制优先权的影响。
(5) 需要详细描述驾驶员的行为。

缺点：
(1) 其他地区或时间(驾驶员行为可能随时间变化)的可移植性非常受限制：为了在不同的情况下应用,必须经常评价一个大数量的样本。
(2) 用户不能真正理解交叉口的交通运行情况。
(3) 有 12 个运动方向的十字交叉口,其方程过于复杂。
(4) 来源基于过饱和状态下的驾驶员行为。
(5) 对使用通行能力公式的每种情况都需进行实地观测：一方面对数据采集需要做大量工作,另一方面很少能发现足够的期望状态,因为拥挤的交叉口通常已经使用信号控制。

10.5.2 Kyte 模型

Kyte(1989) 和 Kyte 等(1991)提出了另一种直接估计无信号交叉口通行能力的方法,此方法对四路停车控制和两路停车控制都适用。

模型中单车道排队系统的通行能力是平均服务时间的倒数,无信号交叉口的服务时间 t_w 是车辆在排队的第一位置所花费的时间,所以要观察估计 t_w 的平均值以得到通行能力值。

在次要道路车流稳态排队的过饱和状态下,每辆车在第一位置的时间值可简单看作是两个连续车辆穿过停车线的时间间隔值,这种情况下,运用经验回归方法,观察值和分析值相等。

假设过饱和状态下,次要街道每辆车花费在第一位置的时间可以观测得到,那么所有这些时间的平均值的倒数就是通行能力。Kyte(1996)继续了四路停车控制交叉口的研究,得出了有不同冲突级别的入口处驶离车辆车头时距的经验公式：

$$h_i = h_{b-i} + h_{LT-adj}p_{LT} + h_{RT-adj}p_{RT} + h_{HV-adj}p_{HV} \tag{10.119}$$

式中 h_i ——根据冲突程度 i 调整的饱和车头时距；

h_{b-i} ——情况 i 的基础饱和车头时距；

h_{LT-adj}, h_{RT-adj} ——分别为左转和右转的车头时距调整系数；

p_{LT}, p_{RT} ——左转和右转的比例；

h_{HV-adj} ——重型车调整系数；

p_{HV} ——重型车比例。

假设平均驶离车头时距 $\bar{d}$ 为 4 s,饱和度 x 是流率 V 和 $\bar{d}$ 的乘积,则

$$\bar{d} = \sum_{i=1}^{5} P(C_i) h_i$$

$P(C_i)$ 是冲突 C_i 发生的概率,这些值还与 $\bar{d}$ 和 h_i 值有关,服务时间是驶离车头时距减去运行时间的差值。

Kyte(1996)指出通行能力可分两点讨论,首先估计通行能力时假设其他交通流不变,在本章 10.4.1 节中已有应用;其次假设所有路口不同方向的交通流率是常数,所有交通流量持续增加,直到其中一个路口饱和度等于 1。

无信号交叉口理论还有许多需要进一步研究的问题,如一股交通流影响其他交通流的范围、信号交叉口和无信号交叉口间的相似性、过饱和交叉口的特性以及调查方法对数据性质的影响等。

第 11 章 信号交叉口交通模型

11.1 信号交叉口的交通特性

信号交叉口的通行能力及通行效率很大程度上取决于其交通信号配时,合理的信号设置从时间上将冲突车流有效分离开来,从而提高交叉口处的车流运行效率。本节主要介绍交通信号的基本参数,简单分析信号交叉口运行特性。

11.1.1 基本参数

1. 信号周期

信号周期是信号灯各种灯色轮流显示一次所需的时间,即一次绿灯、黄灯和红灯显示时间之和,也是某一方向上从第一次开放绿灯到第二次开放绿灯的时间,可表示为

$$C = G + A + R \tag{11.1}$$

式中　C——周期长度,s;
　　　G——绿灯时间,s;
　　　A——黄灯时间,s;
　　　R——红灯时间,s。

2. 有效绿灯时间

有效绿灯时间即实际上被有效利用了的绿灯时间。出于运行安全及车流运行特性等的考虑,在绿灯初期和末尾存在部分未被充分利用的时间,即损失时间。有效绿灯时间即某一相位的绿灯时间与黄灯时间之和减去损失时间。

$$g_e = G + A - l \tag{11.2}$$

式中　l——该信号相位损失时间。

3. 信号损失时间

信号损失时间是指在周期时间内由于交通安全及车流运行特性等原因,在某段时间内没有交通流运行或未被充分利用的时间(全红加上启动损失时间)。

如图 11.1 所示,一个相位的损失时间 l 等于前损失时间和后损失时间之和,即 $l = l_1 + l_2$。当绿灯时间开始时,因车辆驶出率较低造成的损失时间即为前损失时间;当绿灯时间结束时,黄灯时间内车辆已不许越过停车线,只有绿灯期间已经越过停车线的车辆可以继续通行,由此所造成的损失时间即为后损失时间。

4. 绿信比

绿信比是一个信号周期内的有效绿灯时间与周期时长之比。周期相同,各相位的绿信

比不一定相同：

$$\lambda = g_e/C \qquad (11.3)$$

式中 λ——绿信比。

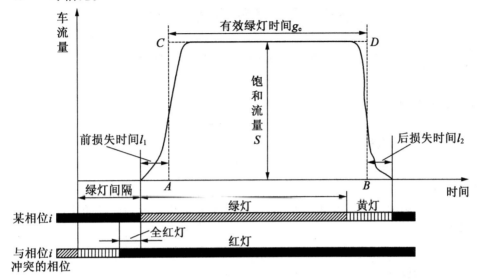

图 11.1 绿灯期间车流通过交叉口的流量图示

5. 绿灯间隔时间

一相位的绿灯结束到另一相位的绿灯开始所用的时间称为绿灯间隔时间。为了保证失去通行权阶段的最后一辆车能安全地通过路口，避免车流间的冲突，在终止一个正在行驶阶段的通行权到给予另一个冲突阶段通行权之间，必须有一个任何阶段都无通行权的适当的时间间隔，该时段就是绿灯间隔时间。绿灯间隔时间由黄灯时间和全红时间构成，即

$$I = A + AR \qquad (11.4)$$

式中 I——绿灯间隔时间；

A——黄灯时间；

AR——全红时间。

6. 饱和流量

饱和流量指在一次连续的绿灯信号时间内，进口道上一列连续车队能通过进口道停车线的最大流量。饱和流量与信号配时无关，它的大小受交叉口几何因素、渠化方式及各流向交通冲突等情况影响，比较复杂。因此，饱和流量一般通过观测确定，即观测饱和状态下的车头时距 t，则饱和流量为

$$S = 3\,600/t \qquad (11.5)$$

实在无法取得实测数据时（如新建交叉口设计等），才考虑用公式计算结合经验修正的方法，常用英国的韦伯斯特（Webster）算法、金伯（Kimber）算法及我国学者提出的饱和流量算法等。

（1）英国的韦伯斯特（Webster）算法。当车道宽度在 5.2～18 m 范围内时饱和流量为

$$S = 525b \qquad (11.6)$$

式中 b——车道宽度。

车道宽度在 3.0~5.1 m 范围内时,饱和流量见表 11.1。

表 11.1 车道宽度和饱和流量的对应关系

车道宽度/m	3.0	3.3	3.6	3.9	4.2	4.5	4.8	5.1
饱和流量/(pcu·h^{-1})	1 850	1 875	1 900	1 950	2 075	2 250	2 475	2 700

(2)英国的 Kimber 计算法:

$$S = 196b^2 - 979b + 2964 \tag{11.7}$$

(3)我国学者的饱和流量计算法:

$$S = 241b^2 - 1564b + 3990 \tag{11.8}$$

7. 流量比

交叉口某一相位中某一进口道通过交叉口的车流量与其饱和流量的比值称为流量比,由下式求算:

$$y = q/S \tag{11.9}$$

式中 q——车流量;

S——饱和流量。

将各个相位的 y 值求和即得出整个交叉路口的 Y 值:

$$Y = \sum y \tag{11.10}$$

当一个相位中多个车流同时运行时,应取各个车流中最大的 y 值作为该相位的 y 值。

8. 通行能力

通行能力是指在一定的道路和交通条件下,道路上某一路段单位时间内通过某一断面的最大车辆数或行人数量,即单位时间内通过某一地点的最大交通量,单位为 pcu/h。在信号控制的情况下,交叉口上某一入口车行道上的通行能力可以使用下式计算:

$$N = \lambda S \tag{11.11}$$

式中 N——信号交叉口某一入口道的通行能力;

λ——该进口道对应的绿信比;

S——该进口道的饱和流率。

9. 饱和度

某一交叉口进口道的实际交通量与该进口道的通行能力的比称为该进口道的饱和度。

$$x = \frac{q}{N} \tag{11.12}$$

式中 x——信号交叉口某一进口道的饱和度;

q——该进口道通过的实际交通量;

N——该进口道的通行能力。

11.1.2 信号交叉口交通流运行特性

信号交叉口交通参与者众多、交通转向行为集中、控制方案比较多,使信号交叉口成为交通系统中通行能力分析最为复杂的一个环节。信号灯在时间上周期性地为不同的车道组分配通行权,使各车道组的交通流周期性地停驶,不同流向的交通流具有不同的运行特性。

1. 直行车流

当信号显示为绿灯时,经过短暂的反应时间后,红灯期间内积累的排队车辆依次启动,鱼贯通过停车线。开始通过的几秒内,车辆从原来静止的状态逐步加速到正常行驶状态,因此交通流的流率变化很快;之后,车队速度保持正常行驶状态,交通流则保持以饱和流率通过停车线。在绿灯结束后的黄灯时间内或者是绿灯闪烁期间,由于部分车辆采取了制动措施,通过交叉口的流量由饱和流率逐渐下降。红灯期间,达到停车线的车辆停车等候绿灯,随后到达的车辆则在车队末尾排队等候。

2. 左转车流

左转(专用)车流除了在交叉口中需要运行更长的距离外,其他运行特性类似于直行车流;不管是左直混行还是左直右混行,这样的车道功能划分都将使左转车流受到同向直行车的干扰。由于共用一条车道,各流向交通流在通过停车线时,其平均车头时距大于只有单一交通流的车道。此时,如果信号相位还为不同流向交通流分配了不同的通行时间,还将导致有效通行时间的减少。按照信号控制条件的不同,左转车流可分为许可型和保护型左转车流。

许可型左转车流只能在绿灯期间出现以下情况之一时才能通过:①对向直行车未到达冲突点之前;②在冲突点附近等待对向直行车流中出现允许穿越的车头时距;③信号相位转换间隔。左转交通需求较大时,个别左转车辆可能会贸然插入对向直行车流。可见,许可型左转车流可能受对向直行车流的干扰。保护型左转车流通常配合以专用的左转车道,此时,保护型左转车流的运行特性类似于直行车道。若左转车流仍然使用共用车道,保护型左转车流也可能受到直行车辆甚至右转车辆的干扰。

基于以上运行特性,信号交叉口的设计中往往将车道功能的划分和信号控制条件进行协调设计,以保证各车道组交通流的高效运行。

3. 右转车流

当右转交通量较小时,通常不控制右转车辆的通行,可以在右转车道上连续通行;如果与其他流向车流共用车道,则可能被直行车辆甚至左转车辆阻挡而不能通过。当右转交通量达到一定程度时,设置右转专用道和信号相位,给右转车辆分配通行时间和空间,否则它将影响对向左转车流、左侧引道的直行车流以及相关的自行车、行人。

4. 自行车和行人

近年来信号交叉口中自行车和行人的数量有下降趋势,因此不将信号交叉口的自行车和行人作为一种独立的交通流来处理,仅作为信号交叉口内机动车流的影响因素对其简单分析。

11.2 信号交叉口延误

信号交叉口延误包括确定性和随机性两部分。确定性部分的估计基于以下假设：

(1) 初始时刻车辆排队长度为0。

(2) 整个周期内车辆到达率(q)恒定不变。

(3) 当出现排队时，车辆以饱和流率(S)均衡离开模式离开，且排队以到达流率消散。

(4) 车辆到达率不超过交叉口通行能力，到达率＝接近饱和流率(S)有效绿灯时间与周期的比值(g/c)。有效绿灯时间是绿灯时间中交通流率为饱和流率的部分，等于相位显示绿灯时间减去车辆初始启动损失时间(2~3 s)再加上清尾时间(2~4 s)。

图 11.2 简单描述了延误过程；图 11.3 给出了应用图 11.2 得出的排队曲线，图中排队曲线所包围的面积代表总的(确定性的)周期延误时间。由图可得以下特性量：每周期平均延误时间，停车车辆数(Q_s)，最大排队车辆数(Q_{max})以及平均排队长度(Q_{avg})。由于假设初始排队和排队结束的车辆数为零违背大多数实际情况，这一特性模型适用于流率与通行能力比低于 0.5 的情况。

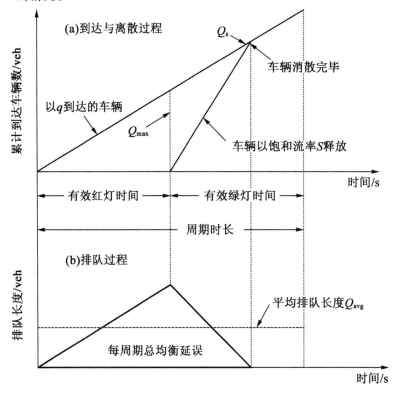

图 11.2 均衡延误过程

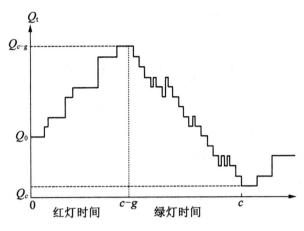

图 11.3 一个信号周期内的排队曲线

然而,随着交通量的增长,"周期缺陷"的可能性会有所增加。所谓"周期缺陷"就是某些周期可能出现溢出排队现象,即上周期内排队的车辆在周期结束时没有全部通过交叉口。这种现象的发生是随机的,它取决于周期内是否偶然出现高于通行能力的流率。因此在估计交通特性时必须考虑出现初始排队长度(Q_0)引起附加延误的情况。

值得注意的是,在交通严重拥堵的条件下,随机排队的影响小于溢出排队的影响,故而流体理论方法适用于过饱和交叉口。下一节将对交通流率的数值接近交叉口通行能力的延误模型做进一步讨论。

11.3 稳态延误模型

11.3.1 精确表达式

定时信号交叉口期望延误最早由 Beckman 于 1956 年提出,他假定在任一确定的服务条件下,车辆按二项分布到达:

$$d = \frac{c-g}{c(1-q/S)}\left[\frac{Q_0}{q} + \frac{c-g+1}{2}\right] \tag{11.13}$$

式中 c——信号周期;
g——有效绿灯时间;
q——交通到达流率;
S——绿灯时间内排队的离开流率;
Q_0——上一个周期估计溢出排队车辆数。

式(11.13)中用到估计溢出排队车辆数,且假定车辆按二项分布到达,这样便降低了公式的实际有效性。

1968 年 McNeil 在一般到达过程和恒定离开时间的前提下得出一个估计信号延误的公式,将车辆在一个信号周期内交通总延误时间分成两部分计算:

$$W = W_1 + W_2 \tag{11.14}$$

式中 W_1——在红灯相位内的总延误；
W_2——在绿灯相位内的总延误。

$$W_1 = \int_0^{(c-g)} [Q_0(0) + A(t)] dt \tag{11.15}$$

$$W_2 = \int_{(c-g)}^{c} Q(t) dt \tag{11.16}$$

式中 $Q(t)$——在时刻 t 排队车辆数；
$A(t)$——t 时刻累计到达车辆数。

取式(11.15)的期望值得

$$E(W_1) = (c-g)Q_0 + \frac{1}{2}(c-g)^2 \tag{11.17}$$

定义一个任意变量 Z_2 作为当信号周期为无穷大时车辆在绿灯时间内的总延误,其中,排队 $Q(t)$ 的到达过程服从密度为 q 的复合泊松分布,服务时间 $1/S$ 恒定不变,初始状态 $Q(t=t_0)$,McNeil 提出当 $q/S < 1$ 时:

$$E(Z_2) = \frac{(1 + Iq/S - q/S)E[Q^2(t_0)]}{2S(1-q/S)^2} + \frac{E[Q^2(t_0)]}{2S(1-q/S)} \tag{11.18}$$

式中 $I = \frac{var(A)}{qh}$,$var(A)$ 的方差,h 表示时间间隔一般取周期时长,A 表示间隔时间 h 内到达的车辆数,$A = qh$。

W_2 可以用变量 Z_2 表示：

$$E(W_2) = E[Z_2 | Q(t=c-g)] - E[Z_2 | Q(t=c)] \tag{11.19}$$

而且

$$E[W_2] = \frac{(1 + Ig/S + q/S)\{E[Q(c-g) - Q(c)]\}}{2S(1-q/S)^2} + \frac{E[Q^2(c-g)] - E[Q^2(c)]}{2S(1-q/S)} \tag{11.20}$$

只有当饱和度 $x < 1$ 时,排队车辆数才是统计均衡的。

$$x = \frac{q/S}{g/c} < 1 \tag{11.21}$$

对于上述情况,每个周期内的平均到达车辆数可只在绿灯时间内通过。在这种情况下：

$$E[Q(0)] = E[Q(c)] \tag{11.22}$$

$$E[Q^2(0)] = E[Q^2(c)] \tag{11.23}$$

又因为

$$Q(c-g) = Q(0) + A(c) \tag{11.24}$$

所以

$$E[Q(c-g) - Q(c)] = E[A(c-g)] = q(c-g) \tag{11.25}$$

而且

$$E[Q^2(c-g) - Q^2(c)] = 2E[A(c-g)]E[Q(0)] + E[A^2(c-g)]$$
$$= 2q(c-g)Q_0 + q^2(c-g)^2 + q(c-g)I \tag{11.26}$$

由式(11.20),(11.25),(11.26)可得

$$E(W_2) = \frac{1}{2S(1-q/S)^2}\{(1+Iq/S-q/S)g(c-g) + (1-q/S) \cdot [2q(c-g)Q_0 + q^2(c-g)^2 + q(c-g)I]\} \tag{11.27}$$

通过式(11.14),(11.15)和(11.27)可得

$$E(W) = \frac{(c-g)}{c(1-q/S)}\left[\frac{Q_0}{q} + \left(\frac{c-g}{2}\right)qc + \frac{1}{S}\left(1+\frac{I}{1-q/S}\right)\right] \tag{12.28}$$

用$E(W)$除以一个周期内到达的平均车辆数qc得到车辆平均延误d:

$$d = \frac{c-g}{2c(1-q/S)}\left[(c-g) + \frac{2}{q}Q_0 + \frac{1}{S}\left(1+\frac{I}{1-q/S}\right)\right] \tag{11.29}$$

当离开过程确定时,对于二项分布到达过程$I=1-q/S$,Darroch得出的式(11.29)与Beckman公式本质相同。

1974年,McNeil和Weiss在考虑了泊松分布到达和一般离开情况下,得出如下模型:

$$d = \frac{(c-g)}{2c(1-q/S)}\left\{(c-g) + \frac{2}{q}\left[1 + \frac{(1-q/S)(1-B^2)}{2S}\right]Q_0 + \frac{1}{S}\left(1+\frac{I+B^2q/S}{1-q/S}\right)\right\} \tag{11.30}$$

针对上述方程式的一个检验表明,在不出现溢出排队车辆($Q_0=0$)和交通过程中无偶然事件发生的情况下,延误为恒定值。式(11.30)应用的主要局限是需要知道平均溢出排队车辆数或者在绿灯开始时排队的车辆数,而这些数据通常都是未知的。

11.3.2 近似表达式

Webster通过理论和数字模拟相结合的方法转化延误的近似公式为

$$d = \frac{c(1-g/c)^2}{2[1-(g/c)x]} + \frac{x^2}{2q(1-x)} - 0.65\left(\frac{c}{q^2}\right)^{\frac{1}{3}}x^{2+5(g/c)} \tag{11.31}$$

式中 d——每辆车的平均延误,s;

c——周期长,s;

g——有效绿灯时间,s;

x——饱和度(交通流率与通行能力之比);

q——到达率,veh/s。

方程(11.31)第一项是交通量均衡到达时的延误;第二项为随机延误,放松了对到达的要求,假设为泊松到达和固定离开速率,而固定离开速率并不能反映实际信号交叉口的执行情况,因为车辆被提供服务的时间仅限于绿灯时间,显然假设的离开率高于实际情况;第三项是基于仿真实验的校正,是估计结果的一个校正项,其大小在第一项和第二项10%范围内。

延误也可通过预测平均过剩排队车辆数Q_0的方法来间接估计。如1963年Miller得出了一个对任意到达和离开分布都适用的Q_0的近似公式,该等式对任何到达离开过程均正确:

$$Q(c) = Q(0) + A - C + \Delta C \tag{11.32}$$

式中 $Q(c)$——周期结束时排队的车辆数;

$Q(0)$——周期开始时的排队车辆数;

A——一个周期内到达的车辆数;

C——绿灯时间内最多可能离开的车辆数;

ΔC——剩余通行能力,$Q(0) + A < C$ 时 $\Delta C = C - Q(0) - A$,其他情况 $\Delta C = 0$。

对方程(11.32)两端取期望,得 $E(\Delta C) = E(C - A)$,因为在各周期均衡的情况下,$Q(0) = Q(c)$,所以方程(11.32)又可写为

$$Q(c) - [\Delta C - E(\Delta C)] = Q(0) - [C - A - E(C - A)] \tag{11.33}$$

对于均衡的情况,对式(11.33)两端分别平方,并取期望,整理后可得

$$Q_0 = \frac{var(C-A) - var(\Delta C)}{2E(C-A)} \tag{11.34}$$

式中 C——一个周期内最多可能离开的车辆数;

A——一个周期内到达的车辆数;

ΔC——周期内剩余通行能力。

其中 $var(\Delta C)$ 为正,当 $E(C)$ 接近 $E(A)$ 时 $var(\Delta C)$ 的值接近 0。因此,去掉此项得到溢出排队数量的上限值:

$$Q_0 \leqslant \frac{var(C-A)}{2E(C-A)} \tag{11.35}$$

如用 Darroch 的到达过程(如 $E(A) = qc$, $var(A) = Iqc$),且绿灯时间内离开时间恒定($E(C) = Sg$, $var(C) = 0$),上限就可表示为

$$Q_0 \leqslant \frac{Ix}{2(1-x)} \tag{11.36}$$

式中 $x = (qc)/(Sg)$。

Miller 也考虑了去掉 $var(\Delta C)$ 项来得到近似值,假设

$$I \approx \frac{var(\Delta C)}{E(C-A)} \tag{11.37}$$

从而可得溢出排队车辆数的一个近似值:

$$Q_0 \approx \frac{(2x-1)I}{2(1-x)} \quad (x \geqslant 0.50) \tag{11.38}$$

将 Q_0 值代入到方程(11.29)中,对其进一步简化,忽略数量比第一、二项小很多的第三、四项,使方程更具实用价值。这种方法由 Miller 于 1968 年提出,其近似公式为

$$d = \frac{(1-g/c)}{2(1-q/c)}\left[c(1-g/c) + \frac{2Q_0}{q}\right] \tag{11.39}$$

此公式也可通过去掉 McNeil 公式(11.29)的第二、三项得到。Miller 也给出了车辆到达服从泊松分布且绿灯时间内固定服务时间下的溢出排队表达式:

$$Q_0 = \frac{\exp[-1.33\sqrt{Sg(1-x)/x}]}{2(1-x)} \tag{11.40}$$

方程(11.29),(11.30),(11.31),(11.39)和(11.40)均局限于特殊的到达和离开过程。

Newell 试图将延误公式发展为对任何到达和离开分布都适用的一般公式。首先,从对

大多数到达和离开方式均合理的试探性图表参数中得出结论,每辆车的总延误与假设均匀到达和恒定服务时间(Clayton,1941)得出的结果不同,当交通密度足够小时,它忽略了一个量值;然后总结出排队规律——后进先出(Last In First Out,LIFO),这并不影响平均延误预测。当交通量相当大时,延误预测可近似表示为

$$d = \frac{c(1-g/c)^2}{2(1-q/S)} + \frac{Q_0}{q} \tag{11.41}$$

当 $1-q/S = 1-g/c$,或者式(11.29)忽略 $1/S$ 项时,上式得出的结果与方程(11.29)相同。在均衡情况下,$1-q/S = 1-g/c$ 是不会出现的。为了估计过剩溢出排队长度,Newell 定义了 F_Q 作为溢出排队长度的累计分布,F_{A-D} 作为周期内溢出排队长度的累计分布,其中 A 和 D 分别代表累计到达和离开。他指出在均衡情况下:

$$F_Q(x) = \int_0^\infty F_Q(z) \mathrm{d}F_{A-D}(x-z) \tag{11.42}$$

式(11.42)中的积分只有在周期内排队数量是正态分布的条件下才能求出。

Newell 公式的结果是

$$Q_0 = \frac{qc(1-x)}{\Pi} \int_0^{\frac{\Pi}{2}} \frac{\tan^2\theta}{-1 + \exp[Sg(1-x)^2/(2\cos^2\theta)]} \mathrm{d}\theta \tag{11.43}$$

Newell 还提出了一个更为简捷的表达式,如下式所示,其中,函数 $H(\mu)$ 以图表形式给出:

$$Q_0 = IH(\mu)x/2(1-x) \tag{11.44}$$

$$\mu = (Sg - qc)/\sqrt{ISg} \tag{11.45}$$

此外,Newell 还将式(11.41)和(11.43)的结果与 Webster 公式进行比较,并添加补充修正条件来改善中等交通强度下的结果。Newell 的最终公式如下:

$$d = \frac{c(1-g/c)^2}{2(1-q/S)} + \frac{Q_0}{q} + \frac{(1-g/c)I}{2S(1-q/S)^2} \tag{11.46}$$

Cronje(1983)提出了一个函数 $H(\mu)$ 的近似解析解,并建议式(11.46)中的修正(第三)项可以忽略不计:

$$H(\mu) = \exp[-\mu - (\mu^2/2)] \tag{11.47}$$

式中

$$\mu = (1-x)(Sg)^{1/2} \tag{11.48}$$

对比可知,Newell 表达式比 Webster 表达式更准确。Ohno(1978)建议使用改进的 Miller 表达式,因为它比 McNeil 和 Newell 表达式更为简洁。

11.4 时间依赖延误模型

在稳态模型中假设随机平衡,它要求在无限的时间内有稳态的交通条件(到达、服务和控制过程)。在一定的时间段内且交通流量较小情况下,此模型结果接近实际情况。当交通流量达到通行能力时,要达到稳定平衡状态所需要的时间经常会超过所能够提供的时间,同时许多情况下交通流量超过通行能力,这时稳态延误模型就不再满足条件。此外,高

峰时段的交通流量通常不稳定,这与稳态延误模型的重要假设前提相违背。

为此,学者们在改变稳态条件的限制假设方面做了许多尝试:最简单的观点是在确定性条件中把到达率和离开率作为时间的函数;另一观点是模拟交叉口交通流,为了估计模拟时间内的平均延误和排队长度,假定车辆到达和离开过程是固定的(随机平衡条件下不必要做此假设)。后一方法近似于时间依赖到达曲线,它通过一些数学函数(分段函数、抛物线函数、三角函数)来计算相应的延误,May 和 Keller 计算了非信号交叉口瓶颈段的车辆延误和排队,他们所做的工作在确定性建模方法方面极具代表性,且容易对信号交叉口建模,其研究中的基本假设是在计算延误时可忽略队列的随机波动。

模型定义了累计到达车辆数 $A(t)$:

$$A(t) = \int_0^t q(\tau)\,d\tau \tag{11.49}$$

$D(t)$ 表示 $[0,t]$ 时间段内出现连续排队时离开的车辆数。

$$D(t) = \int_0^t S(\tau)\,d\tau \tag{11.50}$$

当前排队系统中车辆数是

$$Q(t) = Q(0) + A(t) - D(t) \tag{11.51}$$

在 $[0,t]$ 时间段内排队车辆的平均延误是

$$d = \frac{1}{A(t)}\int_0^t Q(t)\,dt \tag{11.52}$$

May 和 Keller 在梯形到达曲线和离开恒定的条件下使用了以上模型。在分析时段内,如果已知信号交叉口的信号状态,那么在式(11.50)中用 $C(\tau)$ 代替 $S(\tau)$:

$C(\tau) = 0$:当信号为红灯;

$C(\tau) = S(\tau)$:当信号为绿灯,且 $Q(\tau) > 0$;

$C(\tau) = q(\tau)$:当信号为绿灯,且 $Q(\tau) = 0$。

如等式(11.51),只有当 $x \ll 1$ 或 $x \gg 1$ 时,信号系统的确定性模型结果才成立;否则,忽略 q 和 C 的任意波动将引起附加排队,从而使模型所得结果低于实际排队长度和延误时间。

根据 Catling(1977)的研究,将从标准排队论中得到的稳态曲线采用当前应用广泛的坐标转换技术处理,便可得到时间依赖延误模型。当流量接近通行能力时,由这一新模型估计得到的结果远比稳态模型所得结果接近实际情况。以下介绍这一方法的发展情况:

交通流低于饱和状态($x \ll 1$)时的延误与交通强度均衡时延误几乎相等;

交通流高于饱和状态($x \gg 1$)时用以下确定性模型计算延误可以获得较准确的结果:

$$d = d_1 + \frac{T}{2}(x - 1) \tag{11.53}$$

式中 d_1——交通强度非常低的情况下的延误值(均衡延误);

T——交通流持续不变的分析时段。

在单位交通强度 $x = 1$ 时,稳态延误模型曲线接近 Y 轴,即此时延误为无穷。用坐标转化方法移动最初的稳态曲线使其接近于确定性过饱和延误直线,即等式(11.53)中的第二项,如图 11.4 所示。

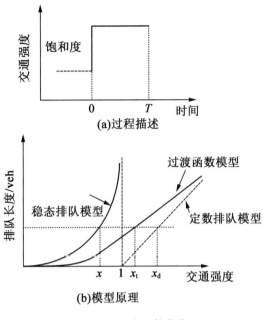

图 11.4 过渡函数曲线

坐标转化方法延误曲线和它的渐近线之间的水平距离与稳态曲线和 $x=1$ 直线之间的水平距离相等。应用此公式有以下两个限制条件：

(1) $[0,T]$ 时间段开始时无车辆排队。

(2) $[0,T]$ 时段内交通强度恒定。

如仿真实验所示，$[0,T]$ 时段内时间依赖模型符合实际情况。因此，该方法能有效地解决实际问题。除上述两个限制条件外，公式的主要不足在于缺乏理论基础。Catling 以实际交通强度近似于阶段函数来克服以上不足。

1979 年，Kimer 和 Hollis 提出了在车辆随机到达、一般服务时间及单通道服务系统(M/G/1)中期望排队长度的计算法则，通过排队分布可以定义最初的排队。为了加速计算，当平均最初排队长度与平衡状态排队长度差别很大时，使用平均最初排队长度，并运用完整的运算法则。非稳定到达过程近似于分段函数，计算一段时间内的总延误时考虑排队大小。

假设，在 $T=0$ 时，排队车辆数为 $Q(0)$，饱和度迅速变为 x，在确定性模型中车辆排队变化如下式所示：

$$Q(t) = Q(0) + (x-1)CT \tag{11.54}$$

从改进的 Pollaczek-Khintchine 公式得到稳态期望排队长度为

$$Q = x + \frac{Bx^2}{1-x} \tag{11.55}$$

B 为恒量，其大小取决于到达和离开的过程，表达式如下：

$$B = 0.5\left(1 + \frac{\sigma^2}{\mu^2}\right) \tag{11.56}$$

式中 σ^2——服务时间分布的方差；

μ——服务时间分布的均值。

下面的推导考虑服从指数服务次数,其中 $\sigma^2 = \mu^2$,$B = 1$,x_d 为确定性模型中的饱和度,x 是模型中涉及的稳态条件,其中 x_T 涉及时间依赖模型,如 $Q(x,T) = Q(x_T,T)$。为了满足曲线和相似渐近线之间距离相等的假设,由图11.4可得

$$1 - x = x_d - x_T \tag{11.57}$$

因此

$$x = x_T - (x_d - 1) \tag{11.58}$$

从式(11.54)得

$$x_d = \frac{Q(T) - Q(0)}{CT} + 1 \tag{11.59}$$

做如下等价转化:

$$x = x_T - \frac{Q(T) - Q(0)}{CT} \tag{11.60}$$

从图11.4中可知,显然在 T 时刻,当交通强度为 x,x_T 及 x_d 时排队长度 $Q(T)$ 相等。用 $Q(T)$ 替换式(11.55)中的 Q,解出 x,式(11.60)可改写为

$$\frac{Q(T)}{1 + Q(T)} = x_T - \frac{Q(T) - Q(0)}{CT} \tag{11.61}$$

除去 x_T 中的指数 T,由等式(11.61)解出 $Q(T)$ 的二次多项式:

$$Q(T) = \frac{1}{2}[(a^2 + b^2)^{1/2}] - a \tag{11.62}$$

其中

$$a = (1 - x)CT + 1 - Q(0) \tag{11.63}$$

$$b = 4[Q(0) + xCT] \tag{11.64}$$

如果使用一般稳态公式(11.55),式(11.63)和(11.64)的结果为

$$a = \frac{(1-x)(CT)^2 + [1 - Q(0)]CT - 2(1-B)[Q(0) + xCT]}{CT + (1-B)} \tag{11.65}$$

$$b = \frac{4[Q(0) + xCT][CT - (1-B)(Q(0) + xCT)]}{CT + (1-B)} \tag{11.66}$$

分析时段到达车辆的平均延误方程中,$[0,T]$ 时段每一到达车辆的平均延误 d_d:

$$d_d = \frac{[Q(0) + 1] + \frac{1}{2}(x-1)CT}{C} \tag{11.67}$$

稳态延误 d_s 为

$$d_s = \frac{1}{C}\left(1 + \frac{Bx}{1-x}\right) \tag{11.68}$$

通过转换得到的时间依赖方程为

$$d = \frac{1}{2}[(a^2 + b)^{1/2}] - a \tag{11.69}$$

相应的参数为

$$a = \frac{T}{2}(1-x) - \frac{1}{C}[Q(0) - B + 2] \tag{11.70}$$

$$b = \frac{C}{4}\left[\frac{T}{2}(1-x) - \frac{1}{2}xTB - \frac{Q(0)+1}{C}(1-B)\right] \qquad (11.71)$$

坐标转化方法中,基于两点原因,稳态公式(11.54)无法充分反映交通信号控制的特性:

(1) 公式的第一项(均衡交通排队)需要进一步研究。

(2) 对不能准确符合排队论模型假设的情况,常数 B 需要校准。

Akcelik(1980) 利用坐标转化方法获得的时间依赖公式与 Kimber – Hollis 的方法相比,能更好地反映信号交叉口特性。为了便于引出平均过剩排队的时间依赖函数,Akcelik 将非饱和信号情况简单近似于 Miller 的稳态排队长度的第二个公式(11.27),得到如下表达式:

$$Q(0) = \begin{cases} \dfrac{1.5(x-x_0)}{1-x} & (x<1) \\ 0 & (其他) \end{cases} \qquad (11.72)$$

式中

$$x_0 = 0.67 + \frac{Sg}{600} \qquad (11.73)$$

Akcelik 的平均过剩排队时间依赖方程为

$$Q_0 = \begin{cases} \dfrac{CT}{4}\left[(x-1)^2 + \dfrac{12(x-x_0)}{CT}\right] & (x>x_0) \\ 0 & (其他) \end{cases} \qquad (11.74)$$

在 $[0,T]$ 区间内,到达的车辆的平均均衡延误表达公式如下:

$$d = \begin{cases} \dfrac{c(1-\frac{g}{c})^2}{2(1-\frac{q}{s})} & (x<1) \\ \dfrac{c-g}{2} & (x\geq 1) \end{cases} + \dfrac{Q_0}{C} \qquad (11.75)$$

Akcelik(1988) 和 Rouphail(1994) 对式(11.72)和(11.73)的一般性进行了论证,指出应注意溢出排队 Q_0,它是 McNeil 公式和 Miller 公式应用于时间依赖条件下的近似值,且与 Newell 的稳态条件下的近似值不同。根据 Akcelik(1980) 的研究,这一近似值与高饱和度 x 有关,但它的一些影响在大多数实际问题中可忽略。

依据 Haight(1963)、Cronje(1983) 和 Miller(1968) 的一些研究工作,Olszewski(1990) 用非均衡马尔可夫链方法,在到达分布 $P(t,A)$ 和通行能力分布 $P(C)$ 的情况下,计算随机排队分布。一个周期内排队车辆数由 i 变为 j 的概率由下式所示:

$$P_{i,j} = \sum_{C=0}^{\infty} P_{i,j}(t,C)P(C) \qquad (11.76)$$

并且

$$P_{i,0}(t,C) = \begin{cases} \sum_{k=0}^{C=i} P(t,A=K) & (i \leq C) \\ 0 & (其他) \end{cases} \qquad (11.77)$$

$$P_{i,j}(t,C) = \begin{cases} P(t, A=K) & (i \leqslant C) \\ 0 & (\text{其他}) \end{cases} \qquad (11.78)$$

用矩阵 $P(t)$ 表示在 t 时刻排队状态变化的概率,用 $P_Q(t)$ 表示 t 时刻系统状态中的溢出排队分布的行向量,并且假定 $t=0$ 时刻的最初系统状态变量分布情况是已知的,即 $P_Q(0) = [P_1(0), P_2(0), \cdots, P_m(0)]$,其中,$P_i(0)$ 为 $t=0$ 时刻有 i 辆车排队的概率,则在任一周期 t 内,状态概率的向量可以通过矩阵乘法得出下式,从而能够进一步计算从任意初始状态排队概率的变化:

$$P_Q(t) = P_Q(t-1)P(t) \qquad (11.79)$$

由于 Akcelik 在分析阶段使用了平均到达率,因而 Akcelik 模型中所估计的延误数值较低,这与 Catling 方法中的阶段函数不同。当 Akcelik 公式中的高峰流率取分段函数抛物线的近似值时,所得结果与 Brilon 和 Wu 的结果无本质区别(Akcelik 和 Rouphail,1993)。

11.5 上游信号的影响

在同一交叉口的上下游进行交通到达观测得出的结果不同,主要观测结果如下:
(1)车辆以被相等的红灯时间分成的"簇"的形式通过交叉口(车队效应)。
(2)一个周期内通过交叉口的车辆数不会超过相应交叉口通行能力的最大值(滤波效应)。

11.5.1 信号交叉口的车队效应

当车队行驶到交叉口下游时,车辆簇的影响就会减弱,因为车辆各自以不同的速度行驶而散布于下游路段,这种现象称作车队扩散或车队分散。Pscey 得出沿一个路段按正常速度行驶,自由超车时的出行时间分布:

$$f(\tau) = \frac{D}{\tau^2 \sigma \sqrt{2\pi}} \exp\left[-\frac{\left(\dfrac{D}{\tau} - \dfrac{D}{\bar{\tau}}\right)^2}{2\sigma^2}\right] \qquad (11.80)$$

式中　D——从信号交叉口到达观测点的距离;

　　　τ——单个车辆沿距离 D 运行时间;

　　　$\bar{\tau}$——平均运行时间;

　　　σ——速度标准差。

因而,出行时间分布可以转变为车流沿长度为 D 的路段运行的交通流曲线。

$$q_2(t_2)\mathrm{d}t_2 = \int_{t_1} q_1(t_1) f(t_2 - t_1) \mathrm{d}t_1 \mathrm{d}t_2 \qquad (11.81)$$

式中　$q_2(t_2)\mathrm{d}t_2$——在时间间隔 $(t, t+\mathrm{d}t)$ 内通过交叉口下游某点的总的车辆数;

　　　$q_1(t_1)\mathrm{d}t_1$——在时间间隔 $(t, t+\mathrm{d}t)$ 内通过交叉口的总的车辆数;

　　　$f(t_2 - t_1)$——$(t_2 - t_1)$ 内的可能出行时间密度。

方程(11.81)中扩散模型的离散形式为

$$q_2(j) = \sum_i q_1(i) g(j-i) \qquad (11.82)$$

式中 i, j——到达直方图中不连续的时间间隔。

图 11.5 是 1967 年 Hillier 和 Rothery 在交叉口下游一些连贯的点观测排队扩散影响图示。

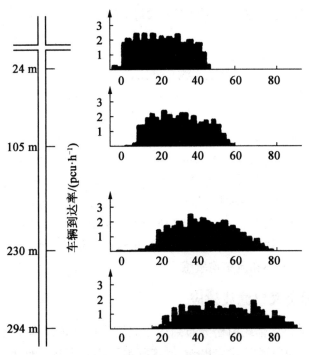

图 11.5 车流量随时间变化图示

观测得出以下结论：

（1）确定性的延误（近似延误表达式第一项）主要依赖上下游绿灯开始的时间滞后（偏差影响）。

（2）在最佳偏差情况得出延误的最小值，它随着信号间距离的增加而增大。

（3）信号偏差并不影响溢出延误部分。

TRANSYT 模型便是用于信号控制网络估计确定性延误的车队扩散模型的典型例子，它合并了 Robertson 的扩散模型，与 Pacey 模型的离散形式相似，但却是在车辆运行时间按二项式分布的前提下导出的：

$$q_2(j) = \frac{1}{1+a\tau}q_1(j) + (1 - \frac{1}{1+a\tau})q_2(j-1) \tag{11.83}$$

式中 τ——平均运行时间；

a——观测场所校正参数。

Robertson 扩散模型得出的结果满足信号控制网络信号优先和交通运行分析。此模型与前面的模型相比最大的优点是计算量小，而计算量小对于大型网络的交通控制优化至关重要。

在 TRANSYT 模型中，首先建立上游信号交叉口停车线处交通流直方图（离开曲线），然后用方程（11.83）转换到两个信号之间，以得到下游交叉口停车线处的到达模型。下游交叉口确定性延误利用到达转换和直方图数据算出。

为了计入上游信号的影响,公路通行能力手册(TRB1985)在计算孤立交叉口延误时采用了一个级数因子 PF(Progression Factor),PF 是在车队比率 f_p 的几个评估值中选出来的。车队比率是通过现场测定评估并应用以下公式得出的:

$$f_p = \frac{PVG}{g/c} \tag{11.84}$$

式中　　PVG——有效绿灯时间内到达车辆百分比;

　　　　g——有效绿灯时间;

　　　　c——周期长度。

Courage 等对公路通行能力手册(HCM)中的级数因子值和 TRANSYT 模型得出的估计值进行了比较,结果表明这两种方法基本一致,HCM 方法的精度稍差一些。为避免使用现场测量来得到级数因子,推荐通过计算时空图的带宽比率来计算车队比率 f_p。

Rouphail 开发了一系列根据时空图和交通流率直接估测级数因子的解析方法,该方法可看作 TRANSYT 方法的简化形式。在 TRANSYT 方法中,到达直方图由两种均衡的比率组成,即车队和非车队交通强度;Rouphail 方法中,车队扩散基于一个与 TRANSYT 相似的简化模型,该模型对车队的大小和流率均敏感。

11.5.2　信号交叉口滤波效应

基于二项式分布和复合式泊松分布到达最通用的稳态延误模型已由 Darroch(1964)、Newell(1965)和 McNeil(1968)建立出来,但这些模型均未直接处理上游信号的影响,于是出现了一个新问题:在这种情况下,这些公式用于估计溢出延误是否合适。

1991 年 Van As 在两个距离很近的信号之间应用 Markov 链技术,总结得出:Miller 模型与 Webster 模型相比改进了随机延误估计。此外,他提出一个能够在一些信号条件下将到达分散指数 I 转换成为离开分散指数 B 的公式:

$$B = I\exp(1 - 1.3F^{0.627}) \tag{11.85}$$

$$F = Q_0 / \sqrt{I_a qc} \tag{11.86}$$

如果假定两个间隔很近的信号之间路段 I 值相同,那么就可以采用方程(11.84)。

1993 年 Tarko 等采用逐周期宏观模拟的方法研究了上游信号对随机延误的影响,发现在有些情况下系数 I 并不能准确表达非泊松到达,所得出的估测结果一般偏大。他们建议用一个调整因子 f 代替分散指数 I,f 是一个周期内可观测到的最大到达车辆数 m_c 和信号交叉口通行能力 Sg 之差的函数:

$$f = 1 - e^{a(m_c - Sg)} \tag{11.87}$$

式中　　a——模型参数,$a<0$。

Newell 提出一个假设,在干线系统中没有左转车辆的所有交叉口随机延误的和等于主要交叉口的随机延误,对干线系统中孤立交叉口得出的延误模型提出了质疑。Tako 等对 Newell 的假设进行验证,得出 Newell 的模型估计得到延误值的闭合上限。通过回顾定时信号控制交叉口延误模型,可以得出基于排队论的纯理论方法模型一直在向时间依赖领域(包括确定性和随机性两部分)的试探性模型转变,这种转变是在考虑到其他因素的影响下产生的(如非稳定的交通需求、车队上游信号的滤波影响等)。

11.6 感应控制和自适应信号控制

11.6.1 感应控制参数

交通感应控制交叉口的延误主要取决于控制器参数的设定,包括以下参数:单位绿灯延长时间,最小绿灯时间和最大绿灯时间。最小和最大绿灯时间是事先设定的,在最小和最大绿灯时间范围内,只要在小于单位绿灯延长时间间隔内有车辆到达,相位就相应延长。1969年Newell对两条单车道交叉口的交通感应信号特性进行了研究。研究假定:

(1)车辆到达过程是恒定的,交通流率稍低于饱和流率,即与到达模型相关的概率分布都是时间不变的。

(2)系统是非饱和的,但交通流量足够大,所以排队车辆大于一辆,不考虑转弯车辆。因为研究主要侧重于中等重交通,且假定最大绿灯时间是任意大的,所以忽略了最短绿灯时间。除假定恒定的到达过程外,没有考虑其他特殊的到达过程。

一条进口车道的车辆到达率为q_1,另一个为q_2,r_j,g_j和Y_j分别表示周期j内有效的红灯、绿灯和黄灯时间。在这里信号的配时是一个任意的变量,它随着周期不同而变化。对于任意周期j所有车辆的总延误W_{ij}等于一个三角形曲线的面积,可以近似表达为

$$E\{W_{1j}\} = \frac{q_1}{2(1-q_1/S_1)} \left[(E\{r_j\} + Y)^2 + var(r_j) + \frac{I_1(E\{r_j\} + Y)}{S_1(1-q_1/S_1)} + \frac{V_1}{S_1 q_1} \right] \quad (11.88)$$

$$E\{W_{2j}\} = \frac{q_2}{2(1-q_2/S_2)} \left[(E\{g_j\} + Y)^2 + var(g_j) + \frac{I_2(E\{g_j\} + Y)}{S_2(1-q_2/S_2)} + \frac{V_2}{S_2 q_2} \right] \quad (11.89)$$

式中　$E\{W_{2j}\}$,$E\{W_{2j}\}$——周期j内进口1和2等待的总车辆数;

S_1,S_2——进口道1和2的饱和流率;

$E\{r_j\}$,$E\{g_j\}$——有效红灯和绿灯时间期望值;

$var(r_j)$,$var(g_j)$——有效红灯和绿灯时间方差;

I_1,I_2——进口1和2到达车辆平均比率的方差;

V_1,V_2——进口1和2车辆离开方差不变的部分。

假定车辆到达过程式恒定不变:

$$E\{r_j\} \to E(r), \quad E\{g_j\} \to E(g) \quad (11.90)$$

$$var(r_j) \to var(r), var\{g_j\} \to var(g) \quad (11.91)$$

$$E\{W_{ij}\} \to E\{W_k\} \quad (k=1,2) \quad (11.92)$$

红灯和绿灯第一时刻的取得依据与马尔科夫过程如下两式所示,红灯和绿灯的方差数值均设为已知:

$$E\{r\} = 1 - \frac{Yq_2/S_2}{1 - q_1/S_1 - q_2/S_2} \quad (11.93)$$

$$E\{g\} = 1 - \frac{Yq_1/S_1}{1 - q_1/S_1 - q_2/S_2} \quad (11.94)$$

Dunne(1967)假定车辆到达过程服从二项分布,车辆离开率为常数,且当排队消散时改变控制信号。以下研究两个单车道的两相位信号控制的孤立交叉口。

对于每一个时间间隔$(k\tau, k\tau+\tau)$,$k=0,1,2,\cdots$,在进口道$i=1,2$有车辆到达概率为q_i,则无车辆到达的概率为$p_i=1-q_i$。时间间隔τ是离开车辆之间的间隙。假定两个进口道的饱和流率相等,$W_r^{(2)}$表示在有效红灯时间长度为r的一个周期内,进口道2的总延误,它可以表示为

$$W_{r+1}^{(2)} = W_r^{(2)} + \mu[\delta_1 + c + \delta_2] \tag{11.95}$$

式中 c——周期长度;

δ_1, δ_2——各周期开始和结束时延误的增加量。

当在相位开始后的单位时间内有一辆车到达,且$\mu=0$的概率为p_2,$\mu=1$的概率为q_2,如果在相位开始后的单位时间内没有车辆到达,则式(11.95)可以表示为

$$W_{r+1}^{(2)} = W_r^{(2)} \tag{11.96}$$

否则

$$W_{r+1}^{(2)} = W_r^{(2)} + \delta_1 + c + \delta_2 \tag{11.97}$$

对式(11.95)取期望,并消去$E(\delta_1)$和$E(\delta_2)$,得

$$E(W_{r+1}^{(2)}) = E(W_r^{(2)}) + q_2(r+1)/p_2 \tag{11.98}$$

当$W_0^{(2)}=0$时,解(11.98)的微分方程得

$$E(W_r^{(2)}) = q_2(r^2+r)/(2p_2) \tag{11.99}$$

最后,对式(11.99)两边同时取r的期望,得

$$E(W^{(2)}) = q_2\{var[r]E^2[r] + E[r]\}/(2p_2) \tag{11.100}$$

因此,如果r的均值和方差都已知,从上式就可以得出延误。改变$E(W^{(i)})$的下标就可以得到第二进口道的延误。

1978年Cowan研究了两个单车道单进口道的两相位信号的交叉口。控制的原则是在最早的时间t时将绿灯相位转换到另一个进口道,这样在区间$[t-\beta_i-1]$内没有车辆离开,通常$\beta_i \geq 0$。他假定离开车辆的车头时距为一个时间单位,因此到达车辆的车头时距至少是一个时间单位,进口道j的车辆到达过程服从串指数分布,所有的车队车头时距都等于一个时间单位,车队内所有车辆的车头时距服从指数分布。假定车队大小服从一般的概率分布,均值是μ_j,方差是δ_j^2。当车头时距小于t s时,其累计概率分布$F(t)$为

$$F(t) = \begin{cases} 1-\varphi e^{-p(t-\Delta)} & (t \geq \Delta) \\ 0 & (t < 0) \end{cases} \tag{11.101}$$

式中 Δ——到达车流的最小车头时距,Δ等于一个时间单位;

φ——自由车辆的比例(非车串);

p——延误参数。

式中平均信号配时(红灯和绿灯)和$\beta_j=0$及$\beta_j>0$时的平均延误要分别获得。$\beta_j=0$表示当进口道排队车辆清空后绿灯马上结束,$\beta_j>0$表示当进口道排队车辆清空后分配给进口道一个后续绿灯时间。通过分析马尔可夫过程的性质,在$\beta_j=0$时得到如下公式:

$$E(g_1) = q_1 L/(1-q_1-q_2) \tag{11.102}$$

$$E(g_2) = q_2 L/(1 - q_1 - q_2) \quad (11.103)$$

$$E(r_1) = l_2 + [q_2 L/(1 - q_1 - q_2)] \quad (11.104)$$

$$E(r_2) = l_1 + [q_1 L/(1 - q_1 - q_2)] \quad (11.105)$$

式中　$E(g_1), E(g_2)$——进口道 1 和 2 有效绿灯时间期望值；

　　　$E(r_1), E(r_2)$——进口道 1 和 2 有效红灯时间期望值；

　　　L——周期损失时间；

　　　l_1, l_2——相位 1 和 2 的损失时间；

　　　q_1, q_2——进口道 1 和 2 的恒定交通流率。

由下式计算进口道 1 的平均延误：

$$\frac{L(1-q_2)}{2(1-q_1-q_2)} + \frac{q_1^2(1-q_2)^2 p_2(\sigma_2^2 + \mu_2^2) + (1-q_1)^3(1-q_2)p_1(\sigma_1^2 + \mu_2^2)}{2(1-q_1-q_2)(1-q_1-g_2+2q_1q_2)} \quad (11.106)$$

1994 年 Akcelik 提出了估计基本的感应控制器的平均绿灯次数和周期时间的分析方法，其中单位绿灯延长时间的设定使用 1978 年 Cowan 关于车辆到达车头时距服从串指数分布的假定。该模型中，到达车流的最小车头时距 Δ 不等于一个时间单位；延误参数 p 取为 $\varphi q_t/\theta$，其中 q_t 是总的到达流率，$\theta = 1 - \Delta q_1$；自由车辆（非车串）指车头时距大于最小车头时距 Δ 的车辆，且假定所有车串具有相同的车头时距 Δ。1994 年 Akcelik 提出了两个不同的计算自由车辆（非车串）比例 φ 的模型。总绿灯时间 g 可以分为最短绿灯时间 g_{min} 和绿灯延长时间 g_e。绿灯时间服从以下约束条件：

$$g \leq g_{max} \lor g_e < g_{emax} \quad (11.107)$$

式中　g_{max}——最大绿灯时间；

　　　g_{emax}——绿灯延长时间。

如果假定单位绿灯延长时间已经设定，那么在绿灯时段中的饱和部分不会发生间隙的变化，绿灯时间可由下式表示（假设排队清空后发生间隙变化）：

$$g = g_s + e_g \quad (11.108)$$

式中　g_s——绿灯时段中的饱和部分。

　　　e_g——绿灯延长时间。

绿灯时间的范围是

$$g_{min} \leq g \leq g_{max} \quad (11.109)$$

绿灯时段中的饱和部分可用下式表示：

$$g_s = f_q y r/(1-y) \quad (11.110)$$

式中　f_q——排队清空时间的变化对排队长度的修正系数；

　　　r——红灯时间；

　　　y——到达率和饱和流率的比，$y = q/S$，q 为到达率，S 为饱和流率。

饱和部分以外的平均绿灯延长时间由下式表示：

$$e_g = n_g h_g = e_t \quad (11.111)$$

式中　n_g——排队清空后没有发生间隙变化时的平均到达车辆数；

　　　h_g——排队清空后没有发生间隙变化时的平均车头时距；

　　　e_t——间隙变化的终结时间（多数情况下单位绿灯延长时间 U）。

当 $e_t = U$ 时,式(11.111)变为

$$e_g = -\frac{1}{q} + \left(\frac{\Delta}{\varphi} + \frac{1}{q}\right) e^{q(U-\Delta)} \qquad (11.112)$$

11.6.2 感应控制延误模型

Webster 的简单延误公式为

$$d = 0.9(d_1 + d_2) = 0.9\left[\frac{c(1-g/c)^2}{2(1-q/s)} + \frac{x^2}{2q(1-x)}\right] \qquad (11.113)$$

Courage 和 Papapanou 在 Webster 定时控制延误模型基础上进行了修订,采用以下两种控制策略:

(1) 有效绿灯时间均匀分布到需要的临界点上。

(2) 随着排队车辆的消散,终止绿灯时间,以此来使损失时间最小。

并建议:在定时控制和感应控制中,采用表 11.2 给出的周期时长进行延误估计。

表 11.2 定时和感应信号控制下基于 Webster 公式进行延误估计的周期长度

信号类型	第一组的周期时长	第二组的周期时长
定时控制	最佳周期	最佳周期
感应控制	平均周期	最大周期

Webster 公式中的最优周期长度 c_0 为

$$c_0 = \frac{1.5L + 5}{1 - \sum y_{ci}} \qquad (11.114)$$

式中 L——一个周期内的总损失时间;

y_{ci}——i 相位流量与饱和流量的比值。

平均周期时长 c_a 定义如下:

$$c_a = \frac{1.5L}{1 - \sum y_{ci}} \qquad (11.115)$$

最大周期长度 c_{max} 是控制器设定的最大周期长度。值得注意的是,定时控制的最佳周期长度比感应控制的最佳周期长度长。模型可以通过仿真来检验,并且在广泛的应用中也得到了较满意的结果。

在 1994 的美国通行能力手册中,全感应信号车道组每辆车的平均近似延误可以根据下面的公式来评估:

$$d = d_1 \times DF + d_2 \qquad (11.116)$$

$$d_1 = \frac{c(1-g/c)^2}{2(1-xg/c)} \qquad (11.117)$$

$$d_2 = 900Tx^2\left[(x-1) + \sqrt{(x-1)^2 + \frac{mx}{CT}}\right] \qquad (11.118)$$

式中 DF——信号协调控制类型的延误因子;

x——到达流率与通行能力的比值,记为 q/C;

m——车辆到达的分布类型的修正参数;

C——通行能力,veh/h;

T——以小时计的流量的计数时段(在 1994 年的通行能力手册里 $T=0.25$)。

延误因子 $DF=0.85$,相比于孤立的定时控制,全感应控制更能减少排队延误,所以它是更有效的控制方式。

平均周期长度计算如下:

$$c_a = \frac{Lx_c}{x_c - \sum y_{ci}} \tag{11.119}$$

式中 x_c——全感应控制下的临界饱和度(通行能力手册为 0.95)。

对于标准车道 i,有效绿灯时间为

$$g_i = \frac{y_{ci}}{x_c} c_a \tag{11.120}$$

信号配时参数估计方法争议颇多。Lin(1989)对用公式(11.119)计算所得的预测周期时长与纽约实地观测进行了比较,发现在各种情况下,观测的周期时长要长于预测的周期时长,即便在观测到的 x_c 值很小的情况下也是如此。

Lin 和 Mazdeysa(1983) 建议采用与 Webster 的近似延误公式一致的一般延误模型:

$$d = 0.9\left[\frac{c(1-K_1\frac{g}{c})^2}{2(1-K_1\frac{g}{c}K_2 x)} + \frac{3\,600(K_2 x)^2}{2q(1-K_2 x)}\right] \tag{11.121}$$

式中 g,c,q,x——含义同前;

K_1,K_2——灵敏度系数,反映感应、定时控制延误对 g/c 和 x 值的不同灵敏性。

研究中,半感应和全感应控制下的 K_1 和 K_2 可通过仿真模型来校准。

图 11.6 所示是两相位全感应控制信号的配时方案。对于相位 i,除了初始绿灯时间间隔 g_{mini},F_i 的绿灯延长时间设置是基于控制方案和控制参数。F_i 可以进一步分成 e_{ni} 和 E_{ni} 两部分:(1)e_{ni} 是初始绿灯时间过后,检测器检测到由 n 辆车形成的连续车队所增加的绿灯延长时间;(2)E_{ni} 是初始绿灯时间和 e_{ni} 时间过后,检测器检测到的车头时距小于一个单位绿灯延长时间 U 的 n 辆车所增加的绿灯延长时间。e_{ni} 和 E_{ni} 是随机变量,它们随周期的变化而不同。Lin(1982a,1982b)提出计算 e_i 和 E_i 的程序。当主要路段交通流率 q_c 很高时,当 G_{mini} 时间结束时,检测器仍可能检测到上游有车辆排队形成。

在 T_i 时段内如果有 n 辆车到达主要路段,那么 G_{mini} 后第 n 辆车到达检测器所需要的时间可由以下公式得出:

$$t_n = nw + \sqrt{\frac{2(nL-s_i)}{a}} - G_{mini} \tag{11.122}$$

式中 w——绿灯相位开始后排队车辆所需的平均启动时间;

L——车辆平均长度;

a——车辆从停车位置开始的加速度;

s——检测器反应时间内车辆行驶距离。

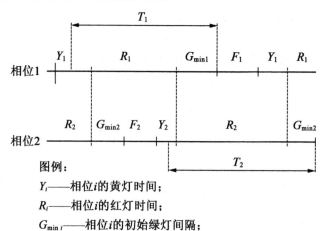

图例：
Y_i——相位i的黄灯时间；
R_i——相位i的红灯时间；
$G_{\min i}$——相位i的初始绿灯间隔；
F_i——相位i的绿灯延长时间。

图11.6 两相位全感应控制时序图示例

如果$t_n \leq 0$，则不存在移动的队列，因此$e_i = 0$；否则，由于移动队列的存在使得绿灯时间延长。此处令s等于排队车辆通过检测器的流率。考虑到在时间间隔t_n内可能有额外的车辆加入车队，如果$t_n > 0$和$s > 0$，那么

$$e_{ni} = \frac{st_n}{s-q} \tag{11.123}$$

为了满足在初始时间间隔末端上游没有形成车队的概率要求，e_{ni}和e_i的期望值如下式表示：

$$e_i = \sum_{n=n_{\min}}^{\infty} \frac{P_j(n/T_i)e_{ni}}{1 - P_j(n < n_{\min})} \tag{11.124}$$

式中 $n_{\min}$——形成移动车队的最小车辆数。

为了估计E_i，假设初期绿灯时间$G_{\min i}$和额外绿灯e_{ni}结束后，有k个连续车辆的车头时距小于单位绿灯延长时间U，后面紧跟一辆车的车头时距大于U。在这种情况下，绿灯时间将延长k次，合成的绿灯延长时间为$kJ+U$，其概率为$[F(h \leq U)]^k F(h \geq U)$，其中$J$为平均的延长长度，$F(h)$为累计的车头时距分布函数。

$$J = \frac{\int_{\Delta}^{U_i} t f(t) \mathrm{d}t}{F(h < U_i)} \tag{11.125}$$

因此

$$E_i = \sum_{k=0}^{\infty}(kJ+U)[F(h \leq U)]^k F(h \geq U) = -\frac{1}{q} + \left(\Delta + \frac{1}{q}\right)e^{q(U-\Delta)} \tag{11.126}$$

式中 Δ——交通流中最小车头时距。

根据图11.6，当T_1和T_2值已知时，G_i可以表达为

$$G_i = \sum_{n=0}^{\infty}(G_{\min i} + e_i + E_i)P(n/T_i) \tag{11.127}$$

满足

$$G_{\text{mini}} + e_i + E_i \leq (G_{\text{max}})_i \tag{11.128}$$

其中,$P(n/T_i)$表示在时间间隔T_i内,第i个相位主要路段有n辆车到达的概率。

1994 年提出的估计全感应信号控制简单交叉口的过剩排队延误方法对道路通行能力手册中的延误公式做了一些变动,即:(1)去掉了延误因子DF;(2)为了保证确定过饱和延误模型的收敛性,公式忽略了过饱和延误项的乘数x^2。过剩排队延误可以表达为

$$d_2 = 900T\left[(x-1) + \sqrt{(x-1)^2 + \frac{8kx}{CT}}\right] \tag{11.129}$$

其中,参数k是对(11.118)稳态公式的修正系数,可由下式得出:

$$d_2 = \frac{kx}{C(1-x)} \tag{11.130}$$

总体来说,交通感应控制器的延误模型都是在相应交通过程假设的前提下获得的,并且受感应控制器参数约束。车辆的车头时距分布直接影响感应相位的绿灯次数,控制器限制绿灯时间在特定的最小和最大绿灯时间之内。与定时信号模型相比,感应模型额外需要估计期望的信号相位长度。在进一步的研究中需要综合考虑信号控制的其他方面因素,如相位跳跃、间隙时间变化和可变的最大绿灯时间。同时,需要研究一种适合于定时控制和感应控制的一般性模型。这样的模型应该满足轻重交通需求下两种控制方式产生的统一的交通特性要求。

11.6.3 自适应信号控制

1. 产生及特征

自适应信号控制思想是 Miller 在 1963 年首先提出的。当时 Miller 提出了在小的时间间隔内调整信号配时的一种算法,它基于延长相位当前绿灯持续时间所得的效益与立即终止所得效益之间的比较,自此开始了交通信号的自适应控制研究。

自适应控制通常包括两类:一是在线生成式,即通过车辆检测器实时采集交通量数据,在线求解最佳信号配时方案,然后进行信号控制。该方法能够及时响应交通流的随机变化,控制效果好,但实现复杂。二是方案选择式系统,根据不同的交通流,事先求解出各种配时方案,储存在中心计算机内,系统运行时按实时采集的交通量数据选取最适用的配时方案,实施信号控制。

自适应控制方法采取智能化的方法如神经网络、模糊控制和遗传算法等,直接对采集的数据进行优化决策,得到整个交通网络所需要的控制参数。该种控制方式一般是采取分层的控制方式,由路口控制级、区域控制级和中央控制级三级联网,实现点、线、面之间交通信号的协调控制。自适应控制方法可适用于各类控制区域,但对模型建立、信号控制算法及数据采集精度的要求较高,是未来交通控制系统发展的方向。

目前,在单点交叉口的信号控制研究方面,国外主要集中在自适应信号控制算法、不同信号控制方法的效益评价、自适应信号控制的研究方法以及单个信号交叉口在网络环境下的车流运行特性等方面。

2. 自适应信号控制系统

美国联邦高速公路管理局(Federal Highway Administration,FHWA)1991年提出,开发一个实时(Real-time)、交通自适应信号控制系统(traffic adaptive signal control system, RT-TRACS)。RT-TRACS控制逻辑通过实时获取交通网络的当前状态,并提供预测功能,能够进行主动的、非被动的、响应实时的控制。对该系统最基本的需求是能够对交通状态的快速变化进行有效的管理和快速响应。

RT-TRACS应具有若干实时控制原型,不同的控制方法适用于不同的交通和地理条件。当交通条件变化时,RT-TRACS可以自动地切换到另一个策略。FHWA意识到这种控制策略必须与道路服务水平集成,并提供网络规模的控制。RT-TRACS应具备的一些特点:

(1)分布式与集中式相结合的交通控制。
(2)选中的路径具有动态优先权的控制功能。
(3)与动态交通分配相结合的能力以实现主动控制。
(4)增强监控系统出错时的备用控制能力。

RT-TRACS项目,目前有5个原型系统正在研发当中,分别由亚利桑那大学(University of Arizona)、明尼苏达大学(University of Minnesota)、马萨诸塞大学(University of Massachusetts)、莱特州立大学(Wright State University)、马里兰大学(University of Maryland)和匹兹堡大学(University of Pittsburgh)负责进行研发。Kaman科学组织负责采用CORSIM仿真模型对这些原型进行评测。其中的3个原型系统,亚利桑那大学的RHODES系统、美国PB Farradyne公司和马萨诸塞大学研究的OPAC系统以及匹兹堡大学与马里兰大学研制的RTACL系统完成度较高。初级的仿真实验测试显示这些原型系统能够显著提高城市路网交通容量,并有效降低车辆平均延误。

单点自适应信号控制系统是集计算机、现代通信和控制技术于一体的综合系统。中央控制计算机对交通数据进行处理分析,并执行对交叉口交通信号控制。它既不需要事先存储任何既定的信号控制方案,也不需要事先确定一套控制参数与交通量的对应选择关系;而是依靠存储于中央计算机中的交通模型,对信息采集系统返回的交通数据进行分析,从而对控制参数进行优化调整。控制参数的优化是以综合目标函数,如延误、停车次数、拥挤程度及油耗等的预测值为依据的。

3. 自适应信号控制算法

目前著名的自适应信号控制算法(系统)有MOVA(英国,1988)、PRODYN(法国,1983)、OPAC(美国,1983)等,这些算法(系统)都在实践中得到了应用,并取得了良好的控制效果。

其中,应用最为广泛的单点自适应信号控制系统当属MOVA系统,MOVA是英国TRRL在1982~1988年开发的。其基本原理是:在交叉口的每一进口道上设置两个检测器,一个在停车线前40 m,一个在停车线前100 m。开始给每个相位配以足够的绿灯时间,把40 m检测器到停车线间的车辆先放光;而在两个检测器之间的这一段时间间隔内,用来检测寻找何时产生饱和交通流;最后用一个优化程序,把这一相位延长绿灯时间能得到的交通效益与另一相位车辆因延长红灯时间所得到的损失加以比较,确定换相时间。从而降低了感应控制中的绿灯损失时间,提高了交通效益。

当前已经建立起了许多种区域自适应信号控制算法,如 SCOOT,SCATS,RHODRS 等,而且这些算法在不同的国家和地区也得到了实际应用。那么,如何评价这些自适应信号控制算法之间的优劣呢?以前在这方面的评价大多是与定时信号控制比较得到的,而对自适应信号控制算法之间的比较却没有开展过。针对这一问题,犹他州大学交通实验室的 Peter T. Martin 和 Joseph Perrin 等人对自适应信号控制系统做了一项综合专题研究,主要从交通拥挤、交通事件和交通优先三方面对当前常用的自适应信号控制方法进行了对比研究,建立起了较全面的指标测试体系。

自适应信号控制算法对于解决国外单一交通环境下的信号控制问题提供了有效途径。然而,针对我国的混合交通环境,从近 20 年来引进并实际运行的效果来看,上述这些控制算法明显存在水土不服的现象。究其原因,关键在于其交通流预测模型和评价指标的选取与优化没考虑到我国混合交通以及车辆性能差异较大的实际情况。因此,有必要建立或修订适合我国城市交通环境下应用的自适应信号控制评价指标模型。

自适应信号控制的基础是交通流检测与预测模型,现有预测模型对稳定交通流能取得较好的预测精度,而对非稳定的交通流,其预测精度不高,从而使得自适应信号控制的效果下降。此外,自适应信号控制目前还没有找到更好的办法来解决拥挤交通条件的信号控制问题。

总之,由于其灵活性、可用性和最优性,自适应控制将成为信号控制研究的主流,自适应控制方法可适用于各类控制区域,是未来交通控制系统发展的方向。

第12章 交通流仿真及其应用

12.1 交通流仿真概述

交通流仿真系统是用系统仿真技术来研究交通运动随时间和空间的变化以及对其进行跟踪描述的技术。从交通流仿真系统所采用的技术手段以及所具有的本质特征来看,交通流仿真系统是一门在计算机上进行交通流实验的技术,它含有随机性,可以是微观的,也可以是宏观的,并且涉及描述交通运输系统在一定时间与空间的变化、分布规律及其与交通控制变量间的关系。

12.1.1 交通流仿真发展过程

交通系统仿真是20世纪50年代以来,随着计算机技术的进步而发展起来的采用计算机模型来反映复杂道路交通现象的交通分析技术和方法。

目前,国外在交通流仿真研究方面已经进行了有效的工作,并开发了众多的交通流仿真软件,纵观交通流仿真的发展过程大致可分为三个阶段。

(1)20世纪60年代。

这一时期的交通流仿真系统主要以优化城市道路的信号设计为应用目的,因而宏观交通流仿真模型被广泛使用。在这个阶段,最具代表性的当属英国道路与交通研究所(TRRL)的罗伯逊 D.L. 于1967年开发的道路交通流仿真软件 TRANSYT;美国联邦公路局(FHWA)1956~1966年研制的 SIGOP 仿真系统。

(2)20世纪70~80年代。

这一阶段由于计算机的迅速发展,计算机仿真模型的精度也得到了提高,功能也更加多样化了。这期间的典型代表是美国联邦公路局开发的 TRAF-NETSIM 模型;1974年,日本科学警察研究所开发了 MISTRAN 模型;1976年,英国利兹大学开发了用于平面交叉口信号控制的 SATURN 模型。

(3)20世纪80年代末以后。

20世纪80年代末以后,随着计算机技术的迅速发展,软件开发技术的进步,ITS 成了国外研究的热点,世界各国都展开了以 ITS 为应用背景的交通流仿真软件的研究与开发工作,从而出现了一大批评价和分析 ITS 系统效益的仿真软件:CORSIM、VISSIM、PARAMICS、MITSIM 等。

交通仿真模型与其他交通分析技术,如需求分析、通行能力分析、交通流模型、排队理论等结合在一起,可以用来对多种因素相互作用的交通设施或交通系统进行分析和评估。这些交通设施或交通系统可以是单个的信号灯控制或无信号控制的交叉口,也可以是居民区或城市中心区的密集道路网、线控或面控的交通信号系统、某条高速公路或高速公路网、双车道或多车道县(乡)公路系统等。另外,交通系统仿真还可以用来分析和评价交通集散地,如停车场、中转站、机场等的规划设计及运行状况。因此,交通流仿真系统在交通系统及其各组成部分的分析和评价中发挥着重要的作用。

与国外相比,国内交通系统仿真发展应用得较晚。直到20世纪90年代以后,国内交通工程界才逐渐意识到交通系统仿真研究的重要性并予以重视。总体来说,目前国内的仿真研究只局限于应用软件来解决单一问题,因此应大力开发符合我国国情的交通仿真软件。

12.1.2 交通流仿真研究的内容

1. 公路系统交通仿真

公路交通系统是交通系统的一个子系统,交通仿真系统的一般原理与方法同样适用于公路交通系统仿真,但由于在系统组成及运行上的特点,公路交通系统仿真又具有自身的特点。公路交通系统仿真使其能更好地满足以下交通分析需求:

(1)交通管理系统设计方案的评价分析。
(2)道路几何设计方案的评价分析。
(3)公路系统交通安全分析。
(4)新公路交通技术的测试。

2. 城市道路网交通仿真

城市道路网是城市车辆运行的载体。相对于城市干道和快速路而言,城市道路网是由城市主干道、快速路和支路通过交叉口连接组成的,因此可建立以这些组成部分为要素的城市道路网描述的仿真模型。

3. 行人和非机动车交通仿真

行人和非机动车是城市道路交通系统中的重要组成部分。行人和非机动车与机动车在交叉口争夺道路空间,所以如果对行人和非机动车缺乏了解,就不能够妥善解决行人和非机动车的交通问题,势必严重干扰机动车运行,导致交通秩序混乱。对行人和非机动车交通进行仿真可以研究大型集散地的行人特性、行人过街与机动车的相互作用机理以及非机动车的一些交通特性,这对解决一些交通问题非常有效。

4. 交通环境仿真

随着经济建设的迅速发展和人口的急剧膨胀,道路里程和机动车拥有量迅猛增加,交通噪声和空气污染日益严重,极大地威胁着人们的正常生活和身心健康。交通仿真技术的应用为降低污染、保护环境提供了有效的工具和手段。所以交通仿真在环境保护方面的应用越来越受到重视。例如,可以在交通环境评价中应用交通仿真软件。

5. 交通安全仿真

交通是由人、车、路、环境构成的一个复杂的系统,事故的诱发因素是多方面因素的综合。交通安全的评价,应该充分考虑人、车、路和环境诸方面因素的作用和影响。国内外现行的交通安全评价方法主要采用的是"事后"分析法,对改善现状有一定的积极作用,而对"事前"的预测及评估却缺乏力度。因此应通过交通仿真,对某区域和某路段的交通安全水平进行全过程的跟踪和评价。

6. 面向 ITS 的交通系统仿真

随着智能交通系统 ITS,特别是先进的出行信息系统在我国逐步推广和实施,出行者的选择行为必将受到信息因素的动态影响,其出行行为也变得更加复杂和多样化,这对交通网络仿真提出了新的挑战。尽管目前已经开发了一些优秀的仿真模型,并在 ITS 的影响评价领域前进了一大步,但是以往的研究仍然存在一些问题,如不具备全面评价 ITS 影响的能力,缺乏实时模拟大规模路网的能力,对人的出行行为研究不足等。考虑信息作用下个体驾驶行为和随时空动态变化的交通流特性,利用人工智能和平行系统、分布式仿真等先进手段,为建立适应变化的交通工程学的交通模型体系和复杂交通网络动态计算实验平台提供了可能。

12.1.3 交通流仿真模型

1. 仿真模型分类

交通流仿真模型可以根据不同的分类标准分为不同的仿真模型,一般情况下人们按照对交通系统描述程度的不同分为宏观仿真模型、中观仿真模型、微观仿真模型三种类型。

(1)交通流宏观仿真模型。

在交通流宏观仿真模型中,交通流被看作连续流,个体车辆不单独标识。一般来讲,交通流宏观仿真对计算机资源要求低,仿真速度快,可用于研究基础设施的新建、扩建及宏观管理措施等。根据目前计算机硬件的发展水平,可以在大规模的路网范围内进行交通流宏观仿真。交通流宏观仿真模型对交通系统的要素及行为的细节描述程度低。例如,交通流可以通过流量、密度、速度关系等一些集聚性的宏观模型来描述。而像车道变换之类的细节行为可能就不予描述。宏观仿真模型适用于描述系统的总体特性,并试图通过真实反映系统中的所有个体特性来反映系统的总体特性。宏观仿真模型的重要参数是速度、密度和流量。

交通流宏观仿真模型以车辆的平均速度、平均密度及速度差等宏观量来刻画交通流,研究它们所满足的方程,并使之适合于实时仿真,因此,交通流的宏观规模在交通流理论中有重要的地位。

(2)交通流中观仿真模型。

所谓中观,就是不再单独区分和描述车辆与驾驶人行为,而是着重于部分整体的性质(如考虑概率分布)。

中观交通仿真在宏观交通网络的基础上,将个体车辆放入宏观交通流中进行分析,要根据模拟的需要,对特定车辆的速度、位置及其他属性进行标识,或对个体车辆分组,再对每组车辆的速度、位置等其他属性进行标识。这一仿真系统可以用来拟定、评价在较大范围内进行交通控制和干预的措施和方法,从而对交通流进行最优控制。根据目前计算机发展的水平,可以在较大规模的路网范围内进行中观交通仿真。

交通流中观仿真模型对交通系统的要素及行为的细节描述程度高。其对交通流的描述往往以若干车辆构成的车队为单元,描述队列在路段和节点的流入流出行为,对车辆的车道变换抽象之类的行为也可用简单的方式进行描述。

(3)交通流微观仿真模型。

交通流微观仿真把每一辆车作为一个研究对象,对所有个体车辆进行标识和定位,在每一扫描时段,车辆的速度、加速度及其他车辆的性能被更新,模拟出短时段内交通流的波动情况。跟驰模型、超车模型及车道变换模型是微观仿真的基本模型。交通流微观仿真对计算机资源要求较高,仿真速度慢,用于研究交通流与局部的道路设施的相互影响,也用于交通控制仿真。微观仿真模型的重要参数是每辆车的速度和位置。

交通流微观仿真模型主要是跟驰模型和元胞自动机模型。跟驰模型中认为交通流由分散的粒子组成,以单个车辆作为描述对象,通过研究前车对后车的作用,了解交通流特性。元胞自动机理论最早由 Von Neumann 提出,而后由 Wolfram 将其实用化。人们将此理论应用于交通流的研究,采用离散的时空和状态变量,规定车辆运动的演化规则,通过仿真和大量的样本平均,来揭示交通过程和规则。

2. 适用范围

(1)多对策评价。

通过仿真,工程师能控制实验环境和开发条件。在历史上,交通流仿真模型最初被利用于评价信号控制策略,并为此被申请作为 ATMS 研究和开发不可缺少的元素。

(2)测试新技术。

交通设施建设是费用较高的投资。在确定建设之前,对不同的几何设计进行模拟来检验交通运行情况是否满足资金要求。

(3)为管理决策和技术提供依据。

在传统迭代计算和工程设计中,仿真模型可以提供详细数据,并作为评价工具,分析设计中的缺陷和局限性。大量的具有动画的数据显示给工程师提供了宝贵的意见,并指导他们改进设计和进行下一步工作。

(4)提供与其他程序交互的接口。

除了作为一个独立工具,仿真子模型能结合设计软件实现其他功能。如:①TRANSYT-7F 信号优化中的流动模型;②动态交通分配中的 DYNASMART 仿真模型;③INTEGRATION 分配/控制模型的仿真部分;④FHWA 交通研究实验室开发的 CORSIM 模型;⑤EVIPAS的仿真模块开发的信号优化程序。

(5)人员培训。

仿真能用于实施培训交通管理中心的操作人员。通过仿真模型与实时交通控制计算机结合对实际情况进行监视、通信。

（6）安全分析。

在交通安全与事故分析中,仿真模型可"再现"事故现场,是分析事故原因、制定交通安全保障措施的有力工具。

12.1.4 交通流仿真方法

交通流仿真最重要的环节就是开发仿真模型,仿真模型是仿真对象和仿真技术的切入点,因此选择合适的仿真模型对交通流仿真是至关重要的一个环节。

1. 仿真模型的选择原则

仿真模型是仿真系统的核心,选择好模型相当重要,在选择模型的时候应该考虑以下几个方面:

（1）从技术、费用、时间、效益、现有可利用的编程技巧和技术支持及风险因子等方面考虑,选择能最大限度地满足问题需要的模型。

（2）明确研究目的,确定各仿真模型功能及限制,估算为校验和输入所需数据的采集范围及费用,确定模型的特点是否与所要解决的问题匹配,考虑与其他设施或系统的兼容性。

（3）尽量简化模型或减小其规模。在把仿真模型应用到现实系统之前,应首先对过去已知情况进行仿真,通过把仿真结果与实际观测结果比较来判断是否需要进一步改进。

（4）在确定模型的结构时注意模型的可扩展性。

（5）尽可能地从数学的角度分析模型各部分的正确性。

2. 交通流仿真过程

交通流仿真过程一般有如下步骤:

（1）交通流仿真的可行性研究。

①节省成本的其他方法;②获得交通仿真数据的可能性;③达到预期的仿真效果的可能性;④仿真的实用性;⑤选择仿真模型的合理性。

（2）仿真系统的描述。

详细定义系统并初步明确求解的形式,清楚地界定研究系统的范围,确定仿真的初始条件在边界上如何随时间而变化。

（3）模型的建立。

仿真模型的建立是仿真研究的核心内容。根据对系统的描述、评价指标和结果要求,将系统内部的因果关系、制约约束关系抽象为数学模型对关系式在理论上进行推演,对框图进行分析细化工作。

（4）模型的校验与标定。

为确保模拟结果的可靠性及有效性,应对模型进行校验,即根据计算结果和实际调查结果对模型进行修改和完善,对模型参数进行修订,模型参数的标定可确保模型能反映系统的真实性。数据的质量将影响仿真输出的有效性,不合理的输入将导致无效的输出。校验模型的数据可以采用标量和统计分布的形式,仿真模型一般均提供普通条件下的默认值,模型的校验就是量化并最终确定,而不是轻易地接受它们。

(5)程序编制。

根据预先选定的编程语言,对研究系统的数学模型进行流程式细化。

(6)程序运行。

应用模拟仿真软件对所研究的系统进行运算。

(7)仿真结果分析。

在对仿真结果进行分析、解释时,分析人员必须明确仿真的结果是否能够真实、合理、有效地反映所研究的交通设施系统。在分析的过程中应注意到以下可能存在的情况:

①模型在合理反映一些重要仿真进程方面存在缺陷;
②输入的数据或校验值不准确;
③仿真结果不能完全满足研究方案目标的要求;
④对仿真结果的分析有误;
⑤程序有缺陷或某些算法不正确。

(8)仿真系统的评估。

根据仿真分析结果,对仿真系统进行评估。

3. 仿真系统开发过程中应注意的问题

在仿真模型开发中应注意处理好如下问题:

(1)对整个模型中能够独立测试的,自己要逐一进行测试。

(2)进行灵敏度分析,稍微改变输入变量的数值以观察输出变量的变化,从而确定系统各组成部分对整个系统特性的影响。

(3)注意在没有确认某些变量对研究问题有无意义之前,不要从模型中删除任何变量。

(4)由于仿真系统是一个复杂的系统,其处理的数据量十分庞大,因此,要注意尽量选用内存空间小的优化仿真算法。

总之,仿真的关键在于,如何在计算机上实现时间的进程,如何跟踪和推进仿真,如何扫描系统各状态变量和搜索下次事件,以及如何完成大量数据列表、存储分配和维护分析等。

12.2 交通仿真软件简介

到目前为止,国内外已经推出了几百种交通仿真软件,比较流行的也不下十几种。在我国应用较为广泛的有 TransCAD,TRANSYT,VISSIM 等交通仿真软件。本节对交通软件按照分类进行简单介绍。

12.2.1 宏观交通仿真软件介绍

1. TransCAD

TransCAD 是首家独创,唯一专为交通运输业设计的地理信息系统(GIS)软件,旨在帮助交通运输专业人员和组织机构存储、显示、管理及分析交通运输信息与数据。TransCAD

系统是由美国 Caliper 公司开发的交通 GIS 软件,现已推出用于 Windows 平台的 4.8 版本。TransCAD 集 GIS 与交通模型功能于一体,提供了其他 GIS 或交通模型软件所不能及的综合功能。TransCAD 适用于任何规模、任何形式的交通运输。

TransCAD 包括五个主要组成部分:

(1)功能强大的地理信息系统(GIS),可在 Windows 操作系统平台上运行。

(2)可扩展的数据模式,为运输数据的显示和处理提供基本的工具。

(3)一个交通分析程序集,分析程序数量之多为各软件包之最。

(4)在交通、地理信息和人口资源方面全面而广泛的数据。

(5)强有力的开发语言,可用于建立宏语言程序、嵌入式应用程序、服务器应用程序、通用接口、相关产品及网络应用程序。

TransCAD 将地理信息技术和交通规划技术较好地结合在一起,预置了四阶段模型,可以方便地对各类交通运输及相关数据进行存储、提取、分析。TransCAD 可提供:强力 GIS 引擎,用于交通的特殊扩展功能;专为交通应用而设计的分析、制图、寻址和数据可视化工具;最先进的交通需求预测、公共交通、物流、路径选择、选址及销售区域管理的各种应用程序。TransCAD 在各类交通数据和所有的交通模式都有其应用,是建立交通信息和决策支持系统的理想工具。由于采用先进的 Windows 环境及一系列最新的开发方法,使得软件具有较好的风格:先进的菜单界面,强大的图形功能,方便的工具栏,良好的开放性,多文档、多用户操作等,并且在带微软视窗的常用计算机硬件上都能运行,支持几乎所有桌面计算系统的标准。这样,与其他 GIS 与交通组合的模型系统相比,获得和安装 TransCAD 的费用要低,同时,无须为交通分析使用 GIS 数据而建立专用应用程序或复杂的数据交换模块。

但是 TransCAD 是在基于 GIS 软件 Maptitude 基础上开发的,其核心仍然是一个 GIS 软件,相当于在 GIS 内核的基础上增加了交通分析的模块。同时网络描述中是以路段为核心组织的,对于节点的阻抗考虑不足,这给进一步的交通网络分析带来的误差较大。以交通分配为例,目前无法给出在交叉口处的分方向流量。

2. TransModeler

TransModeler 是美国 Caliper 公司继交通规划软件 TransCAD 之后推出的多功能交通仿真软件包。TransModeler 以 Caliper 公司专门为交通应用而开发的 GIS 为基础,采用最新的交通行为仿真模型,提供当今城市交通规划和仿真所需求的诸多功能。通过与当今美国最流行的交通需求预测软件 TransCAD 的有机结合,TransModeler 可用于城市规划中交通影响的分析,对备选方案进行科学评估。它把复杂的交通仿真模型变得简单实用,是开展出行行为分析和交通管理的对策研究不可或缺的有力工具。

TransModeler 软件特点如下:

(1)与 GIS 技术高度结合。

(2)可进行不同解析度下的模型集成和综合仿真。

(3)可实现与 TransCAD 软件中出行需求模型的集成。

(4)可灵活描述交通需求。

(5) 对仿真网络范围无约束,运行效率高。

3. TRIPS 软件

TRIPS 是一个专为职业交通运输规划师设计的综合交通模型软件包,是交通(TRansport)改善(Improvement)规划(Planning)系统(System)的缩写,由英国 MVA 公司开发,现由 Citilabs 继承,为最早的交通规划软件之一。与多数交通规划软件一样,TRIPS 也是基于经典的交通规划四步骤理论。

TRIPS 的最大特点是公交模块较其他软件来说更完善,但早期的大部分交通软件是在 DOS 环境下用 Fortran 编写的,使用不便,需用户编写宏代码来调用各独立模块。

4. EMME/2

EMME/2(城市与区域规划)是加拿大 Montreal 大学交通研究中心开发,后为 INRO 咨询公司继承维护的交通需求及网络分析软件包。该系统主要应用于加拿大和亚洲的一些国家。该系统在中国的用户包括高校、城市规划设计研究院(所)等。

EMME/2 系统为用户提供了一套需求分析及网络分析与评价模型,其最突出特点是强大的平衡分配与数学计算功能,它强大的数学函数运算功能是所有的规划软件中分析与计算精度最好的。该系统的分配速度与 STATRAMT 系统相近,在 COMPAQ486 微机上完成 1 504 个小区、900 个节点、2 975 条路段的交通网络机动车交通分配的 CPU 时间为 44 s。

EMME/2 的核心计算模块是在 DOS 环境下的,由于价格等方面的原因,目前国内的用户大多数使用的都是该软件的 DOS 版本,因此软件的可操作性不好,界面不如 TransCAD 等软件友好,故而用户学习与应用不方便,使其强大的分析计算功能大打折扣。

EMME/2 可实现的功能:数据库建立、城市信息系统、多种交通方式、数据处理、交通分配、公共交通分配、需求模型、函数与表达式、检验与计算、数据的输入输出、网络及模型计算、注释与说明、宏。

12.2.2 中观交通仿真软件介绍

1. DYNAMIT

DYNAMIT 是由麻省理工学院摩西本阿等人开发,是一个十分复杂的系统,它的基本出发点应该是赋予交通系统中的车辆以个性特征,贴近实际地去分析和解决交通问题;其主要功能是通过动态交通分配(DTA)去实现大面积网络范围内的实时交通状况估计与预测。该系统和 DynaSmart-X 一样,在立项时强调系统是能够具体实施的,并满足 DTA 所需的 22 个基本功能。由于解析的 DTA 模型尚不能实用化,FHWA 支持的两套 DTA 系统均采用中观仿真的思路去实现动态交通分配,并且均吸收了解析 DTA 研究的理论成果。它的基本思想是有效地仿真交通需求和交通供给之间的相互关系。供给仿真通过中观交通仿真器实现,需求仿真则需建立出行者行为模型和动态 OD 估计与预测算法,并采用反复迭代的办法寻找复合映射的不动点。

2. DYNEMO

与静态模型不同,DYNEMO 的交通分配是动态的,即基于实时交通条件分配交通量,例如在信号交叉口形成排队或快速路部分路段发生阻塞。动态交通分配使在某一特定研究时段内的交通分配结果更加符合实际情况。

3. DYNASMART

基于连续流方程和修正的速度-密度关系模拟交通流,可以模拟道路交通信号、匝道设置和紧急事件。DYNASMART 可以通过仿真出行时间来计算最优出行路径,并且可以为装备车辆信息系统的驾驶员模拟车辆行驶和做出路径决策。

12.2.3 微观交通仿真软件介绍

1. PARAMICS

由于历史的原因,有两个不同的微观仿真软件共有一个相同的名"Paramics"。Paramics 最初由 SIAS 公司于 1986 年开发,之后的开发过程曾得到爱丁堡大学并行计算中心人员的协助。从 1998 年开始,Paramics 则由 SIAS 公司和 Quadstone 公司分别开发、销售和提供技术支持。SIAS 公司的版本现称为 S-Paramics,Quadstone 公司版本称为 Quadstone Paramics。

Paramics 为交通工程师和研究人员提供了一个崭新的计算工具,用于理解、模拟和分析实际的道路交通状况。Paramics 的实时动态三维可视化用户界面、对单一车辆进行微观处理的能力、支持多用户并行计算,以及功能强大的应用程序接口,使得它从发行伊始就在交通仿真软件市场上引人瞩目,成为交通领域学术界和工程界都广泛采用的主流高级软件工具。到 2004 年为止,Paramics 的最新版本是 Version4.2,可以在所有常用的计算机系统上运行,操作系统可以是 Windows9x/NT/2000/XP 或 UNIX,硬件平台可以是 PC 机或 SUN 工作站。Paramics 包括完全并行的路阻计算模块,用来完成巨大规模路网的交互式路阻计算。理论上能够支持 100 万个节点(nodes)、400 万个路段(links)和 32 000 个区域(zones)的路网。它在 ITS 基础设施和拥挤道路网的仿真上有突出的表现。当前能仿真交通信号、匝道控制、与可变速度标志相连的探测器、VMS 和 CMS、车内路网信息显示装置、车内信息咨询、路径诱导等。路径诱导策略可以由用户 API 函数定义。

Paramics 是一个完全集成化的软件,它集成了仿真、可视化、交互式路网绘制、自适应信号控制、在线仿真数据统计分析、跟驰、交通控制策略评价、交互式仿真参数调整等功能。它能够从 SATURN,NESA,CUBE(TRIPS)等相关交通软件读取有关节点和路段的信息。自从 1996 年第一个商业版的软件发行以来,Paramics 一直在微观交通仿真软件的市场上占据重要地位。Quadstone 公司发行的 Paramics 目前在世界许多国家得到了广泛的应用,在交通规划、管理和决策中起着举足轻重的作用。英国是 Paramics 的发源地,也是应用 Paramics 最广泛的地区之一,英国的联邦政府利用 Paramics 测试交通路网和高速公路的设计、评价交通控制策略和尾气排放水平,以及研究中远期的交通规划、管理战略。除联邦政府外,还有大约 10 个主要城市的地方政府也使用 Paramics 辅助交通管理和公共系统。在美国,加州大学埃文分校使用 Paramics 建立了埃文网络实验基地进行智能交通系统方面的研究;此外,包括著名的 OakRidge 国家实验室、美国交通部等在内的美国众多私人咨询公司及学术机构都采用了 Paramics 进行相应的项目研究。其他使用 Paramics 的国家和地区包括澳大利亚、阿根廷、德国、比利时、丹麦、新加坡、中国香港、中国台湾等。

Modeller(建模器)是 Quadstone Paramics 软件包的核心,用于网络构建、模型显示和交通仿真。Modeller 使用 Paramics 的核心模型进行交通仿真,能够产生全面稳定的统计数据输出,是唯一一个既能够模拟拥挤的高速公路和单一的交叉路口,又能够模拟一个城市的交通系统的仿真软件。通过建模,分析员能够更加清晰地看到路网存在的问题,得出更加有效的解决方案。高质量的可视化效果使其为非专业的人员讲解时更加方便。

2. VISSIM

VISSIM 是一个微观的、基于车辆驾驶行为的交通仿真软件。对很多的工程学科而言,仿真已经成为优化复杂的技术体系的不可或缺的工具。交通工程的专家结合三维动画效果,为技术专家和决策者提供可信、直观的演示效果。工程项目耗资巨大,这种演示更显重要。典型的应用范围如下:

①对交叉口设计方案(环岛,有/无信号控制,跨线桥方式)进行比较;
②分析公交优先和轻轨加速方案;
③通行能力分析和公交优先方案测试;
④对于交通流控制、收费道路、路段控制系统、道路进口控制和特殊车道等交通管理系统进行分析;
⑤运用动态交通分配对大型道路网络进行可行性分析;
⑥完成高度专业的交通工程任务,例如铁路运行闭塞区段通行能力分析,收费广场或者边境控制管理;
⑦对交通平静区的交通仿真;
⑧公交集散地客流仿真与可视化,建立具有三维效果的地铁车站和客流模型;
⑨利用 EXCEL 对不同参数对应的车辆延误进行比较。

3. TRANSYT

一种脱机操作的定时控制系统,系统主要由仿真模型和优化模型两部分组成。建立仿真模型的目的是用数学方法模拟车流在交通网络上的运行情况,研究配时参数的改变对交通流的影响,以便客观地评价任一组配时方案的优劣。

12.3 交通流仿真的应用

随着科学技术的发展,交通流仿真技术越来越先进,关于交通流仿真的案例也越来越多。交通流仿真广泛应用于交通路网特性、道路通行能力、交通基础设施改造、交通控制等领域。本节将举例通过简单路网仿真介绍微观交通流仿真软件 VISSIM 的应用。

1. 交叉口现状

选取某区域路网中的一部分即由六个交叉口组成的路网。该路网有三纵三横六条道路,每个交叉口都有红绿灯进行控制。每条道路的两端均各有一个驶入口和一个驶出口,这个系统一共含有 12 条进入路段和 12 条驶出路段,车辆只能从这 12 条进入路段处产生。如图 12.1 所示。

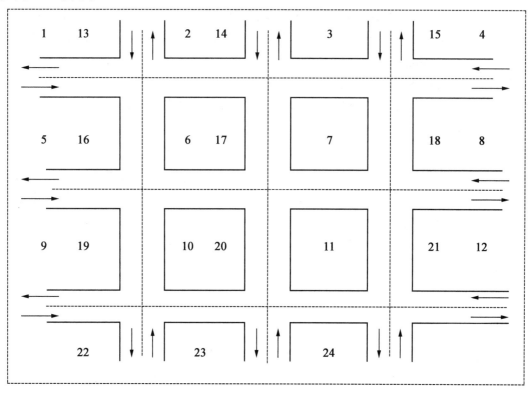

图 12.1 道路交通示意图

图 12.1 中的各路段长度见表 12.1。

表 12.1 路段长度汇总表

路段标号	路段长度/km	路段标号	路段长度/km
1,5,9	0.4	13,14,15	0.62
2,6,10	1.05	16,17,18	0.89
3,7,11	1.06	19,20,21	0.93
4,8,12	0.34	22,23,24	0.65

由已知的数据应用 VISSIM 仿真软件画出道路网 2D 形式如图 12.2 及图 12.3 所示。

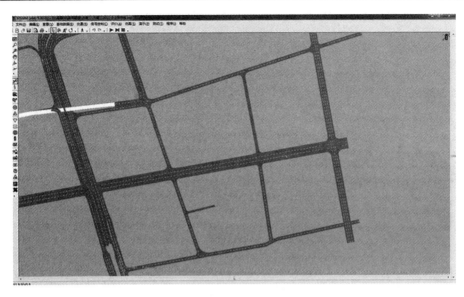

图 12.2　VISSIM 仿真 2D 图(一)

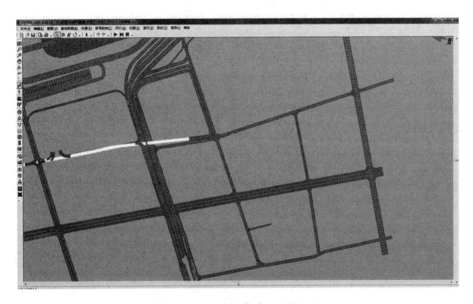

图 12.3　VISSIM 仿真 2D 图(二)

在建立路网完成后实地调查交通量、采集每个交叉口信号周期,仿真现实情形下真实路网,进行模型的建立。准备工作完成后进行 VISSIM 的 3D 仿真,其具体情形如图 12.4、图 12.5 及图 12.6 所示。

2. 有关规则

车辆产生规则:在任意时刻,每个道路入口是否产生汽车,都是随机的,总体上的汽车产生频度可以通过调节参数来控制,但是产生汽车的前提条件是:将要产生汽车的这条入口路段的入口车格是空的。

图 12.4　VISSIM 仿真 3D 图(一)

图 12.5　VISSIM 仿真 3D 图(二)

行驶规则：无论是哪种路段，每一条路段都可以分为很多个大小相等的车格，仿真中每推进一步，如果该汽车当前位置的前一格是空的，那么该汽车就可以前进一个车格，否则汽车就会寻找旁边的路是否可以穿插，如果还没有则汽车仍然停在原来的位置，即产生排队。如果该车是排队车辆中的头车，那么仅当它的目标车格是空的，而且信号许可的时候，此车方可向前移动。

信号灯变化规则：位于同一个交叉口的 4 条路段的信号灯有关联关系，具体如下：位于同一条直线上的两条路段的信号灯变化情况完全一致，其相序均为：直行绿，左转绿，红灯；东南和南北走向的路段在信号时间上恰恰完全相反，当东西走向的路段是绿灯时，南北走向的路段是红灯,反之亦然。

图 12.6　VISSIM 仿真 3D 图(三)

3. 仿真算法

以元胞自动机仿真模型为例,在传统的元胞自动机模型中有两个基本的假设。其一,如果在 t 时刻,$n-1$ 号车格中也有汽车,那么在 $t+1$ 时刻,即使 n 号车格中的汽车已经驶出,$n-1$ 号车格中的汽车也不能前移,但在实际系统中,此时,原来在 n 号车格中的汽车可以驶入 n 号车格。其二,这里采用的算法对每一条道路,依据车格的前后顺序从最前面的一个车格开始,逐个车格进行判断处理,将本来在时间上的并行演化转化为在空间上的串行演化。就是根据道路的编号顺序,逐个路段进行处理,在处理每一条路段时,都从该路段最前方的第 n 号车格开始,先判断 n 号车格中是否有汽车;如有,再判断此车的迁移条件是否满足;如满足,则迁移,否则停在原来的位置。根据这一方法,依次往后对当前路段上的每个车格进行同样的判断处理。

4. 仿真结果

此系统的输出取决于两个方面:一是系统内的参数设置,包括系统内各条路段的长度、每条路段的排队车辆的长度、每个信号灯的相序及时间;二是系统的输入,即各个入口路段进入的汽车。因此,不同的输入会导致不同的输出。现以满负荷输入时的一种情况为例,给出汽车在某一条路段上的 3 个不同时间段上的仿真结果。汽车从路段 4 进入,行经 18,7,20,10 路段,最后从路段 22 驶出。汽车以 50 km/h 的速度经过上述路段所需要的时间在 364~370 s 之间,通过观察与近似的实际路段中的情况,发现其基本与实际情况相符,误差小于 5%。

参 考 文 献

[1] 王殿海. 交通流理论[M]. 北京:人民交通出版社,2002.
[2] 张生瑞. 交通流理论与方法[M]. 北京:中国铁道出版社,2010.
[3] 李力. 现代交通流理论与应用(卷Ⅰ):高速公路交通流[M]. 北京:清华大学出版社, 2011.
[4] 邵春福,魏丽英,贾斌. 交通流理论[M]. 北京:电子工业出版社,2012.
[5] GERLOUGH D L, HUBER M J. Traffic flow theory[M]. Washington: Transportation Research Board Special Report,1975.
[6] DAGANZO C, CARLOS F. Fundamentals of transportation and traffic operations[M]. Oxford: Pergamon,1997.
[7] GARTNER N, MESSER C J, RATHI A K. Traffic flow theory[M]. Washington: Transportation Research Board Publications, 1998.
[8] GARTNER N, MESSER C J, RATHI A K. Traffic flow theory: a state of the art report[R]. Washington: Transportation Research Board,2001.
[9] GAZIS D C. Traffic theory[M]. Berlin: Springer Science & Business Media,2002.
[10] CASSIDY M J. Traffic flow and capacity[M]. New York: Springer,2003.
[11] VAN LINT J W C. Reliable travel time prediction for freeways: bridging artificial neural networks and traffic flow theory[M]. TU Delft: Delft University of Technology, 2004.
[12] KERNER B S. Introduction to modern traffic flow theory and control: the long road to three-phase traffic theory[M]. Berlin: Springer Science & Business Media, 2009.
[13] Transportation Research Board of the National Academies. Highway Capacity Manual (2010)[M]. Washington: Transportation Research Board Publications, 2010.
[14] ELEFTERIADOU L. An introduction to traffic flow theory[M]. New York: Springer, 2014.
[15] 李江. 交通工程学[M]. 北京:人民交通出版社,2004.
[16] 王炜,高海龙,李文权. 公路交叉口通行能力分析方法[M]. 北京:科学出版社,2001.
[17] 杨兆升. 交通运输系统规划[M]. 北京:人民交通出版社,1997.
[18] 张亚平. 道路通行能力理论[M]. 哈尔滨:哈尔滨工业大学出版社,2007.
[19] 陈艳艳. 智能交通信息采集分析及应用[M]. 北京:人民交通出版社,2011.
[20] 隋亚刚. 城市智能交通控制理论与应用[M]. 北京:水利水电出版社,2011.
[21] 刘伟铭. 高速公路系统控制方法[M]. 北京:人民交通出版社,1998.

[22] 上海交通工程学会. 交通工程学基础知识[M]. 北京:人民交通出版社,1990.
[23] 郑伟范,张继业,王明文. 具有加权顾前势的交通流模型[J]. 物理学报,2014,22:443-450.
[24] 林志恒,何兆成,戴秀斌. 考虑降雨影响的城市交通流车速多层线性模型研究[J]. 公路交通科技,2014,10:119-125.
[25] 邵春福,肖崇紫,王博彬. 最小安全间距约束下拥挤交通流速度-密度关系模型[J]. 交通运输工程学报,2015,01:92-99.
[26] 卢守峰,王杰,薛智规. 考虑超车需求的交通流中观模型[J]. 公路交通科技,2015,06:118-122.
[27] 马晓龙,马东方,王殿海. 基于 Logistic 曲线的交通流速度-密度关系建模[J]. 中国公路学报,2015,04:94-100.
[28] 田嫦丽,赵霞,于重重. 基于凝聚层次聚类的域内交通流周期模式发现[J]. 计算机应用研究,2015,08:2261-2264.
[29] 闫蔚东,杨晓芳. 基于交通波理论的换道模型[J]. 物流科技,2015,08:8-11.
[30] HOOGENDOORN S P,BOVY P H L. Continuum modeling of multiclass traffic flow[J]. Transportation Research Part B:Methodology,2000,34(2):123-146.
[31] QIAO F X,YANG H,LAM W H K. Intelligent simulation and prediction of traffic flow dispersion[J]. Transportation Research Part B:Methodology,2001,35(9):843-863.
[32] HALL F L,HURDLE V F,BANKS J H. Synthesis of recent work on the nature of speed-flow and flow-occupancy(or density) relationships on freeways[J]. Transportation Research Record,1992(1365):12-18.
[33] MICHALOPOULOS P G,LIN J,BESKOS D E. Integrated modeling and numerical treatment of freeway flow[J]. Applied Mathematical Modelling,1987,11(6):447-457.
[34] MICHALOPOULOS P G,BESKOS D E,YAMAUCHI Y. Multilane traffic flow dynamics:some macroscopic considerations[J]. Transportation Research Part B:Methodology,1984,18(4):377-395.
[35] SAILER H. Fluid dynamical modeling of traffic flow on highways—physical basis and numerical examples[D]. Innsbruck:University Innsbruck,1996.
[36] PRIGOGINE I,HERMAN R. Kinematic theory of vehicular traffic[R]. New York:Am. Elsevier Publications,1971.
[37] MICHALOPOULOS P G PISHARODY V B. Derivation of delays based on improved macroscopic traffic models[J]. Transportation Research Part B:Methodology,1981,15(5):299-317.
[38] KüHNE R. Traffic patterns in unstable traffic flow on freeways[C]. Karlsuhe:International Symposium on Highway Capacity,1991.
[39] KüHNE R D,BECKSCHULTE R. Non-linearity stochastic of unstable traffic flow[J]. Transportation and Traffic Theory,1993,12:385-386.

[40] BHANU B, RAVISHANKAR C V, ROY-CHOWDHURY A K, et al. Distributed video sensor networks[M]. Berlin: Springer Science & Business Media, 2011.

[41] MITHUN N C, RASHID N U, RAHMAN S M. Detection and classification of vehicles from video using multiple time-spatial images[J]. IEEE Transactions on Intelligent Transportation Systems, 2012, 13(3): 1215-1225.

[42] CHANG W C, CHO C W. Online boosting for vehicle detection[J]. IEEE Transactions on Systems, Man and Cybernetics, Part B: Cybernetics, 2010, 40(3): 892-902.

[43] WU X K, LIU H X, GETTMAN D. Identification of oversaturated intersections using high-resolution traffic signal data[J]. Transportation Research Part C: Emerging Technologies, 2010, 18(4): 626-638.

[44] CHENG Y, QIN X, JIN J, et al. An exploratory shockwave approach to estimating queue length using probe trajectories[J]. Journal of Intelligent Transportation Systems, 2012, 16(1): 12-23.

[45] LI Y F, SUN D H, LIU W N, et al. Erratum to: Modeling and simulation for microscopic traffic flow based on multiple headway, velocity and acceleration difference[J]. Nonlinear Dynamics, 2011, 66(4): 845-855.

[46] LI Q L, WANG B H, LIU M R. An Improved cellular automaton traffic model considering gap-dependent delay probability[J]. Physica A: Statistical Mechanics and Its Applications, 2011, 390(7): 1356-1362.

[47] LARRAGA M E, ALVAREZ-ICAZA L. Cellular automaton model for traffic flow based on safe driving policies and human reactions[J]. Physica A: Statistical Mechanics and Its Applications, 2010, 389(23): 5425-5438.

[48] CHEN B K, XIE Y B, TONG W, et al. A comprehensive study of advanced information feedbacks in real-time intelligent traffic systems[J]. Physica A: Statistical Mechanics and its Applications, 2012, 391(8): 2730-2739.

[49] FUKUI M, ISHIBASHI Y, NISHINARI K. Dynamics of traffic flows on crossing roads induced by real-time information[J]. Physica A: Statistical Mechanics and Its Applications, 2013, 392(4): 902-909.

[50] JABARI S E, LIU H X. A stochastic model of traffic flow: Theoretical foundations[J]. Transportation Research Part B: Methodology, 2012, 46(1): 156-174.

[51] KONDYLI A, ELEFTERIADOU L. Modeling driver behavior at freeway-ramp merges[J]. Transportation Research Record: Journal of the Transportation Research Board, 2011(2249): 29-37.

[52] DARBHA S, RAJAGOPAL K R, TYAGI V. A review of mathematical models for the flow of traffic and some recent results[J]. Nonlinear Analysis: Theory, Methods & Applications, 2008, 69(3): 950-970.

[53] IMMERS L H, LOGGHE S. Traffic flow theory[J]. Faculty of Engineering, Department of

Civil Engineering, Section Traffic and Infrastructure, Kasteelpark Arenberg, 2002(40): 1-36.

[54] VAN LANGEVELDE F, JAARSMA C F. Using traffic flow theory to model traffic mortality in mammals[J]. Landscape Ecology, 2004, 19(8): 895-907.

[55] GARTNER N H, MESSER C J, RATHI A K. Revised monograph on traffic flow theory: a state of the art report[R]. Washington: Special Report by the Transportation Research Board of the National Research Council, 2005.

[56] KUHNE R D. Foundations of traffic flow theory I: Greenshields' legacy—highway traffic [C]. Massachusetts: Symposium on the Fundamental Diagram: 75 Years (Greenshields 75 Symposium), 2008.

[57] NEWELL G F. Memoirs on highway traffic flow theory in the 1950s[J]. Operations Research, 2002, 50(1): 173-178.

[58] LIU J, GUAN W. A summary of traffic flow forecasting methods[J]. Journal of Highway and Transportation Research and Development, 2004, 3: 82-85.

[59] GE H X. The theoretical analysis of the lattice hydrodynamic models for traffic flow theory [J]. Physica A: Statistical Mechanics and Its Applications, 2010, 389(14): 2825-2834.

[60] WONG G C K, WONG S C. A multi-class traffic flow model—an extension of LWR model with heterogeneous drivers[J]. Transportation Research Part A: Policy and Practice, 2002, 36(9): 827-841.

[61] PUNZO V, FORMISANO D, TORRIERI V. Part 1: Traffic flow theory and car following: nonstationary Kalman filter for estimation of accurate and consistent car-following data [J]. Transportation Research Record: Journal of the Transportation Research Board, 2005 (1934): 1-12.